教育部人文社会科学重点研究基地
中央民族大学中国少数民族研究中心丛书

U0852409

命以镌石

一个三江源石刻村落的民族志

琼英 著

中国藏学出版社

序一　用石头雕刻社会和人生

苏发祥

2022 年元旦伊始，北京已进入冬奥会准备的冲刺阶段，但新冠疫情的势头似乎还在不断上升，世界各地每日新冠疫情患者的人数有增无减。人们都渴望着这场疫情尽快结束，日常生活和工作能够进入正常轨道。

一场小雪后，校园里异常冷清，绝大多数学生和老师放假后就已返回家乡，准备过春节。一天，就职于青海民族大学马克思主义学院的琼英博士给我打来电话，说中国藏学出版社已通过她在博士论文基础上撰写的专著终审，已经准备出版，问我是否有时间给她的新书写个序。作为她攻读博士学位时的导师，我欣然同意。

2013 年 5 月，琼英参加了中央民族大学博士研究生入学考试，但未能进入面试。当时我只了解她是我曾经指导过的一位玉树籍硕士研究生的妹妹，在青海省玉树州党校工作，其他情况知之甚少。2014 年我申请到了中美富布莱特资助项目，赴位于美国华盛顿大学宗教学系访问交流一年。当年，琼英再次参加了博士研究生入学考试，但仍未能如愿以偿。

2015 年 8 月，我从美国返回，新学期开学后，学院通知我 2015 级有两位新考上的博士研究生，琼英便是其中之一。记得第一次见面时琼英告诉我，两次考试成绩不理想，主要是专业跨度有些大，她本科毕业于青海大学经济系，硕士毕业于青海大学社科系马克思主义基本原理专业，与民族学专业相差甚远，因此，担心会跟不上。我给她列举了民族学人类学学科史上很多跨专业半路出家的著名学者，鼓励她努力学习，不要有太多顾虑。

对于跨专业的学生而言，如何顺利进入专业领域的确是一个极大的挑战。据我所知，博士第一学年第一学期，琼英几乎把所有的时间和精力都放在了专业学习上。我们每次见面交流，她似乎都在为如何学好各门专业课而苦恼和奋斗。但看得出来，她非常珍惜来之不易的学习机会，虽然困难重重，但态度坚决、信心满满，没有怨天尤人或退缩放弃的念头，而这种坚韧和永不放弃正是许多学生身上所缺乏的精神。

从博士第二学期开始，进入毕业论文选题的准备过程。经过多次反复地讨论，我们决定还是走家乡人类学研究之路，做一本家乡人类学研究的村落民族志，而毕业论文的田野点就确定在琼英的家乡玉树藏族自治州。玉树藏族自治州位于青海省西南，刚好在青海、西藏和四川三省之间，是古代唐蕃古道的必经之路，有深厚的文化积累和丰富的文化资源。唐代文成公主远嫁西藏就经过玉树，许多相关的文化遗迹和传说保留至今。玉树的藏族英雄史诗格萨尔王传和世界上最大的嘛呢堆即嘉那嘛呢堆闻名中外。此外，由于地处三江源头，玉树也是进入21世纪以来生态人类学关注的热点，每年有大量相关的论著出版问世。

选择玉树为田野调查点还有一个重要原因，就是2010年玉树遭受大地震灾难后，在全国人民的支持下，玉树经历了艰苦的重建过程，所以，我们希望通过此次调查研究，能够对大地震后当地民众的物质和精神生活有个比较全面和深入的了解。

经过不断讨论和琢磨，琼英博士毕业论文的具体田野点最后选择了离玉树藏族自治州州府结古镇6公里左右的新寨，就是著名的嘉那嘛呢所在地。嘉那嘛呢声名远播，介绍和研究嘉那嘛呢的成果也不少，但对围绕嘉那嘛呢而形成的古老村落新寨和嘛呢石刻艺术的创造者工匠却很少有人关注和问津。尤其是石刻艺人，他们世世代代用自己勤劳的双手创造了青藏高原灿烂的石刻艺术，用石刻撰写了自己的人生和所处的社会，但他们在传统藏族社会中始终处于社会底层和边缘，可以说是一个被遗忘的群体。而在当代，人们不吝笔墨赞扬多姿多彩的石刻艺术，但很少有人把他们作为研究和描述的对象。

众所周知，嘛呢石刻是青藏高原比较常见的一种文化现象，在山口要道，在路边水中，在山坡悬崖上，人们都可以看到五颜六色的嘛呢石刻。但像新寨那样，因嘛呢石刻而形成较大规模的社区村落却不多见。此外，新寨还有关于嘉那嘛呢相关的藏文典籍文本，可以说是民族志研究的理想之地。受台湾人类学家乔健（1935—2018）先生的著作《乐户：田野调查与历史追踪》影响，那几年学术界“底边社会”研究的理论很流行，所以，琼英毕业论文研究重点拟定为以嘉那嘛呢石刻艺人群体和新寨社区的传统社会组织为主的民族志，论文题目确定为《嘛呢的力量：一个藏族石刻村落的民族志研究》。

比较研究是民族学人类学常用的研究方法，没有比较就没有研究。2016 年暑假，我安排琼英到拉萨就当地石刻艺人的生活史进行了为期一个多月的调研。调研结束后，琼英返回玉树，开始在新寨的预调研。到正式开题时，琼英已进行了将近半年的预调研，对所选毕业论文题目和相关田野点的情况已基本胸有成竹。2017 年底，我们合作撰写的有关拉萨石刻艺人生命史的学术论文在《西南民族大学学报》第 6 期上发表。

2018 年 1 月放寒假前，在经历了痛苦、失意、彷徨、犹豫、怀疑、无助等每位博士研究生撰写毕业论文时所必须经过的洗礼后，琼英向我提交了博士学位论文初稿。经过反复的修改、补充和润色，论文得到三位匿名评审专家的一致好评，并与当年 5 月经过答辩，琼英顺利获得博士学位，就职于青海民族大学。我认为琼英的博士论文有以下三个突出特点：

首先是运用民族学人类学相关理论，以嘉那嘛呢为主线，第一次比较全面系统地探讨和描述了新寨社区的婚姻家庭、社会组织、生计方式、信仰实践和经济交换等。琼英在新寨前后进行了为期 13 个月的调研，积累了大量一手的田野资料，仅完整个案访谈就近 150 个，所以，她对上述民族学经典话题的探讨不是蜻蜓点水，而是微观与宏观相结合的详细深描。以往的相关研究其重点是嘉那嘛呢本身，而琼英关注的重点是嘉那嘛呢的创造者石刻艺人群体及其他们组成的社会，这种学术研究视角的转化，对一个年轻的博士研究生来说难能可贵。

其次，已有研究往往把嘛呢作为藏传佛教宗教艺术或符号来解释，强调其神圣性，忽略了这种表面现象后面的深层次政治、经济和社会关系。琼英通过丰富的石刻艺人生命史个案，结合适当的定量分析，认为嘛呢石刻本质上是一种经济生产。而围绕嘛呢石刻展开的各种交换，反映了新寨当地主要的经济生产形式，并形成了一个复杂而有序的交换体系和网络。

再次，市场经济和现代化触角的介入，使得以生产嘛呢为主的新寨人面临着新的挑战，如嘛呢的商品化、机器石刻嘛呢的产生等。从琼英的论文里我们可以看出，面对老问题新困难，新寨人不是消极等待或怨天尤人，而是以更加积极的态度主动适应这种时代变化，使新寨展现出了新活力和更美好的前景。

2019 年 8 月，我在玉树做唐卡艺人口述史调研时，琼英带我参观了她博士毕业论文的田野点新寨。那是在她博士毕业一年之后，无论在转经路上，在商店小卖部，还是在巷子深处，很多人都认识她，并与她问好交流。琼英还带我去看望了她的忘年交，一位 90 多岁的老奶奶。这位老奶奶在琼英田野调查期间，给她提供了很多帮助和鼓励。每次琼英从西宁回到结古老家，都要开车专门去探望她。

古人云：子在川上曰，逝者如斯夫。时间过得真快，转眼间，琼英博士毕业已经 3 年多了。如今她已晋升为青海民族大学副教授，无论在教学工作，还是学术研究中，正在一步一个脚印不断取得进步。经过两年多的修改、补充和润色，博士论文出版在即。希望琼英以论文出版为新起点，不忘初心，继续努力，做一位有情怀有追求有关爱有担当的青年学人！

2022 年 2 月 11 日

序二　让优秀的传统文化枝繁叶茂

桑丁才仁

位于玉树新寨村的嘉那嘛呢石堆是玉树地区乃至青海全省享有盛名的藏族历史文化遗产。2010 年玉树发生“4·14”地震以后，地处地震核心区的嘉那嘛呢部分建筑、佛塔和石墙，以及相关基础设施不同程度地坍塌和受损，引起政府的高度重视，很快将其纳入玉树灾后重建十大建筑之首，并请有关设计施工单位统筹规划嘉那嘛呢石堆灾后重建工作。由于本人是新寨本地人，再加上专门记载嘉那嘛呢石堆发展历史的文献《道丹松曲帕旺传记三信大海新月》译本之前刊发在《安多研究》上，因此北京有关参与嘉那嘛呢石堆设计施工的大专院校和施工单位多次找我了解嘉那嘛呢石堆历史与文化等方面的情况。基于本人对家乡民族文化的热爱，特别是嘉那嘛呢石堆灾后重建工作能够得到各级政府和当地群众的认可，本人用三个月时间撰写完成《嘉那·道丹松曲帕旺及嘉那嘛呢石文化概论》一书，并提供给有关政府职能部门和设计施工单位，期望为嘉那嘛呢石堆灾后重建工作发挥一点作用。与此同时，随着我国新闻媒体对嘉那嘛呢石堆灾后重建工作的进行广泛报道和宣传，来自省内外国内外的许多在校博士生、硕士生和本科生第一次了解到嘉那嘛呢石堆悠长的历史发展轨迹和独具特色的文化底蕴，于是他们纷纷前往玉树新寨村，对嘉那嘛呢石堆进行实地调查研究，综合运用历史学、民族学和经济学、文献学、石刻艺术学等诸多学科研究方法，对嘉那嘛呢石堆文化进行广泛研究，使得嘉那嘛呢石的历史与文化研究受到了前所未有的关注，并陆续撰写出了一系列有相当价值的专著或论文，为进一步深入对嘉那嘛呢石历史文化的研究，弘扬藏族优秀传统文化发挥了作用。琼英博士作为玉树当地人，凭借自身天时地利人和的优势，经过几年辛苦努力写出了这本专著并即将出版，实属可喜可贺之成果。

我认识琼英博士于中央民族大学，当时她在民族学与社会学学院攻读博士，在与本人多次交谈过程中，我切身感受到琼英博士对嘉那嘛呢石的历史与文化有着浓厚的兴趣，并立志以“一个藏族石刻村落”（即新寨村）为典型案例，用历史学、民族学和社会学等多种学科方法，全面系统地探讨新寨村的地理位置、空间布局、历史沿革、社会组织、人口结构、家庭关系、石刻艺人、经济收入，以及嘉那嘛呢文化等方面的内容，现在看来琼英博士这些目标基本实现了。

众所周知，新寨村因有嘉那嘛呢石堆而声名鹊起，而新寨村的百姓在历史上又以刻嘛呢石为生计，因此，作者以“一个藏族石刻村落”（新寨村）为典型案例，通过参阅大量文献和实地走访，围绕嘉那嘛呢石的历史渊源和文化变迁，新寨村的形成与日益发展的内因和外因，民间社会组织体系运转情况与实效，吸引外来人口主因和对新寨村原有人口结构的变化，嘉那嘛呢石相关的民族文化节日，以及通过雕刻嘛呢石增加当地群众经济收入改善民生等问题进行了深刻思考和探讨，特别是作者通过反复走访调研新寨村所得到的许多第一手资料和统计数据不仅使专著内容更加丰富多彩，而且从另一个角度重新洞察和认识了嘉那嘛呢堆经久不衰的原始动力和潜在的文化价值。因此，我们要在现有良好的物质条件和国家的大力支持和帮助下，继续发掘整理嘉那嘛呢文化，抓住发展机遇，创新发展思路，在“枝繁叶茂”上多做文章，让藏族优秀传统文化得以传承发展，经久不衰。

2022 年 2 月 17 日

目　录

导 论

第一节 研究缘起

一、选择民族学

“如果你想理解一门学科是什么，你首先应该观察的，不是这门学科的理论或发现，当然更不是它的辩护士们说了些什么；你应该观察这门学科的实践者们在做些什么。”① 美国著名人类学家克利福德·格尔茨先生如是说。在他看来，人类学或至少社会人类学领域内，实践者们所做的是“民族志”（ethnography），格尔茨借用吉尔伯特·赖尔提出的概念——“深描”（thick description）指出：“民族志就是详尽‘深描’的尝试”。②

当下，中国社会正处在一个急速变迁的时代，全球化和信息化对新寨村这个处于青藏高原腹心地带的村落产生着巨大的影响，传统的衰退和现代化思潮的浸入交织出一个复杂的文化命题，破解难题正在成为其社会发展中必须直面的现实任务。通过新寨村这一典型个案，记述和分析日常生活中村民的具体行为、社会规范、文化习惯和价值取向等，了解藏族村落地景中人类个体、群体、社团等组织及其背后的文化逻辑，试图努力呈现一本“深描”的民族志作品，为解决目

---

① ［美］克利福德·格尔茨著，韩莉译：《文化的解释》，译林出版社，2014年，第6页。

② ［美］克利福德·格尔茨著，韩莉译：《文化的解释》，译林出版社，2014年，第6页。

前涉藏工作重点省份的社会和文化发展遇到的问题，提供地方性的参考。

二、在他乡“热身”

“脚踏实地的田野实践永远是人类学的王道，是人类学者得以安身立命的根本。”[①] 自马林诺夫斯基（Bronislaw Malinowski）在19世纪20年代初开创实地调查以来，许多堪称“经典”的人类学、民族学著作都是那些不畏艰辛、甘于寂寞的先辈学者，奔赴遥远的地域，与当地人同甘共苦进行实地参与观察，获得一手的田野资料并在此基础上撰写而成。这些经典著作有一个共同的特点，就是“生命力”极强。

为了充分体验和掌握田野调查方法，笔者在完成学校课业后，于2016年6月底从北京前往拉萨进行了为期近2个月的田野调查。这是笔者进入正式田野调查之前的一次“热身”。在这段时间，笔者以一名“他者”的身份在拉萨进行观察和访谈，收获不少。通过自己亲身体验才发现，田野调查远没有想象的那么简单。只有调查者和被调查者相互之间建立起信任，才能取得“真经”。如何建立彼此间的信任感？笔者在拉萨与几位嘛呢石刻艺人[②]进行访谈时体会到这种信任感必须建立在尊重被调查者的文化习俗和诚恳的态度上。另外，要掌握当地的语言。田野调查除了用眼睛观察以外，更多的是用语言与被调查者进行交流。在拉萨从事石刻行业的艺人都是来自四川涉藏州县的藏族人，极大的便利了笔者（康巴人）在有限的时间内收集到一手的田野资料。这些在拉萨从事嘛呢石刻的石刻艺人，其生活与以往相比有了很大的改善，但他们的社会地位还是处在一种“底层”。[③]

① 韩敏：《一个家乡人类学者的实践与思考》，《广西民族大学学报》（哲学社会科学版）2011年第2期，第56页。

② 在拉萨，石刻艺人主要集中在药王山、林廓路、哲蚌寺和乃琼寺等地，且他们都是来自四川的康巴人（昌都的较多），而拉萨当地人很少从事这一职业。

③ 苏发祥、琼英：《命以镌石——拉萨市石刻艺人的生活史》，《西南民族大学学报》（社会科学版）2017年第6期，第23页。

这与笔者家乡以刻石为生的新寨村情况有很大的差别。这促使笔者最终把选择田野调查点的目光聚焦到了家乡。笔者想了解，同样都是以刻石为生，为什么在新寨村，即使有大量外来石刻艺人迁入，却还能营造出一种和谐、平等和包容的人文环境。

三、重新认识嘉那嘛呢石经城

在自己的故乡进行人类学研究，已被学界称为“家乡人类学”（anthropology at home）①。“若要从事家乡人类学，旅行似又是必要的，而那种旅行，又可以说比回乡调查更接近于心灵上的探险。”②笔者在家乡进行田野调查前，2016 年暑期在拉萨进行的“热身”，好比这里所说的旅行，着实必要。

自高中毕业离开家乡在异地求学以来，笔者几乎就再也没有哪一年是完完整整地待在结古（玉树州府所在地）。儿时的记忆里，感觉从结古到新寨村相距甚远，小时候随同家人仅去过一两次。平常陪同母亲都是去离家近的佛塔处转经，不曾去新寨嘉那嘛呢石经城。生活在石经城里的村民们也是偶尔来结古镇上购买生活用品或者处理其他事情。对嘉那嘛呢石经城几乎毫无印象。直到笔者上了大学，这种情况才得以改变。尤其在 2010 年 4 月 14 日玉树发生地震以后，新寨村的变化可谓翻天覆地。可以说，新寨村是目前玉树灾后重建中较成功的一个典型案例。新寨村发生的变化，用当地老人的话来说就是：“原先是石经城的人往镇上跑，如今换镇上的人往石经城跑”。那么，是什么原因让新寨村形成这样的格局？新寨村都发生了哪些变化？这是笔者在本书中要解决的主要问题。

笔者以研究者的身份进入田野调查点——新寨村，少了几分像异

① “家乡人类学”首次由日本人类学者末成道男教授于 1993 年提出。详见韩敏：《一个家乡人类学者的实践与思考》，《广西民族大学学报》（哲学社会科学版）2011 年第 2 期，第 56 页。

② 王铭铭：《由彼及此，由此及彼——家乡人类学的自白》（上），《西北民族研究》2008 年第 1 期，第 97 页。

文化研究者那样的文化震撼或者精神朝圣般的感觉。① 但当笔者从老乡那里获得丰富的田野资料时，尤其是关于早期的佚闻趣事，那种收获感顿时弥补了之前的缺憾。田野调查初始，笔者的领路人是我的母亲，她带我走进石经城并把我介绍给当地人，使接下来的田野调查进行得比较顺利。虽说是当地人，但田野调查期间也免不了被拒之门外、落寞无助。不过现在回想起来，这些都给笔者的田野生活增添了不少异样的色彩。

笔者从 2016 年 9 月 9 日开始进入田野点，进行了为期两个月的预调查，掌握了新寨村的基本情况，像村落的空间分布、主要访谈人等。同年 12 月再次回到田野点，开展了为期近 11 个月的田野调查。

图 0－1　第一世嘉那活佛石刻佛像

田野调查中的生活是碎片化的，根本不是围绕着诸如亲属关系、经济和宗教等我们熟知的民族志范畴组织的。② 加之自己有限的生活阅历和知识储备，完成这份田野“作业”，没有笔者初始想象的那么简单，也没有那么“完美”的落笔。但在写作期间，笔者从查阅的文献以及村民们提供的丰富的田野资料中受益

① 很多异文化者来到嘉那嘛呢石经城，最大的感受是“震撼”。

② 斯蒂芬·A. 泰勒著，李荣荣译：《后现代民族志：从关于神秘事物的记录到神秘的记录》，载詹姆斯·克利福德、乔治·E. 马库斯著，高丙中、吴晓黎、李霞等译：《写文化——民族志的诗学与政治学》，商务印书馆，2006 年，第 173 页。

时，感到莫大欣慰。

第二节 文献回顾

一、中国乡村社会的“经典”民族志

自人类学、民族学从国外引进以来，直到后来在国内学界占有一席之地，期间几经波折，正是在这样的波折中学科才得以发展并很好地服务于社会，这与众多前辈学者的贡献是分不开的。用学科术语来讲这也算是经历了一个“仪式”过程。时至今日，对中国乡村社会的研究成果可谓汗牛充栋，这当中有些经典的民族志作品并没有随时间的流逝而消失在人们的视野中。中国人类学、民族学学科引导者费孝通先生的《江村经济》（1939），像费先生导师马林诺夫斯基教授所预言的那样，已成为人类学、民族学实地调查和理论工作在中国社会文化研究中的一个里程碑。费先生以自己的家乡江村为实例，从家庭、财产继承、亲属关系、职业分化等方面描述了江村村民们的基本生活，并把它作为中国农村的一个缩影，来阐释中国农村经济在西方的影响下是如何对土地加以改造和利用、实现家庭再生产走出发展困境的。费先生对江村的研究并没有因博士论文的完成而停止。费先生不仅为后辈学者研究乡村社会开辟了道路，而且对所有研究中国社会和文化的学者做出了“科学的价值在于服务”的范例。继江村研究之后，在20世纪30年代末40年代初，费先生与其助手张之毅在云南的禄村、易村和玉村三村分别对农田、手工业、农业和商业发展进行多点调查研究，完成了《云南三村》的写作。与江村微型社区研究不同，云南三村是在较宏观的视野下对中国乡村社会发展进行审视。云南三村因不同地域的比较优势，最后各村的发展情况也各不相同。通过这种多点田野调查研究来反映中国乡村社会发展的整体情况，弥补了以往微型社区研究中的不足和缺陷。同样，作为中国人类学、民族学学科又一领军人物，林耀华先生一生也是著作颇丰，其中最为大家所熟悉的是《金翼》（1944）。该书以小说体人类学而著称，

通过对黄村张、黄两家的命运变迁，展示20世纪30年代前后中国农村生活、家族体系的实况，进而揭示了人际关系在人类社会中起到的“平衡”作用和重要性。同时，《金翼》开创了中国文学形式的人类学民族志研究方法。与费先生一样，杨懋春先生把自己的家乡作为研究客体，一本《一个中国村庄：山东台头》（1945）让“台头村”声名远播。作者通过追忆台头村的村民、农业、生活水平、婚姻与家庭、村庄组织、村际关系等农村真实生活，揭示了村民个体、社会、组织间构成的关系网络。与上述三位先生较为不同，田汝康先生的《芒市边民的摆》和许烺光先生的《祖荫下——中国乡村的亲属，人格与社会流动》则是在少数民族地区展开的田野调查。田汝康先生对芒市那木寨（傣族）摆夷举行的宗教仪式——“摆”进行了深入研究。田先生原本想研究边地的经济，却在田野期间意外地发现“摆”这个关联着摆夷整个生活的仪式，通过对“摆”和“非摆”进行比较，展示出“摆”对摆夷社会产生的巨大影响。它不仅塑造了摆夷人的人格，同时还起到了社会整合的功能。许先生的《祖荫下》（1948）对中国西南边陲小镇——喜洲镇农民（白族）的居所、家庭生活、家族的繁衍以及宗教活动等方面进行参与和观察。作者发现任何人的行为、价值观念等都在祖先庇荫的影响下得以延续，对中国乡村社会研究产生了深远的影响。以上几位先生的作品，不仅为研究中国乡村社会奠定了坚实的基础，而且还打开了国外学界认识中国乡村社会的“窗户”。

然而，从20世纪50年代末至70年代末受社会形势的制约，本土学者对中国乡村社会的研究进入了低谷阶段，取而代之的是国外学者，他们通过收集文献资料对中国乡村社会进行了研究。其中影响较大的是英国人类学家莫里斯·弗里德曼（Maurice Freedman），其代表作《中国东南宗族组织》（1958）是对中国东南地区展开的宗族研究。他发现宗族与村落关系重叠，试图以区域研究模式替代以往中国本土学者的定点微型村落研究范式，进而论证宗族组织在社会结构中发挥的整合功能。此外，施坚雅的《中国农村的市场和社会结构》（1964），重点论述了20世纪初至60年代的中国农村集市、乡镇和中心城市三级市场的发展、变迁和现代化过程，分析了市场与社会结构、习俗、交通、地理的内在联系，进而论证了“农民的实际社会区域边界不是由他们所住的村庄的狭窄的范围界定，而是由他的基层市场区域的边界决定”的命题。国外这些学者的新成果都是在中国本土学者的学术积淀下取得的，一方面丰富、发展了中国乡村社会的研究范式，另一方面也遭到了部分学者的质疑和批判。

改革开放以后，中国社会开始谱写新的历史篇章。人类学、民族学学科也开始走出低谷，追随前辈学者的步伐奔赴希望的田野。黄树民先生的《林村的故事：1949 年后的中国农村变革》是对福建厦门林村和林村人（村干部）的生命历程展开调查，揭示了新中国成立以后中国农民生活得到改善的同时又经历着社会文化变迁。传统的农村社区文化逐渐被以政府为主导的大众文化所取代，而某些传统的信仰和习俗仍得以延续。这一时期，借助“南满铁道株式会社”调查资料，对中国华北农村研究产生较大影响的有黄宗智和杜赞奇两位先生。黄宗智的《华北小农经济与社会变迁》（1985），在借助文献资料的同时结合实地考察，对中国小农经济发展落后的根源进行了深度的剖析。他指出，以往中国农村经济的三种研究范式，即形式主义（舒尔茨、波普金）、实体主义（恰亚诺夫、波兰尼、斯科特）和马克思主义（地主与小农生产之间的剥削与被剥削关系）都是以各自单一的形式来进行研究。在他看来，对中国农村的小农经济不应该仅以其中一种形式进行研究得出结论并作为最终的评判标准，而需要综合这三种范式，即以赢利为目的形式主义、不以赢利为目的现实主义以及探讨阶级关系的马克思主义进行综合分析研究。他认为小农既是一个追求利润者，又是维持生计的生产者，同时也是受剥削的耕作者。他综合这三种形式来分析处在不同阶层的家庭式农业和经营式农业在现实状况中所存在的困境，最后得出结论指出，中国农村在人口增长加之社会的分化下形成了一种农业“内卷”的趋势而难以自拔。杜赞奇《文化、权力与国家：1900—1942 年的华北农村》对华北 6 个村庄进行了详尽的分析，展现了在国家政权现代化建设的背景下，权力是通过何种渠道从国家渗透到基层社会，对此基层社会又是如何作出回应的。

此外，对以往中国乡村社会研究的田野点进行回访成为这一时期的学术热点。庄孔韶先生在1986—1989年期间，对其导师林耀华先生的家乡黄村进行了5次回访，追踪金翼之家的后裔及书中的尚存者，访谈400余人，在此基础上撰写了《银翅——中国地方社会与文化变迁》(1996)。这本书对金翼之家从20世纪30年代到80年代经历的社会变迁进行了深入的分析和研究，并回答了金翼之家以银耳科技作为家族主义兴起的新动力，冲击30年重农主义的藩篱，率先窜出“平衡”系统，开启新农村之路。①

可以发现，以上经典的中国乡村社会的民族志作品，主要都是在以汉族为主体民族的农村社区（田汝康和许烺光两位先生作品除外）进行的田野调查，且多以关注乡村社会经济发展为主。研究趋向上呈现出以下几个特点：1. 20世纪50年代以前以中国本土学者为主，以微观社区为个案，希求达到“以小见大”的目的；2. 20世纪50年代末至80年代初以外国学者为主，运用文献材料（非实地调查），针对某一社会现象（像宗族、市场）从历时性和共时性两方面进行深究；3. 20世纪80年代后，随着社会的发展和形势的复杂，国家、权力与文化关系成为讨论热点。另外，回访早期研究的田野点，追踪研究农村社会变迁也是这一时期的一大特点。

这些“经典”的作品为中国人类学、民族学学科的发展做出了巨大的贡献。同时也为少数民族社区研究提供了比较和借鉴。通过以上经典著作对中国乡村社会研究的简要梳理，笔者受到的启发是：每一个村落，不管是汉族为主体民族，还是少数民族为主体，都有其各自地域的比较优势和文化特色，如何利用好这些比较优势和特色，并运用现代科技来发展和继承传统文化，是迈出乡村社会经济发展的关键。像江村的蚕丝业、金翼之家的银耳、云南三村中易村的手工业、玉村的商业（地理优势）等，都是在面对社会变革的情况下充分运

① 庄孔韶：《银翅——中国的地方社会与文化变迁》（增订版），生活·读书·新知三联书店，2016年。

用本村的比较优势，并通过自身劳动、家庭协作等方式开辟出农村发展道路。另外，我们也看到宗教对有信仰的少数民族起到的人格塑造、社会整合的功能。笔者从先辈学者的这些杰作中受益良多。

二、藏族社区人类学调查研究

藏族社区人类学调查研究，与藏学研究有着极为密切的关系，以致现在学界有很多学者把藏学与人类学相结合称之为“藏学人类学”。藏学作为中国本土的学科拥有悠久的历史，取得的研究成果可谓骄人。尤其在宗教、历史、文化、医药和艺术研究等方面，为研究藏族社会和文化的人类学、民族学实践者奠定了坚实的基础。仅以国外对藏学研究的发展历程来看，其成果也较为丰富。苏发祥的《英国藏学研究概述》（《中国藏学》2008 年第 3 期），是其在剑桥大学社会人类学系和伦敦大学亚非学院宗教系访学期间，通过查阅相关文献及访谈英国学者，对英国 200 余年（1774—2007）的藏学研究历程进行了的细致梳理。早期藏族社区人类学研究资料主要受惠于藏学研究成果，而早期这些国外的藏学研究成果主要都来自政客、传教士、商人等。他们进入藏族居住区撰写游记、日记，成为日后学院学者可资借鉴的历史文献资料。其中对“藏传佛教”的关注是他们较为热衷的一个研究领域。因此，早期藏族社会作品很多都是有关藏传佛教的研究。

除了对西藏的宗教感兴趣外，也有国外学者对西藏的社会、文化、经济等给予了关注。比如，美国学者皮德罗·卡拉斯科《西藏的土地与政体》（1985 年）是用民族学的研究方法对西藏农民土地、贸易与工业、地区差异、政体以及西藏社会历史发展研究的一部杰出作品。意大利藏学家图齐（Giuseppe Tucci）关注西藏的民俗、民间故事、藏族部落以及婚姻习俗等。他于 1929—1948 年间，先后 8 次入藏考察，作品《西藏宗教之旅》（1970）以及合著《喜马拉雅的人与神》（2004）都是通过实地考察作出的研究成果，还有法国藏学家石泰安（R. A. Stein）的《西藏的文明》（1962），对西藏社会，即家族、生活方式、权力和财权、宗教和习俗、文学和艺术等内容展开了研究。这些著作都是采用人类学实地调查方法完成的，为研究藏族社会提供了许多有价值的文献资料。

真正以人类学专业出身对藏族社区研究较早的应属英国人类学家海门道夫（Christoph von Furer-Haimendorf），他于20世纪50年代对生活在喜马拉雅山区的夏尔巴人社会文化展开了深入研究。另外，他培养的两名女性人类学家南希·列维妮（Nancy E. Levine）和阿吉兹（Barbara Nimri Aziz）对藏族社会和文化研究也产生了深远的影响。列维妮对藏族“骨系”的研究是目前藏学界中的权威和代表，除此之外，她对仪式研究也颇具影响力。但她主要是在南亚夏尔巴人社区进行的调查，对国内藏族社区研究产生的影响不及阿吉兹。国内藏族社区研究中应用较多的是阿吉兹《藏边人家——关于三代定日人的真实记录》，成书于20世纪80年代。作者打破传统以宗教为主的研究方式，选择“社会—经济”视角，对迁徙居住在尼泊尔索昆布地区的定日人（该地与西藏的定日县毗邻）进行了研究。经过为期1年多的实地调查，结合文献史料及田野个案，勾勒出早期西藏定日社会图景。阿吉兹指出，定日社会自始至终都处在一个“流动”的状态中，与以往不同的是现代定日人讨论的话题更多的是经济问题。通过定日4种不同的社会等级划分来论证，为改变个人命运，定日人通过跨阶级婚姻来促进个人社会地位和经济条件的变化。但她最终还是承认宗教赋予社会的力量也不容忽视。在她看来，对定日宗教的论述和社会经济的内容可能有自相矛盾之处，然而，正是这种内在的矛盾，反映着定日社会富有变通性和个性的特点（Aziz 1987：54－79）。

20世纪80年代国外学者（包括海外藏族学者）对海外藏族人社区的研究有了重大的突破。刘志杨在《海外藏人的人类学研究：围绕北美藏学博士学位论文的评析》（思想统战，2012年第6期）中指出，截至2012年1月在PQDT中检索到，关于藏学人类学博士论文有80余篇。作者列举了其中13篇比较有代表性的海外藏族人社区研究博士论文。主要是针对印度、尼泊尔以及从这些地方移居到西方、美国、加拿大等地的海外藏族人社区，内容涉及海外藏族人的文化适应、身份认同以及生计模式等方面。

此外，牧区作为藏族社会的一个组成部分，“流动”是该社区的最大特点，得到了国内外不少学者的青睐，其中影响较大的有埃克瓦尔（Robert B. Ekvall）《蹄上生涯》（*Fields on the Hoof*：*Nexus of Tibetan Nomadic Pastoralism*，1963）和美国著名藏学家梅·戈尔斯坦（M. C. Goldstein）的《西藏西部牧民：一种生存方式》（*Nomads of Western Tibet*：*The Survival of A Way of Life*，1990），结合人类学理论和方法，对西藏西部牧民生活的变迁与延续问题展开了研究。

综上所述，国外对早期藏族社区的研究主要倾向于宗教，不同于国内藏学研究的是他们选择在佛教文化的历史背景下运用人类学、民族学的实地参与观察的研究方法。同时，对藏族社会的婚姻、经济等方面也给予了较多的关注。

国内运用人类学、民族学的田野调查方法来研究藏族社会，始于20世纪三四十年代。先行者是李安宅和于式玉二位先生。《藏族宗教实地研究》（1988）是李安宅先生在20世纪30年代深入甘肃南部藏族地区（拉卜楞寺）进行实地考察的一部有关藏族宗教史的杰作。1987年9月，四川省成立编辑工作组，专门收集整理李、于二位先生的遗著《李安宅藏学文论选》，收集了18篇文章，都是李、于二位先生与藏族僧俗一同生活多年，饱经艰辛获取的大量一手田野资料，这些研究成果对今日之藏族社会的研究仍旧发挥着重要的作用。此外，对藏族社会给予关注的还有林耀华和陈永龄两位先生。

中华人民共和国成立以后，党和政府高度重视民族问题和民族工作，为了解少数民族历史状况，全国人大民族委员会和中央民族事务委员会组织开展全国性的民族识别、少数民族语言及少数民族社会历史调查。从1953年到1956年，对西藏各个地区展开了深入的调查，完成了调查报告《藏族社会历史调查》，内容涵盖政治、经济、文化、社会等方面，其成果对研究藏族社会提供了丰富的素材，并产生了深远的影响。

20世纪80年代末，中国人类学、民族学调查者迎来了新的契机。研究者主要集中在西藏，围绕西藏社会、农牧民生活展开了深入的调查。格勒、刘一民等人在那曲等地开展了为期2年的田野调查，完成了《藏北牧民：西藏那曲地区的社会历史调查》（1993）。主要对藏北牧民的生产交换、土地制度、婚姻家庭及宗教信仰等方面进行了调查，真实展现了早期牧区基本生活状况。中国藏学研究中心《西藏家庭四十年变迁——西藏百户家庭调查报告》（1995），基本上反映了民主改革以后近40年的西藏社会经济、生活面貌的变迁。徐平、郑堆《西藏农民的生活——帕拉村半个世纪的变迁》（2000），通过对班觉伦布村的调查研究，从帕拉家族、封建农奴各阶层生活、民主改革和人民公社再到改革开放后的班觉伦布村民的物质和精神文化生活等方面进行了调查，较为全面地反映了西藏农村半个世纪所发生的变化。刘志扬《乡土西藏文化传统的选择和重构》（2006），在对藏族乡村社会结构分析的基础上，对拉萨娘热乡一些标志性文化事项就行为方式选择、洁净观念和原则、饮食文化等进行了深入的研究和分析。他认为藏族大众对自己文化自信、热爱和执着，他们始终坚信民族和传统的文化在现代化的今天依旧有其自身魅力。陈波《生活在香巴拉：对西藏五十年间一个文明化村落的实地研究》（2009），使用雷德菲尔德“大传统与小传统”理论视角，对藏族村落“吉度”社会网络展开了细致调查。主要从祭祀空间、朝圣空间、巴村的传统社会网络等方面进行了分析和研究。他认为不能忽视村民作为文明建设者的功绩，正如他谈论的不能忽视“小传统”的存在。陈默《空间与西藏社会变迁》（2013），是对拉萨市曲水县曲水镇茶巴朗村社会文化变迁从空间的维度进行的研究。与上述几位学者不同，王越平的《乡民闲暇与日产生活：一个白马藏族村落的民族志研究》（2011），则选择对甘肃的白马藏族进行研究。主要从闲暇群体、时间、空间、消费等方面进行了讨论。她认为“闲暇”作为日常生活重要组成部分，必然要与一定的群体发生联系。人即是闲暇的主体，也是闲暇活动的对象。正是在闲暇活动中，人们实现了相互之间的互动和交往，社会关系也得到维系和加强。李锦在其博士论文基础上完成的《家屋与嘉绒藏族社会结构》（2017），以“房名”为切入点，对四川雅安宝兴跷碛藏族乡的社会结构进行了研究，指出“家屋”

是维系嘉绒藏族社会结构稳定的重要因素。

此外，有关藏族社区的博士论文，根据研究内容可归结为以下几点：1. 社会文化变迁：《四川藏区城镇化进程与社会文化变迁研究——以德格更庆镇为个案》（蒋彬，2003）、《丹噶尔藏人社会文化变迁研究》（李臣玲，2006）、《当代藏区村落社会研究——甘肃卓尼郭大村研究》（迟玉花，2013）、《藏族牧区生态习惯法文化的传承与变迁研究——以拉卜楞地区为中心》（常丽霞，2013）、《甘南藏族游牧民定居研究——基于碌曲城南新区牧民新村的调查》（李晓丽，2015）、《碰撞中的身份需求：东纳藏族部落社会历史与文化变迁研究》（尕藏尼玛，2014）；2. 社会历史：《卓仓藏族历史与文化》（祁文寿，2011）、《迭部藏族部落社会的人类学考察》（才让卓玛,2015）；3. 认同与权力：《玛藏德哇：一个城市边缘藏人村落的人类学研究》（彭毛卓玛，2014）；4. 民族关系：《藏族村落中的民族关系研究——以天堂村为例》（夏研，2014）；5. 信仰仪式：《现实与彼岸：一个藏族社区信仰仪式和象征结构人类学》（索端智，2006）等。

以上对藏族社会的研究专著和学术论文中，研究者都是运用人类学、民族学田野调查方法，并结合文献资料对藏族社会和文化进行分析研究。从这些研究成果来看，有几大特点：1. 当前藏族社区研究主要都是集中在西藏，青海、甘肃地区次之，四川地区较少；2. 从研究专著来看，多以“客位”研究为主，不过近年来发表学位论文的主要以本土学者为主，“主位”视角的研究成果呈上升趋势；3. 研究社会文化变迁者较多，宗教、历史等次之，但是有关社会经济的研究相对缺乏；4. 近年来在礼物交换脉络下对寺院与村落共生互惠的研究成了热点。

三、佛教社会中人类学的“交换”研究

国外有关佛教社会中人类学调查的“交换”研究，主要集中在南亚的尼泊尔和东南亚（上座部佛教）的缅甸、泰国和斯里兰卡等国，国内主要集中在西藏。从国内外研究趋向来看，可分为“圣—俗”和“俗—俗”之间的两种交换情况。

（一）“圣—俗”交换

麦尔福·史拜罗（Melford E. Spiro）于 1961 开始在缅甸与泰国进行了为期 14 个月的田野调查，后于 1972 年出版了《佛教与社会》一书，1982 年再版。① 史拜罗主要是在缅甸的一个小村庄——野畿村进行田野调查，并采用了美国著名社会学家罗伯特·雷德菲尔德（Robert Redfield）大、小传统理论来探讨佛教在缅甸社会的变迁。但其研究视野却没有仅限于野畿村，还结合了野畿村以外的相关材料进行比较研究。作者倾注了大量的笔墨来谈论佛教，并把佛教分为意识形态系统、仪式系统、僧伽系统三部分。在意识形态系统讨论中把佛教划分为涅槃、业力、消灾和秘术等 4 种形式，并对业力佛教展开深入的研究。最后根据田野资料指出，缅甸社会处于业力佛教的意识形态，村民主要通过“功德”与“业力”观念来维系佛教与社会的联系。作者认为命运由自己的业所决定，所以形成了“业（善/恶）→功德/非功德→果报（乐/苦）”的人生，其中交换功德的方法主要通过“持戒”和“布施”，并指出在村民的观念中，取得功德的大小取决于布施的多寡。日常生活中，村民的布施主要是用于修寺、造塔和供僧等佛教用途上，以便获取巨大的功德，而非用于世俗层面救济穷人上。这就造成了缅甸社会经济发展的一大阻碍。史坦利·吉亚拉贾·谭拜亚（Stanley Jeyaraja Tambiah）的《泰国东北部的佛教与神灵信仰》② （1970），是关于人类学佛教社会中“交换”研究中又一重要著作。作者是在 1961—1962 年及后来在 1965—1966 年间，利用两次较长的假期，在泰国东北的一个村庄进行田野调查，收集资料撰写成一部民族志。围绕该村落展演的四类仪式，即佛教仪式、招魂仪式、丰产仪式、驱魔仪式，阐明当地的社会“功德”和“灵魂”的伦理观念。在建寺、门徒补充、修缮寺院、宗教节庆时期，通过赠送礼物、给僧侣提供日常食物等修行方式来获取功德，进而达到维系社

---

① 中文译本首次在《香光庄严》杂志上连续刊载 35 期，完整版于 2006 年出版。参见麦尔福·史拜罗著，香光书乡编译组译：《佛教与社会》，香光书乡，2006 年。

② Stanley Jeyaraja Tambiah, *Buddhism and the Spirit Cults in North-east Thailand*. Cambridge University Press, 1970.

会的功能。以南亚研究著称的谢里·奥特纳（Sherry Ortner），对居住在尼泊尔东部的夏尔巴人进行研究。受先辈学者的启发，借助仪式来研究佛教与社会之间的关系。俗人借助诸仪式来展示各自慷慨行为，以求获得较高的社会地位和认同。与寺院形成互惠的施舍关系，进而维系社会的整合（1978）。[①] 卡里瑟斯·马歇尔（Carrithers Michael）在《佛陀》[②] 中指出，佛教寺院与村落是一种建立在“功德（merit）施受”“业报（karma）转换”的宗教伦理之上的共生体系。表现在俗人慷慨供应出家僧众食物及物质资源，僧众则以佛陀的智慧与教诲为最佳礼物回报，由此建立起寺院与村落之间的相互依赖，而这种互惠、共生关系，正是稳固寺院与村落的社会结构体系（1983）。

台湾学者朱文惠（Karma Tendar）受以上几位学者的启发，运用此研究范式在西南藏族社区进行了为期 6 个月的田野调查，在此基础上撰写了《佛教寺院与农牧村落共生关系——中国西南藏族社区研究》（2002）。作者在这本书中论述了寺院与村落之间的共生关系，即寺院僧众的生活和法会节庆活动需要的所有开支和物资从俗世的村落居民那里得到供应，村民的生老病死、心理需求又通过寺院得以解决。如此周而复始，二者通过物质与精神的交换形式，使当地社会处在经济、人情与资源的流动状态中。作者在结论中指出，寺院的命运与村落居民的荣辱和共同记忆紧密地结合在一起，双方处在相互依赖、流动共生的关系当中。苏发祥、王玥玮《论藏传佛教寺院与村落共生互惠关系——以西藏南木林艾玛乡牛寺与牛村为例》（2014），以此为研究范式，通过调查论证了西藏社会在经历了重大的变迁之后，寺院与村落之间互惠关系依旧稳定，正是这种稳定性确保了西藏乡村社会得以延续和发展。

---

① Sherry Ortner, *Sherpas through Their Rituals*. Cambridge: Cambridge University Press, 1978.

② Carrithers Michael, *The Buddha—Very Short Introduction*, Oxford University Press, 1995.

（二）"俗—俗"的交换

现实社会中，除了"圣—俗"之间进行交换外，也存在"俗—俗"之间的交换，这也是维系社会整合的另一个构成要素。朱伟《仪礼与交换——白马藏人葬礼中交换的文化诠释》（2011），通过葬礼仪礼中礼物赠予和互助等行为方式，论述白马藏族在现实生活中"生存伦理"观强化了个体之间的联系。作者把礼物中"饮"（酒）和"食"（羊肉和猪肉）的数量同表现在空间（村落与墓地）上的互助行为进行分类，强调存在差异性来反映白马藏族男性和女性在现实生活中的社会地位之别，进而突显文化的深层含义。近年来本土学者白玛措把交换理论研究范式下的互惠关系运用到藏族牧区社会研究中。她在《人类学视野中的西藏牧区亲系组织及互惠关系——以西藏那曲为例》（2012）中，结合实地调查，指出牧民在劳动力有限的情况下，通过亲系组织及互惠方式使牧区社会得以维系，并强化了彼此之间的文化认同。另外，她在《牧民的礼物世界——以西藏那曲嘉黎县为例》（2015）中，对藏北牧民在畜牧社区中实现的资源共享、经济生活上通过礼物的交换和互惠行为来构建基层社会中亲系、邻里之间的关系网络，使社会中的每一个个体在这种"社会支持"功能下生存得以保障进行了阐述。2019 年 6 月，作者在以上研究成果基础上进一步完善出版了通俗易懂的《牧民的礼物世界》（上、下）一书。

综上所述，在"交换"理论范式下对佛教社会的研究中，"功德和业报"的伦理观作为维持佛教社会秩序稳定的主旋律，主要体现在"圣—俗"二者之间的交换中，而对"俗—俗"之间的交换研究鲜少，尤其在上座部佛教社会中区分更是凤毛麟角。这两种交换形式各自形成一个独立的研究体系，呈现出两种不同的社会性质。而在本书研究的嘛呢石交换中，发现这两种交换能够得到有效的联结，形成一组"俗—圣—俗"三者之间有机结合，构成了佛教社会共生互惠的关系网络。体现出原本投入到寺院用于积累功德的"布施"，用于世俗层面也同样可获得功德，使得寺院经济的部分财富收入流到世俗经济领域中，实现了财富在"寺院与俗民"之间的有效流通，规避了寺院经济阻碍社会经济发展的情形。

四、玉树、嘉那嘛呢文化研究

（一）玉树文化研究

截至2021年3月，有关玉树研究在国家图书馆可查阅到231条内容。主要包括自然、地质勘查、县志概况、史诗和文学等方面的内容，其中有关“玉树地震”的文献资料最多。下面分别从专著（汉、藏）、学术论文（以硕博为主）及关于“玉树地震”三个方面进行了梳理。

1. 专著类（汉、藏）

早期有关玉树的文献资料都是零星、片段的记载，并主要因玉树重要的战略地位和当时的贸易集散地而出现在历史文献中。由于缺乏史料（汉文），民国政府不甚了解玉树的实际情况，故做出了“一地两属”的政治决策。为弄清楚此事，从甘肃和四川两地专门派人赴玉树调查。周希武作为当时派遣的工作人员之一，根据实地考察的记录撰写成调查报告，即《玉树调查记》（1986）。该调查记分上、下两卷，上卷主要记述了玉树的部落、山脉、水道、地形及政治；下卷主要记述了玉树的宗教、风俗、实业、掌故及考证等内容，是目前有关玉树研究中较为公认且引用较多的一本权威著作。本书有关早期新寨人口、贸易情况及风俗等信息也受惠于此书。此外，中国作家协会会员、青海省作家协会主席、藏族作家和诗人梅卓也是玉树文化研究中影响较大的一位。她的长篇纪实散文《三江源地域文化全景实录：吉祥玉树》（2006），对玉树的山、水、人、天（寺院）、地（民间文化）、美（胜景）、爱（野生动物）进行了记述，该书2010年玉树地震后再版。玉树地震后，为发展地方文化事业，以州委、州政府、宣传部、文体局、文化局及旅游局等相关部门牵头，积极对外宣传玉树特色文化，联合学界出版了一系列作品：1. 杨上青担任主编的《源·三江源生态人文》三部曲（2013），以图文并茂的形式供广大读者重新认识玉树文化；2. 罗桑开珠、昂文格来主编的《玉树文化研究》（2014），梳理了玉树历史研究、玉树名胜古迹研究、玉树文化研究及玉树宗教研究等四部分内容，共收录学术论文 46 篇，是目前较为全面、集中的有关玉树文化研究的成果；3. 尼玛江才主编的《玉树岩画》（2016）及拉日·甲央尼玛的《玉树岩画考察》（2018），主要探讨了通天河流域岩画的一般特征、岩画分布区域、题材分类、岩画的功能和意义探索及岩画的年代探索等内容，并配有大量的岩画图案；4. 梅卓主编，《青海湖》编辑部共同编辑出版的《三江源·玉树篇章》和《青海湖·玉树篇章》两本作品集（2017），收录了诸多学者的诗歌、小说及散文，展示玉树地域特色、抒发个人情感、赞美家乡；5. 尼玛江才的《玉树民俗》（2019），用 13 章的篇幅对玉树民间的生产、生活、工匠、交易及民间工艺等民俗内容进行了概述。这些成果的问世，进一步推动了玉树文化事业的发展。

2. 硕博论文类

序列	作者	论文题目	学位授予单位	获得学位	学位年度
1	桑德布金	玉树地区吐蕃时期摩崖石刻考述	中央民族大学	硕士	2008
2	索南求着	论玉树马术文化及其特点	中央民族大学	硕士	2009
3	藏拉	现代化进程中玉树藏区社会文化变迁研究——以结古镇为例	中央民族大学	硕士	2009
4	着尕措毛	论玉树藏族卓舞及其文化价值	中央民族大学	硕士	2009
5	索昂尼玛	论玉树州小学教育的发展及存在的问题——玉树县第一完小为例	中央民族大学	硕士	2009
6	李泽超	少数民族双语中的潜在课程研究——青海玉树第一民族中学的个案研究	新疆师范大学	硕士	2011
7	陈湘民	青海玉树地区特色文化产业发展研究	天津师范大学	硕士	2012
8	桑塔	藏语玉树话的音系研究	西北民族大学	硕士	2012
9	扎西文德	玉树噶朵觉悟神山研究	中央民族大学	硕士	2013
10	青梅才措	论玉树藏娘佛塔的历史及其文化价值	中央民族大学	硕士	2013

续表 1

序列	作者	论文题目	学位授予单位	获得学位	学位年度
11	姜读芳	藏传佛教“祈愿大法会”中的音乐及宗教思想——以青海省玉树藏族自治州格迦寺为例	中央民族大学	硕士	2013
12	尼玛永泽	高原牧区城乡民俗旅游研究——以青海省玉树州东三县为例	青海师范大学	硕士	2013
13	松保旦周	论玉树方言中的语音演变	青海师范大学	硕士	2013
14	达哇扎西	玉树贝多普贤行愿品摩崖石刻研究	西北民族大学	硕士	2014
15	张勉	玉树地区藏语复辅音研究	上海师范大学	硕士	2015
16	张慧	少数民族留守儿童的攻击、友谊质量和人格关系——以玉树地区两所学校为例	青海师范大学	硕士	2015
17	旦增成林	藏族牧民生活方式变迁及其影响因素研究——以青海省玉树藏族自治州称多县为例	西北民族大学	硕士	2016
18	土登江措	藏语玉树话的辅音声学分析	西北民族大学	硕士	2017
19	陈晨	康巴地区藏族首饰艺术及其特点——以玉树藏族自治区为例	中国地质大学	硕士	2017
20	王媛	国家视域中的藏区宗教权威变迁研究——以一座大型嘛呢石经堆的监管权属变迁为个案	北京师范大学	博士	2014
21	尕松拉措	城镇化进程中的藏族民俗文化保护传承研究——以玉树藏族为个案研究	青海师范大学	硕士	2018
22	江永巴松	通天河流域藏传佛教多教派共存格局研究	西藏民族大学	博士	2019

从以上 20 多篇硕博论文的研究情况来看，主要关注历史、宗教、教育、旅游、社会文化等几大研究领域。可以发现，受语言、地理、气候等客观条件的限制，这些论文中很多都是玉树本土学生的研究成果。

相较汉文文献，玉树地区藏文文献主题多聚焦于宗教文化研究领域。夏吾李加、还格吉《玉树地区藏文文献遗产整理保护初探》（汉文，2017），主要对玉树地区的石刻（吐蕃摩崖、嘛呢石刻、石碑）文献、纸质（梵夹板、档案、当地出版物）文献、口传（民间文学、民间歌舞、英雄史诗）文献、唐卡文献以及对玉树地区历代学者（各教派宗教人士）个人文集等五大板块对玉树藏文文献进行了细致的梳理。州群众艺术馆搜集整理的《康巴谚语精选》①（藏文，1991），由藏族谚语集成和玉树民间谜语选编两部分内容构成，其中在玉树地区民风谚语中收集了自然环境、人文、生态、动物、口头谚语。扎西才加《雪域人家的故事》②（藏文，2014），以朴实的文笔追忆了个人的成长历程及其家族命运变化史。桑丁《澜沧江源神奇文化》，从自然生态环境保护、非物质文化遗产和历史古迹等三方面进行了介绍。这本书还概述了藏族石刻历史，并对石刻工具、艺人、类型等进行了简短的说明。相比汉文文献，藏文文献中对世俗社会、经济发展等问题研究较少。

3. 玉树灾后重建研究

2010 年，玉树发生里氏 7.1 级地震，成为世人关心的焦点，同时引起了学界关注。仅以发表的相关玉树地震的论文（包括硕博）来看，数量超过其他方面的研究。主要为地质灾害、规划设计等工科研究领域的成果。而人文社科研究成果，根据研究内容可归结为：（1）灾后文化建设：《震后玉树和谐文化建设研究》（龙占福，2012）、《民俗文化与区域灾害管理研究——以青海玉树地区为例》（杨超，2015）、《藏族有关地震灾害的地方性知识研究——以玉树“4·14”为例》（能继峰，2016）；（2）灾害认知：《藏区小学生对地震灾害的认知与响应——以 2010 玉树 7.1 级地震为例》（仵焕杰，2013）、《藏区民众地震灾害认知与响应特点——以玉树地震灾区为例》（张文佳，2013）；（3）社会组织参与灾后治理、救助：《社会

① ཡུལ་ཤུལ་ཁུལ་མང་ཚོགས་སྒྱུ་རྩལ་ཁང་གིས་འཚོལ་སྡུད་དག་སྒྲིག་བྱས། 《ཁམས་པའི་གཏམ་དཔེ་གཅེས་བསྡུས།》 མཚོ་སྔོན་མི་རིགས་དཔེ་སྐྲུན་ཁང་། 1991ལོ།

② ཡར་འགྲོ་བཀྲ་ཤིས་ཚེ་རྒྱལ་གྱིས་བརྩམས། 《ངེད་ཕ་བུ་ཚོའི་མི་ཚེ།》 མི་རིགས་དཔེ་སྐྲུན་ཁང་། 2014ལོ།

组织参与公共危机治理的意义与作用研究——以四川汶川和青海玉树地震为例》（马炜，2011）、《公共危机治理中我国政府与非政府组织的互动合作——以玉树地震为例》（张小玲，2012）、《突发性事件中的公众参与性研究——以青海玉树地震为例》（曹婧，2013）、《我国地震灾害救助的供需分析——以青海玉树地震为例》（刘颉，2012）；（4）灾后规划：《灾后重建背景下藏区村庄规划初步研究——以青海省玉树州称多县称文镇村庄灾后重建规划为例》（霍子文，2012）、《玉树复杂土地产权关系条件下的灾后重建规划方式初探——以统规自建区规划为例》（杨亮，2013）；（5）其他：《〈中国日报〉与〈纽约时报〉灾难报道中的转述语比较研究——以玉树地震报道为个案》（屠璟，2011）等。

以上公开出版的有关玉树的文化研究，由政府牵头，并与学界联合是当地社会文化发展的一大特点。可见，玉树文化教育事业基础还相对薄弱，但从近几年的硕博学术论文的发表情况来看，这种情况有了明显的改善，受地理环境、语言等客观因素的制约，研究人员主要以玉树本土学生为主。因此，从整体上来讲，今后培养本土学者应作为首要任务，玉树文化研究事业有待更多的学者参与和关注。

（二）嘉那嘛呢文化研究

第三世嘉那活佛昂旺·洛周嘉措（ངག་དབང་བློ་གྲོས་རྒྱ་མཚོ།）撰写的《嘉那·道丹松曲帕旺传记三信大海信月》(《རྒྱ་ནག་རྟོགས་ལྡན་བྱང་ཆུབ་འཕགས་དབང་གི་རྣམ་ཐར་དད་གསུམ་རྒྱ་གཏེར་འཕེལ་བའི་ཟླ་གཞོན་ཞེས་བྱ་བ་བཞུགས་སོ།》下文中简称“囊它”（རྣམ་ཐར།,《传记》）是当前有关嘉那嘛呢的最早文献记载，同时也是新寨村民对历史的一个“集体记忆”。主要记载了第一世嘉那活佛生平事迹及创建嘛呢石的过程，是本书引用的主要文献资料。另外，文中提到的一些早期新寨历史事件和主要人物，也为本书提供了很多有价值的历史线索。嘉那嘛呢石经堆创建至今，经历了300多年历史的“洗礼”，几度被毁又得以修复，20世纪80年代中期，嘉那嘛呢石经堆被批准开放，在党的民族宗教政策指引下，嘉那嘛呢经堆不断得以修复并发展壮大，引起了学术界的关注。

马占彪《浅谈玉树地区嘉纳文化》（2000）从嘉那嘛呢的形成、

内容及对当地的影响等三个方面进行了论述，他指出嘛呢石堆、宗教庆典（嘉那邦穷）以及歌舞（嘉那求卓）构成了“嘉那文化”，对弘扬佛法以及玉树社会、经济发展起到积极的影响；甘肃经济日报社记者顾炳枢《屹立雪域高原的胜迹——青海玉树嘉那嘛呢堆》（2004）对其见闻进行了报导，概述了嘉那嘛呢石的形成、嘛呢石刻、宗教节日等内容；更求多杰《浅谈玉树嘉那嘛呢石刻艺术》（2008），讲述了嘉那嘛呢独特的石刻艺术，尤为珍贵的是几万块刻有律法、历算、艺术等论述的嘛呢石精品，形成了独特的石书。在此基础上，作者结合相关历史文献资料和人类学实地调查方法完成的硕士论文《玉树嘉那嘛呢石研究》（2008），是目前有关嘉那嘛呢文化研究中较全面的代表作。论文主要从嘛呢石的产生、嘉那嘛呢石经堆的形成、发展、创建、类型、分布格局等方面进行了分析和研究。不同于其他嘉那嘛呢文化研究，这篇论文中对管理嘉那嘛呢石经堆的“吉巴”组织也有所涉猎，对“吉巴”的管理职责、石刻质量的要求进行了调查和访谈。罗桑开珠《论玉树嘉那嘛呢石的文化价值》（2010）主要对嘛呢石的文化价值进行了探讨，作者指出嘉那嘛呢石经堆作为当地的一个重要宗教活动场所，弘扬了藏传佛教文化，并由单一的宗教活动转向多元文化的发展轨道，即将宗教、艺术、节庆、经济、旅游等融入“村落共同体”中，不仅促进了当地的经济发展，而且丰富了当地群众的生活，有很大的文化价值。桑丁才仁的《嘉那·道丹松曲帕旺及嘉那嘛呢文化概论》（2012）是目前嘉那嘛呢文化研究中较重要的一部著作。该著作由两部分内容组成，第一部分概述了嘉那嘛呢石经堆创建人——道丹松曲帕旺（第一世嘉那活佛）的生平事迹、嘛呢石经堆的创建、道丹（活佛）转世及新寨“吉哇”等内容；第二部分是将藏文版《嘉那·道丹松曲帕旺传记三信大海信月》校勘本翻译成汉文收录于本书中。作者身为新寨当地人，为纪念嘉那嘛呢石经堆创建300周年，主编了《多彩玉树——新寨嘉那嘛呢与勒巴沟文化》（2015）一书，共收录了18篇文章，分上下两卷，上卷（汉文）主要收录当前有关嘉那嘛呢文化研究的成果，下卷（藏文）包括勒巴沟摩崖石刻文化的内容。除此之外，桑丁才仁还有 20 多篇有关玉树的文章，涉及历史、政治等问题，是目前关于玉树研究中著述较多的一位本土学者。昂翁卓玛《简述嘉那嘛呢石碉的起源与发展》① （2015，藏文），从嘉那嘛呢石所在位置的神圣地景、创建之前的历史、嘉那道丹・松曲帕旺・旦周尼夏的生平事迹、嘉那嘛呢发展概况及目前的发展现状等 5 个方面对嘉那嘛呢的形成和发展进行了探讨。

除了以上嘉那嘛呢文化研究外，玉树地震后，对嘉那嘛呢石经堆的重建规划也成了一个研究焦点。中国文化遗产研究院编著的《青海玉树新寨嘉那嘛呢文物保护规划》（2010）、清华大学城市规划工程学院的两名学生的硕士学位论文、蒙宇婧的《现代林卡设计研究——以玉树新寨嘉那林卡为例》（2012） 和杨丹丹的《新寨嘉那嘛呢石经城规划中的他组织与自组织模式研究》（2014），以及嘉那嘛呢重建规划组负责人杨新编著的《青海省玉树新寨嘉那嘛呢震后抢险修缮工程报告》（2015） 等都是灾后重建时期的研究成果。

从以上有关嘉那嘛呢石经堆研究的文献资料来看，研究内容主要围绕嘉那嘛呢石经堆的创建、发展、功能、价值等，对客体居民、村落和石经城的共生和互惠关系没有深入地探讨，也就无法对作为主体的生活在嘛呢石经堆周围的新寨村民给予过多的关注。当然，这与研究者的立论依据和学术目的有关，他们关注的是文物和文化遗产的自身价值和作用。正是有了这些铺垫性的研究工作，才有了笔者以人类学、民族学和社会学进行学术探讨的基础。嘉那嘛呢石经堆作为新寨村的重要地景组成部分，它不是孤立于村民的生活和生产的“孤岛”，它的命运与新寨村民的生活息息相关。村民靠刻嘛呢石为生，而嘉那嘛呢石经堆作为当地藏族人的精神家园，是通过新寨村一代代村民的刻制而发展壮大的。所有这些都是构成新寨村落文化的重要元素。因此，生活在石经城的村民也同样值得关注和研究，且具有重要的理论价值和现实意义。

① ངག་དབང་སྒྲོལ་མས་བརྩམས། 《རྒྱ་ནག་མ་ཎི་རྫོ་མཁར་གྱི་བྱུང་འཕེལ་སྐོར་རགས་ཙམ་གླེང་བ》 2015ལོའི 《ཀྲུང་གོའི་བོད་རིག་པ།》 དེབ་བཞི་པ།

第三节　理论视角

对民族志来说，理论的职能在于其提供一套词汇，凭借这些词语和符号行为，将文化在人类生活中的作用表达出来。[①] 因此，理论不仅起到指导实践的作用，而且也是构筑民族志文本的立足点。结合实际情况，本书主要运用了交换理论与宗教市场理论。

一、交换理论

英国著名人类学家马林诺夫斯基在《西太平洋上的航海者》（1921）中以“库拉”为研究对象，对其交换进行了细致的观察。马氏通过“库拉”交换所形成的“库拉圈”（Kula Ring）建构了一个庞大的社会交易体系。他发现“库拉”作为一种复杂的风俗“礼仪”，是为了满足个体的感情与审美情趣，且一直是处在流动的状态中，使得交换双方的关系得以维系。随后，马塞尔·莫斯（Marcel Mauss）在《礼物——古式社会中交换的形式与理由》（1925）这部著作中首次提出“交换”理论。莫斯用“礼物之灵”（The spirit of the gift），即礼物具有的一种叫做“hau”的灵性，把礼物交换的双方建立在履行三重义务，即赠予—接受—回礼的逻辑运行当中，使社会得以整合。也就说礼物一旦被赠予，不管是礼物赠予者还是接受者都将进入礼物交换模式的这三重义务之中，如果拒绝履行这三重义务就意味着拒绝联盟和共享，甚至将面临礼物本身携带“灵力”，也就是“hau”所带来的危险。因此，莫斯通过“礼物”交换中提出的三重义务来说明社会是一个有机整体。实际上，莫斯的这种社会整合理论思想是继承了爱弥儿·涂尔干（Emile Durkheim，1912）的思想。从一定意义上来讲，莫斯的《礼物》是对涂尔干的《宗教生活的基本

① ［美］克利福德·格尔茨著，韩莉译：《文化的解释》，译林出版社，2014 年，第 39 页。

形式》的答复或重写，而礼物交换就是宗教生活的一种基本形式。①

莫斯的“交换”理论遭到一些学者的批判和质疑，但也有不少学者对该理论范式进行了发展和升华。马歇尔·萨林斯（Marshall Sahlins）在《石器时代的经济学》（1972）中提出了“互惠”的理论范式，使“交换”理论进一步得以系统化。马氏对交换双方因亲属关系的远近不同，把互惠分为慷慨、均衡和消极的三种方式。互惠表现越是慷慨则意味着亲属关系越近，反之亦然，就是消极互惠，这表现在回礼时间上的延迟及“投机”等行为上。

20 世纪 80 年代，英国人类学家克里斯·格雷戈里（C. A. Greogry）在《礼物与商品》（1982）中，将人类学的“礼物”理论和经济学中的“商品”理论相结合，提出了“礼物—商品”理论范式。他认为礼物作为一种“不可异化”物品，其交换产生的关系是在交易者（主体）之间，继而使双方产生了债务关系；而商品作为一种“可异化”的物品，交换双方可以在即刻时间内完成交换，因而不存在债务关系，产生的交换是物体（客体）之间的关系。二者之间的区别是“等级”和“价值”。格氏的这种“礼物—商品”作为二元对立的关系，在美籍印度人类学家阿尔君·阿帕杜莱（Arjun Appadural）看来，二者并非是绝对的对立，而是可以相互转化。②

事实上，作为“礼物”，莫斯自始至终并没有明确“在礼物中所给付的到底是什么”。③ 本书中探讨的“嘛呢石”作为一种实体、一种神圣的宗教物品，其交换是否适用西方诸学者提出的理论，并进行科学性的指导，笔者将通过该调查研究进行审视。

二、宗教市场理论

宗教市场理论的提出要追溯至经济学之父亚当·斯密（Adam

---

① 汲喆：《礼物交换作为宗教生活的基本形式》，《社会学研究》2009 年第 3 期，第 1—25 页。

② Arjun Appadurai, *The Social Life of Things: Commodities in Cultural Perspective*. New York: Cambridge University Press, 1986.

③ 阿兰·迦耶：《礼物》中译本导言，见马塞尔·莫斯著，汲喆译：《礼物——古式社会中交换的形式与理由》，商务印书馆出版，2016 年，第 14 页。

Smith)，斯密在《国富论》①（1776）中首次提出宗教市场理论。主要包括三个方面的内容，即宗教理性选择、宗教自由放任和国际宗教管制。斯密认为作为一个经济人，教士对宗教的供给具有追求“利益最大化”的目的。而追求“利益最大化”则意味着宗教倾向世俗化，这在学界引起了激烈的争论。随后，罗德尼·斯达克和罗杰尔·芬克在《信仰的法则：解释宗教之人的方面》（2000）中发展了斯密的宗教理性选择，提出未来宗教不但不会世俗化，宗教市场反而会使宗教更加复兴和强盛，但有一个前提条件就是必须“改教”。然而，斯达克和芬克二人的研究因受限在欧美国家的宗教，且主要关注宗教个体行为趋向上而遭到各种批判。

21世纪初，杨凤岗②在此基础上提出了中国“三色宗教市场模型”，即红市（官方批准的宗教），黑市（官方禁止的宗教）及灰市（合法性/非法性地位处于一种模棱两可状态的宗教）三色市场。在三色宗教市场中，杨氏对灰色宗教市场尤为关注。因为在他看来，灰色的宗教市场形式最为复杂，同时也是最难解决的问题。他指出，斯达克提出的“宗教市场”关注的是制度化的宗教经济，却忽视了非制度化的宗教市场，认为宗教市场中除了正式的神职人员外，还包括其他的宗教兼业者，如个体的萨满、女巫、神谕宣示者、尊师以及仪式专师等。③ 这些都是非正式制度体系内的宗教供给者，且处在灰市宗教市场中，斯达克对这些非正式的神职人员没有加以关注。

实际上，宗教供给者除了制度化的神职人员和杨凤岗补充的个体的萨满、女巫、神谕宣示者、尊师以及仪式专师等非制度化宗教兼业者以外，当前还有越来越多普通百姓也参与到了该市场领域。随着社会经济的发展，由平民百姓提供的宗教物品在市面上已经形成了一个巨大的宗教市场。对此也有学者关注到了这一点，像李元元、李军关

① ［英］亚当·斯密著，唐日松等译：《国富论》，华夏出版社，2005年。

② 《信仰的法则》一书的中文翻译者。

③ 杨凤岗著，杨江华译：《中国宗教的三色市场》，《中国农业大学学报》（社会科学版）2008年第4期，第93—112页。

注的唐卡交易市场，[①] 高万芹关注的浙江农村地区的民间宗教中佛纸的生产和消费，[②] 杨涛[③]和张秋梅、陈睿[④]等人对藏传佛教用品在市场上的交易的调查研究等。但是他们都没有展开深入研究，与宗教市场理论展开有效的对话。

本书研究的新寨村，石刻作为当地独特的产业，随着信徒对嘛呢石需求的增长，使这里的“宗教市场”规模不断发展壮大，从早期以民间自发组织形成的“吉哇”到当前寺院管理组织，使该村的嘛呢石市场在300多年的历史进程中得以健康有序地发展。笔者通过本研究，试图对今后藏族社区宗教市场的发展提供一个可资借鉴的模式。

第四节 研究方法

一、文献查阅

目前，关于新寨村的人口、村民的生活方式等还没有一个完整记录。但是近几年有关嘉那嘛呢的研究成果相继问世，还有地方档案史料、地方志及相关早期文献资料等都是本书重要的信息来源。为本书写作提供了许多重要的历史线索和文献依据。对笔者来讲，在家乡做田野调查，为确保站在一个“客观”的立场，可行的办法是通过阅读以往人类学、民族学调查的中国乡村社区及藏族社区研究成果，并从中获得“他者”视角的关注点，以便能够以一个全局的视角来应对各种问题，从而避免“主位”视角中容易忽视的细节。因此，文

① 李元元、李军：《市场的诞生——青海吾屯“唐卡”文化市场的个案研究》，《北方民族大学学报》（哲学社会科学版）2015年第1期，第179—183页。

② 高万芹：《民间宗教市场：一种现代社会的整合机制——以浙江农村地区的民间宗教为例》，《民俗研究》2015年第1期，第132—139页。

③ 杨涛：《西藏墨竹工卡县藏传佛教宗教经济活动的调查研究》，《中国藏学》2016年第S1期，第171—177页。

④ 张秋梅、陈睿：《藏传佛教法器市场化现状及其影响分析——基于成都市武侯祠市场的调查》，《中国藏学》2017年第3期，第166—171页。

献查阅是本书研究的主要方式之一。

二、参与观察

一种文化正如一个人一样，我们要了解它，就必须密切地观察它、感觉它、向它提问和注意它的反映。① “对于异乡研究来说，获得‘当地知识’，把握当地世界中的‘生活细节’是关键，而在家乡研究中，在故乡获得一种非当地的洞见，才是关键。”② 笔者作为当地人，行动比较自如。在新寨，只要可以参与的各类仪式节庆活动，笔者都尽量去参与观察，并收集资料。田野调查期间，笔者把更多的时间用于观察村民经济生活上，尤其注重石刻的生产、交换行为的具体细节，还有观察当前寺院对嘉那嘛呢的组织管理。新寨的仪式活动较为丰富，寺院是通过何种方式来维持社会秩序？除了访谈外，这些都需要自行观察。曾经习以为常的嘛呢石交换，真正用人类学、民族学的视角去观察时，会发现很多细节其实很容易被视为“理所当然”而忽略。这些恰恰是笔者用“他者”的眼光来捕捉的。

三、深度访谈

目前关于新寨村的形成、发展以及村民的婚姻、生活等虽没有记载在史册中，但是却“活”在村里仍健在的老人的记忆中。笔者语言上没有障碍，极大地便利了合理利用时间来访谈当地村民，包括本地人和外来人。笔者采用入户直接的、一对一的访谈方式，对生活阅历丰富的老人进行访谈。他们的个人生命史是村落发展史的一个见证，同时也是村民“集体记忆”的一个追述。这些访谈为本书提供了丰富的个案材料。同时，为确保收集的田野资料信息准确、可靠，笔者对绝大多数访谈人进行了多次交涉确认，以免信息不对称造成不必要的误解，给他们今后的生产、生活带来不便。

---

① ［美］巴伯若·尼姆里·阿吉兹著，翟胜德译：《藏边人家——关于三代定日人的真实记述》，西藏人民出版社，1987年，第2页。

② 王铭铭：《由彼及此，由此及彼——家乡人类学的自白》（上），《西北民族研究》2008年第1期，第98页。

田野调查结束后，笔者整理访谈录音时，访谈的场面历历在目，那种感受深入内心，并跃然纸上。笔者从现场聆听，然后整理到笔记本上，最后再录入电脑，前前后后体验了三回，虽然花费了不少时间，但是加深了印象。每一次“聆听”访谈录音，带来的感受和认识都比上一次深刻。这也加深了笔者对新寨村落整体发展的认识。

四、图片记录

“研究故乡，人类学家要么可以依赖海外记述，要么可以依赖古人的记述。空间与时间的距离，使这些作品的作者比家乡人类学家更富于观察的敏锐。而除此之外，地图也是又构成我们鸟瞰故乡、超脱于故乡的手段。”① 田野调查期间，除了文字及口述资料的收集整理之外，笔者同时采用照片和绘图等方式作为补充手段，来呈现新寨的空间、石刻、仪式等社会文化生活的真实场景，从而更生动地体现村民丰富的经济生活画面。因为有些时候用肉眼观察的真实场景远远胜过用华丽的语言来描述和传达。

① 王铭铭：《由彼及此，由此及彼——家乡人类学的自白》（上），《西北民族研究》2008 年第 1 期，第 98 页。

第一章　新寨村：田野调查点介绍

为了对人们的生活进行深入细致的研究，研究人员有必要把自己的调查限定在一个小的社会单位内来进行，这是出于实际的考虑。①为此，笔者把调查范围限定在了自己的家乡青海省三江源地区玉树藏族自治州州府所在地结古镇②下辖的一个村落——新寨村。新寨村是一个典型的藏族传统村落，其特殊之处在于，该村有世界上最大的嘛呢石经堆，生活在这里的村民都有刻石的技艺和传承，石刻不仅是村民们赖以生存的主要手段，也是新寨村得以形成的主要原因。今天新寨村的村容是按照 2010 年玉树地震灾后重建规划设计建造的，③ 与结古镇其他重建村容相比较，新寨村更具浓厚的藏族特色。

第一节　地理状况

经科学测量勘定，玉树藏族自治州位于青藏高原腹地，青海省西南部。全州土地面积为 26.7 万平方公里，占青海省总土地面积的

① 费孝通著，戴可景译：《江村经济》，北京大学出版社，2012 年，第 9 页。

② 结古镇下辖 12 个行政村，2015 年结古镇被撤销，改为 3 个街道办事处。

③ 村民房屋结构均以钢筋混凝土构造为主，国家拨款给每户盖 80 平方米的房屋。经济条件宽裕的家庭还可以自行添资金给施工方进行扩建。因此，当地绝大多数村民房屋均有扩建，且盖为两层楼。

37.02%。[①] 州府所在地结古（也称结古朵）自古以来都是一个重要的交通要道。[②] “结古（སྐྱེ་དགུ།）”[③] 二字出现在早期国内外学者的相关史料文献中，主要也是归于此原因。周希武《玉树调查记》中记载，结古为商贾走集之地，二十五族之都会也。[④] 另外，杰弗瑞·塞缪尔（Geoffrey Samuel，1993）在其著作《文明的萨满》中引用了安德烈·梅格特对 20 世纪 40 年代（Andre Migot，1957）结古朵的描述：“这里无疑地成为西藏东北部最重要的贸易中心。它之所以如此重要，是因为西部的商队路线网络汇聚于此——主要来自南部的西康和康定，西部的拉萨，北部的柴达木和蒙古，以及东北部的省会城市西宁和兰州等地的商队。其中，南方路线的贸易量最大，相比之下，另一边的贸易路线，只是涓涓细流。”[⑤] 可见，结古所在地理位置之重要。据史料记载，结古至拉萨约有 76 牛站[⑥]，结古至西宁 40 多牛站，结古至康定约 40 牛站。[⑦]

笔者选择的田野点新寨村是早期结古地区（除几大寺院以外）重要商贸集散地之一。新寨村位于结古镇东面，距镇中心约 5 公里，具体地理位置如图 1 - 1 所示。

---

① 玉树藏族自治州地方志编纂委员会编：《玉树州志》，三秦出版社，2005 年，第 79 页。

② 参见罗桑开珠：《玉树——古代的汉藏通道》，《中国藏学》1990 年第 1 期，第 68—74 页。

③ 《藏汉大辞典》中解释为：众生、一切有情。当地学者认为“སྐྱེ་དགུ།”意为“无所不有、一应俱全”的妙法广博、政业昌盛的吉祥之地。可参见桑杰曲扎（སངས་རྒྱས་ཆོས་གྲགས།，1667—1744）：《事业太阳烟供仪轨》（藏文）及《文成公主入藏记》（藏文）、《康区嘎、邓、吉三地之历史》（藏文）等著作。

④ 周希武编著，吴均校释：《玉树调查记》，青海人民出版社，1986 年，第 25—26 页。

⑤ Samuel Geoffrey, *Civilized Shamans-Buddhism in Tibetan Societies*. Smithsonian Institution Press, pp. 66-67.

⑥ 牛站，出行除了主要以马代步外，还可骑牛代步。供乘骑的牦牛藏语称“那洛”，多为无犄角而易驾驭的高大健壮的牦牛。

⑦ 玉树藏族自治州概况编写组编写：《玉树藏族自治州概况》，民族出版社，2008 年，第 25 页。

图 1－1 新寨嘉那嘛呢位置示意图①

一、村落的空间布局

新寨村处在狭长地带，坐落在村子前后（南北）两座神山之间。这两座神山又与它们左右两侧的山峰连绵，进而与其他村落相连，使整个结古处在群山环抱之中。新寨村作为三江源地区一个典型的藏族传统村落，整个村子以嘉那嘛呢石经堆为地景中心。受藏传佛教文化的影响，曼陀罗式的宇宙观在新寨村呈现得淋漓尽致，如图 1－2 所示：

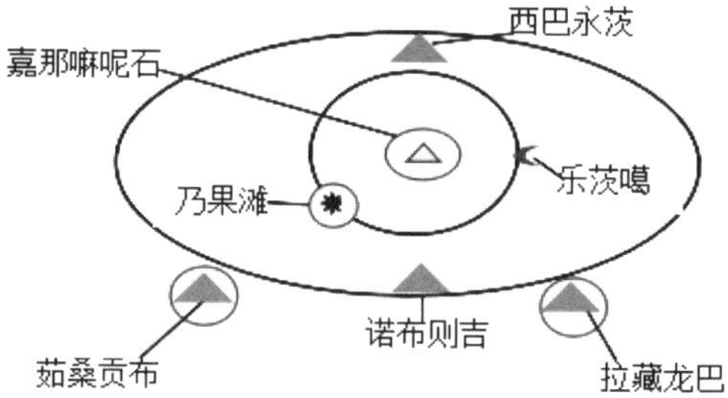

图 1－2 新寨村曼陀罗式的空间布局

① 新寨嘉那嘛呢位置示意图由玉树州文管所尕玛岗森提供，2018 年 1 月。

最外圈由构成村子前后（南北）屏障的“诺布则吉（ནོར་བུ་རྩེ་རྒྱལ།）”和“西巴永茨（ཤུག་པ་གཡང་རྩྭུག）”两大神山，以及胜似双翼相拥在“诺布则吉”神山两侧的“茹桑贡布”（རིགས་གསུམ་མགོན་པོ།）和“拉藏龙巴（ལྷ་འཛམ་ལུང་པ།）”两大神山构成。中间圈由村内的两处重要地景“乃果滩”（གནས་མགོ་ཐང་།）和“乐茨噶”（ཀླུ་རྩྭུག་སྣང་།）构成；内圈是巨大的嘉那嘛呢石经堆。村民的房屋分布在内圈嘉那嘛呢石经堆外围，依“西巴永茨”山而建，坐北朝南。据村民介绍，嘉那嘛呢石经堆实际上分为4个独立的坛城（དཀྱིལ་འཁོར།）。笔者在图1－2中对这4个坛城做了标示。堪布钦饶罗丁①（མཁན་པོ་མཁྱེན་རབ་བློ་ལྡན།）在《嘉那嘛呢宝灯目录》中对这4个坛城进行了如下记载：

ལྷ་འཛང་ནང་གི་བྲག་དཀར་རིང་མོའི་ཐད། །འགྲོ་བའི་སྐྱབས་གཅིག་འཕགས་མཆོག་སྤྱན་རས་གཟིགས། །དཔལ་ལྡན་གསང་བ་འདུས་པའི་དཀྱིལ་འཁོར་དང་། །

（译文：拉藏白色山谷为“观世音密集坛城”）

ཙ་ཉེ་བྲག་ལ་རིགས་གསུམ་དཀྱིལ་འཁོར་དང་། །

（译文：嘉聂山谷为“三怙主坛城”）

གནས་མགོ་ཐང་ལ་རྒྱལ་བ་རྒྱ་མཚོའི་ཚོགས། །

（译文：乃果滩为“观世音制胜大海坛城”）

ད་ལྟ་མ་ཎི་བཞུགས་པའི་ཐང་འདི་རུ། །འཁོར་བ་དོང་དཀྲུགས་དཀྱིལ་འཁོར་གཟིགས་པ་སོགས།②

（译文：现在堆积嘛呢石的嘛呢滩为“观世音轮回根除坛城”）

对这4个坛城的名字，当地很多年长的村民如数家珍，早已熟记于心。

（一）内圈：嘉那嘛呢石堆

在选择创建石经墙（堆）的位置时，也有不成文的规定，尤其

① 结古寺影响较大的一位堪布，后以其名创立了一个新的活佛转世系统，现驻寺活佛旦巴仁青（1982— ）被追认为其转世，并于1997年坐床。

② མཁན་པོ་མཁྱེན་རབ་བློ་ལྡན་གྱིས་བརྩམས། 《གནས་ཆོས་རྒྱ་ནག་མ་ཎིའི་དཀར་ཆག་རིན་ཆེན་སྒྲོན་མེ་ཞེས་བྱ་བ་བཞུགས་སོ》 ཤྲིས་མ། ཤོག་གྲངས239པར་གསལ།

要看其地形是否具有祥瑞的标志，或曾预示过福兆或遗留下圣迹。①嘉那嘛呢石经堆就创建在一个祥瑞的位置——观世音轮回根除坛城之上。由结古寺四大活佛系统之一②第一世嘉那活佛道丹·松曲帕旺·旦周尼夏③（རྒྱ་ནག་རྗོགས་ལྡན་བྱང་ཆུབ་འཕགས་དབང་བསྟན་འགྲོ་ཉི་ཤར།，简称“道丹”④）于藏历第十二饶迴木羊年，即公元1715年奠基创建。

2005年，嘉那嘛呢荣获“大世界吉尼斯之最”的称号。次年被列入青海省重点文物保护单位（图1－3），2015年被列为青海省石刻文化遗产保护点。

图1－3 嘉那嘛呢获得的称号

① 尕藏加：《藏区宗教文化生态》，社会科学文献出版社，2010年，第48—49页。

② 结古寺原有三大活佛系统，第七世嘉那活佛圆寂以后寺院一度无活佛主持。堪布钦饶罗丁圆寂后，因其对寺院贡献大，以其名创立了一个新的活佛系统，形成四大活佛系统。

③ 关于第一世嘉那活佛的生平事迹及嘉那嘛呢的创建，可参见桑丁才仁：《嘉那·道丹松曲帕旺及嘉那嘛呢文化概论》（汉文版），民族出版社，2012年。

④ 当地村民称第一世嘉那活佛为“多瑞”，本书中也使用此称谓。

玉树地震后，嘉那嘛呢作为灾后重建中重点文物抢救对象，由中国文化遗产研究院及解放军原总装备部设计研究总院设计，并由甘肃省永靖县古典建筑工程和北京园林古建筑工程等公司率先完成修复工作。① 重建组严格按照规划对嘛呢石进行修复，工程总投资约为 7000 万元。② 从 2010 年 7 月 26 日动工到 2012 年 11 月 11 日竣工验收，耗时 2 年多。此后，由结古寺众僧尼负责对佛塔、佛像、经筒等进行装藏，并于 2015 年夏季完成对嘉那嘛呢修复的收尾工作。

嘉那嘛呢作为新寨村的地景中心，分别由南北两排嘛呢石经堆构成，每排分 6 组嘛呢石经堆。按照刻制时间顺序，当地村民把嘛呢石经堆分为新旧两处，地震前刻制的为旧嘛呢石经堆，地震后刻制的为新嘛呢石经堆。嘉那嘛呢石经堆占地面积约为 2.3 万平方米。具体大小见表 1 －1 所示：

嘉那嘛呢石堆规模大小

表 1 －1　　　　单位：米

嘛呢石堆长度		东西长	西面宽	东面宽	最高	最低
旧嘛呢石堆	地震前	240（北面） 247（南面）	61	73.6	6	3
	地震后	316	80	80	10	4
	新嘛呢石堆	320	80	80	7	4

（数据来源于杨新编著《青海玉树新寨嘉那嘛呢震后抢险修缮工程报告》，文物出版社，2015 年）

1. 旧嘛呢石经堆

自 1715 年嘉那嘛呢创建至 2010 年期间，共计 295 年，嘛呢石均以当地村民传统手工刻制为主。相传多瑞在创建嘛呢石时，用“一矢之距”测定了嘛呢石堆的大小。此后便在这“一矢之距”内堆放了 5 组嘛呢石经，排放顺序为自西向东。根据当地老人的讲述，“六

① 有关嘉那嘛呢修缮工作，详见杨新编著：《青海玉树新寨嘉那嘛呢震后抢险修缮工程报告》，文物出版社，2015 年。

② 杨新编著：《青海玉树新寨嘉那嘛呢震后抢险修缮工程报告》，文物出版社，2015 年，第 111 页。

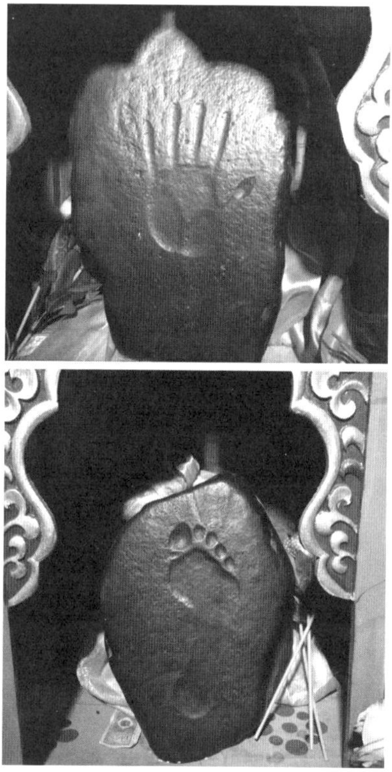

图 1－4 多瑞手印、脚印

字真言”有 6 个字母，以“6”为吉祥数理应堆放 6 组嘛呢石经。但处在西边的“嗡”字所在位置刚好与西边木它梅玛山上的结古寺①对峙，怕今后对结古寺的“郎卓”（ལམ་འགྲོ།，运势）产生不利。因此，缺少“嗡”字，故只有 5 组嘛呢石经，每组嘛呢石经之间留一条巷道。后来在 20 世纪 70 年代修建冷库（肉联厂）时占用了“嗡”字所在地。从冷库大门西侧旁的“嘛”字为起点到东边的“吽”字，共 5 组嘛呢石经、4 条巷道。这 4 条巷道对应所供奉的“圣物”，自西向东分别取名为：“日桑秀哇”（རིགས་གསུམ་བགོ་བ།，三怙主巷道，图 1－7）、“才保枚秀哇”（ཚེ་དཔག་མེད་བགོ་བ།，无量光佛巷道）、“多瑞夏杰、曹杰秀哇”（སྟོབས་ལྡན་ཞབས་རྗེས་ཕྱག་རྗེས་བགོ་བ།，道丹手印、脚印巷道，② 图 1－4）、“噶恰秀哇”（དཀར་ཆག་བགོ་བ།，目录巷道，③ 图 1－5）。

① 有关结古寺的历史可参见桑丁才仁：《玉树结古寺概述》，《中国藏学》2001 年第 4 期，第 80—90 页；海宁、白玛措：《青海萨迦古刹结古寺》，《青海民族研究》2008 年第 4 期，第 101—104 页。

② 道丹手印、脚印石板，现已供奉在嘉那嘛呢大经堂内。

③ 这 4 条巷道的名称由阿吾更阳提供，时间是 2017 年 4 月 14 日。相传之所以要腾出一点空间作为巷道，是为了供神鬼出没。巷道要是被堵，将会发生一些不祥的事情，甚至危及人们的生命。笔者在访谈期间听 AQ 仓女儿说，地震后有些外来人员盖房时，把原来在扎武仓老房子旁边（右侧）的巷道用建筑材料堵住了一段时间，恰恰就在那段时间，村里有几位当地的老人相继去世（包括她的父母），后来那条巷道疏通以后，就没再发生什么事情。她觉得这跟堵住巷道、山上乱采石有一定的关系。事实上，当地人本来就有新寨仲巴的这条老巷道具有一定“危险性”的说法。今天，除了多瑞的脚印、手印被供奉在新寨大经堂内以外，其他巷道供奉的圣物均可见。

图1－5　嘉恰秀哇（目录卷）①

① 图1－5为嘉恰秀哇，共5块石板，每块高1.4米、宽2.7米，刻制的内容为结古寺堪布青饶罗丁（又名喇嘛昂嘎）撰写的《嘉那嘛呢石宝灯目录》；下图为第5块石板，因地震之故出现裂纹。该《目录》由石刻艺人闻布（囊谦县人，43岁）于2000年纯手工雕刻完成，用时1个月。闻布一家人在20世纪90年代末搬迁至新寨，其石刻手艺在村里首屈一指，故当年新寨“吉哇”请他来刻制。

地震后，按照灾后重建规划，冷库被安置到别处，其30多年所占用的土地全部被腾出用来供放嘛呢石。昔日不被允许供放嘛石的“嗡”字所在位置，如今也堆砌了嘛呢石，最终形成6组嘛呢石经堆，并与地震前西南角转经道上修建的13座白塔相连。旧嘛呢石堆全部由灾后重建的施工人员重新堆砌，嘛呢石经均为地震前当地石刻艺人手工刻制。灾后嘉那嘛呢石修复工作中，堆砌嘛呢石是一个巨大的工程，高峰期工人达到280人，每天完成大约50立方米的工程。① 每组都是在距地面70厘米的“彻瑞”（ཁྲི་རིམ།，法座）② 基础上垒砌，每组之间留有2.4米宽的巷道。③ 如今，这排嘛呢石堆堆砌高度、巷道间距整齐划一，令人叹为观止。

2. 新嘛呢石经堆

新嘛呢石经堆形成时间可追溯到2010年，至今也不过10年多，均为机器刻制。与以往不同的是，在2010年4月14日玉树地震中，上千同胞不幸遇难，遇难者家属及其他信徒通过“曲竹”（ཆོས་སྒྲུབ།，修行）来抚平内心的创伤，振作精神。供奉嘛呢石、转嘛呢石经作为当地的一种修行方式，因此嘛呢石经需求量大增，出现了供不应求的情况。这则消息被外来的石刻艺人散布到他们的亲朋好友及老乡那里，一批外来石刻艺人涌入新寨。仅在地震后的7年时间里，刻制的嘛呢石经数量与旧嘛呢石数量相似，同旧嘛呢石堆一样也有6组石经，都是由石刻艺人及信徒自行堆放的。现新嘛呢石堆处嘛呢石供放由寺院进行统一管理，石刻按照刻制的类型划分，供放在对应的石经堆处（见第三章第三节内容）。

如今，新嘛呢的数量还在不断增长，虽不及地震后一两年内的需求量那么高，但还是有很多的信徒来供养，尤其在冬季“罗萨”（ལོ་

① 杨新编著：《青海玉树新寨嘉那嘛呢震后抢险修缮工程报告》，文物出版社，2015年，第86页。

② 早前供放嘛呢石之前，先是用在“拉藏龙巴”山沟开采的青岩板建造基座（法座），然后再供放嘛呢石，待供放到一定高度以后另起基座，如此周而复始。

③ 杨新编著：《青海玉树新寨嘉那嘛呢震后抢险修缮工程报告》，文物出版社，2015年，第87页。

གསར།，新年）前夕和夏季挖虫草（大概从 5 月底开始）时期，外来朝圣信徒较多。在嘉那嘛呢石经堆上供养一块嘛呢石是众多藏传佛教信徒一个小小的愿望。不仅因为这里石刻数量惊人，而且也是积善积德最佳的地方。

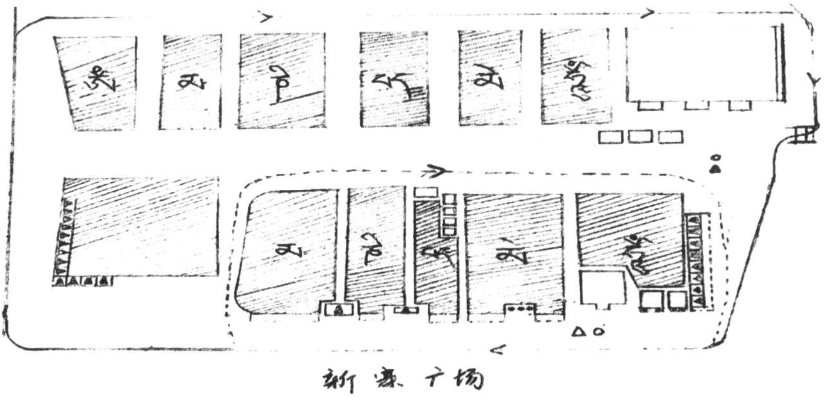

图 1－6　新寨嘉那嘛呢石经堆（笔者手绘）

嘉那嘛呢石经城的两排嘛呢石经堆，如图 1－6 所示。两排嘛呢石堆内外有别，以顺时针方向绕转旧嘛呢石堆（南面 5 组，不包括灾后修复多加的一组）一圈，称为“囊廓”（ནང་སྐོར།，内圈）。绕转整个嘛呢石经堆（南北两排）一圈称为“次廓”（ཕྱི་སྐོར།，外圈）或“廓庆”（སྐོར་ཆེན།，大圈）。另外，以前从村子北面“西巴永茨”山脚跟前绕转一周，称为“热廓”（རི་སྐོར།，转山），但是现已被居民房屋所占。有关新旧嘛呢石经堆的进一步说明见第四章第四节。

总之，嘉那嘛呢石作为新寨村村民物质和精神双重“中心”，有着巨大的凝聚力。从精神层面而言，它是村民精神上的寄托、心灵的休憩站；从物理空间而言，嘉那嘛呢是村民房屋建筑的地理坐标中心。同时，它也是新寨村得以形成的主要原因和村民们的生计来源。

（二）外圈：四大神山

1. 诺布则吉（སྔོན་རི་ནོར་བུ་རྩེ་རྒྱལ།）也叫“新寨帖”（སེང་ཟེ་ཐང།）或“སྔོན་རི།”，即前山，位于村子正前方。据当地老人讲，此山顶之中央有一块酷似“吉祥八宝”之珍宝（诺布，ནོར་བུ།），被高高托在山顶

(རྩེ་རྒྱལ།) 上，故称诺布则吉。另外还有一种说法：此山上有 8 座山峰，因此叫做“ནོར་བུ་རྩེ་བརྒྱད།”。除此之外，这座山还有其他好几个名字。像在该山的左侧有 3 处山峰名叫“嗡阿吽”（ཨོཾ་ཨ་ཧཱུྃ），底下山腰处有一块平缓的田地名叫“席蝶靠巧”，还有一处悬崖名叫“巴格荣纹”，等等。

据当地的一位老人讲，新寨有“三宝”，有生之年若好生供奉此“三宝”，便能够使生活在这里的村民富裕腾达。这其中的一宝便是山上一棵名为“九玛它茨”（ལྗང་མ་ཐར་ཕྱུག）的树。这棵树早前在山上可见，现已不见踪影。另外，在神山的中间（偏右）处可以看见一道较深的沟壑（呈 Y 字形），听村里的老人讲，此沟壑貌似一座倒立的佛塔，因此，在对面的嘉那嘛呢石经堆（南面偏西）处修建了三怙主佛塔，与此“倒立塔”隔河相望，以示镇压（图 1－7）。

图 1－7　三怙主佛塔

村民介绍，新寨当地安切仓家族把此山视为家族神山进行供奉，以求家族及村民平安、健康、消除病魔。近几年，随着外来人口的增加，有些外来人员为获得神山的保佑也在此山上搭建经幡杆进行供奉。

关于“诺布则吉”神山，还有一则真实的故事。故事的主人公是当地的一位老人，这是他的一次非同寻常的经历，以至于村民们把这座神山的名字当作这位老人的别名。

DB，男，75 岁，新寨一社人。在他 7 岁的时候，跟着大他 3 岁的哥哥上山放“哇乐”（黄牛）。贪玩的他玩耍时不小心从山上滚了下来，一直滚到了山脚下的田地里。当时，正值村里举办法会，对面村子里的人见状都认为这孩子肯定丢了性命。他的舅舅是位僧人，立马前去救人，把他包裹在自己的袈裟里，带回村里法会现场的堪布面前，堪布拿他的袈裟打了结，然后向他身上拍打了几下，说如果能苏醒过来就会保住性命。结果命大的他醒了过来，身上虽有几处摔伤，但却保住了性命。从此，村里人都管他叫“诺布则吉”，从那么高的山上滚下来都没死，说他福大命大。

DB 老人是在长大后才听村里的老人跟他讲述的，如今他自己也觉得他是受神山的护佑才保住了性命，直到现在他身体依然那么硬朗，每天都坚持转经。

2. 西巴永茨（རྒྱབ་རི་ཤུག་པ་གཡང་སྐྱུག），位于村子正北面，村民的住房依山而建，坐北朝南。因此，也被村民们叫做“加热”རྒྱབ་རི།，即后山。早前这座山上长满了“西巴”（ཤུག་པ།，松柏），且长势茂盛，故得此山名。村里的很多老人都记得以前山上长满松柏树。但是在“超龙”（འཁྲུག་ལོང་།，叛乱）时期，山上的松柏树被驻扎在新寨的军队烧的烧、砍的砍，现已成为光秃的岩石山面。不过在夏季，山的背面依稀仍可见许多松柏树。

被西巴永茨山挡在背后的是然吾若哇（རའུ་རྭ་བ།，村子），按地势高低分为然吾普（རའུ་ཕུ།，高处）和然吾达（རའུ་མདའ།，低处）。按照现在行政划分辖属新寨村，居住在此地的是新寨四社成员。笔者在田野调查期间去往此地，发现目前生活在然吾普、然吾达两村的住户总共不到 20 家。听一位看管然吾普经堂的老阿尼说，村里很多人家已经搬迁至新寨，只是留着空房在这里。生活在然吾达的住户更少，只有五六家，并且都是以牧业为主，每家房屋前都有偌大的牛圈。

每年新年之际，村里男性成员都会登“西巴永茨”山举行挂经幡、煨桑等祈福仪式。除此之外，有些人家年初时请僧侣到家中办“仁卓”（རིམ་གྲོ།，念经）仪式，待仪式结束后把仪式上用的物品，如经幡等供放到山上，以保佑众生平安健康、抵御病魔。

西巴永茨山的东面是一座名为“吾匆比根”的山，中间隔着一条小路，顺着这条小路往里就是然吾村。然吾河（རབ་ཆུ།）沿着这条小路从然吾山沟里流下来。这座山与然吾村里延伸出来的山相连，且更往外凸出。此山作为家族神山被当地洞那仓子嗣供奉。山腰处是新寨村的“德柴”（དུར་ཁྲོད།），即天葬台①。村里有人去世时都选择在这里进行天葬，也允许那些在新寨去世的外来人在此天葬。有老人回忆，在他们孩童时曾听大人们讲，整座西巴永茨山上可以看到 8 座佛塔的迹象，等等。类似这样的故事传说作为一种历史记忆仅留存在当地老人的追述中，当地的很多年轻人，尤其是 20 世纪八九十年代出生的孩子对这些山名及故事传说知之甚少。

3. 拉藏龙巴（ལྷ་འཛོམས་ལུང་པ།），意为聚神山谷。确切地说，是诺布则吉山右侧向南延伸处与对面一座山之间形成的山沟。因为此山沟汇聚众佛菩萨显相，所以被称为“拉藏龙巴”。嘉那嘛呢与其他地区嘛呢石经堆不同，最大的特点在于这里选用的石材。这里刻制的嘛呢和经文石材全部都是采自拉藏龙巴处一座名为“多索拉”山上的白石，很多石刻艺人都反映这里的白石胜似汉白玉石。当年多瑞创建嘛呢石以后，专门指定此地为嘉那嘛呢石刻的采集点，并在这里举行开采仪式。

新寨当地的村民讲，采自多索拉山上的石头，即使不在上面刻

---

① 结古当地人去世时实行天葬，结古寺僧人担任天葬师。除新寨这一天葬台以外，另外在巴塘和西杭各有一处，共 3 个天葬台。其中天葬最多的是巴塘天葬台，堪称是结古地区风水最佳的地方。

字，也会有一个自显的藏文“阿”（ཨ）字，供放到嘛呢石经堆上获取的功德与刻制好的嘛呢石等同。若一个人功德圆满，就可以看出此自显嘛呢，反之亦然。村民们特别强调他们说的这些事情都是出自多瑞“囊它”，而非他们捏造。也有说法是若在嘉那嘛呢石经堆处供放“多闹”（རྡོ་ནག，黑石①），就等于是在心脏上钉钉子，不但没有功德可言，反而会给嘉那嘛呢招来祸害。

4. 茹桑贡布（རིགས་གསུམ་མགོན་པོ།），即三怙主神山。位于“诺布则吉”神山左侧，往南延绵与其他山峰相连。茹桑贡布不仅是新寨当地的神山，同时也是结古地区的一大神山。平常家里有孩子升学时多选择前来此山朝拜，进行挂经幡、扬风马等仪式活动。每年夏季村民迎请嘉那活佛并组织村民去转茹桑贡布神山，这对新寨村民来讲是当地的一个重要节日，称为“哲布才依”（དྲུག་པའི་ཚེས་བཞི།，六月四日）。② 第七世嘉那活佛未圆寂前，每年都会带领村民去转山祈福。上山前村民把带来的食品放在山脚下，待山上祈福仪式结束后，再下山起灶熬茶、吃饭歇脚，嘉那活佛与村民一同举行一场小型的“卓卓”（ཟློ་ཟློ།，野炊）。可以看出，这是集神圣与世俗活动为一体的一次朝圣活动。后来七世嘉那活佛圆寂以后（1995 年），结古寺另外一位活佛旦巴仁青（第七世嘉那活佛之子）继续奉行此仪式。据当地村民 ADJ 回忆，在他担任两届“吉哇”期间，一次是与第七世嘉那哲古一同转山，另一次是同旦巴哲古转山。他记得当时家里的几个孩子都年幼，但还是会带上他们一同去参加转山活动。不光是他家如此，新寨其他人家也是携全家老小去参加这项活动。对于村民而言，这是一场修行，同时也是一场集体娱乐的节庆活动。

---

① 当地人把刻制在青岩板石或者河里的卵石称为“多闹”。

② 哲布才依，藏语音译，是藏历六月四日的简称。这一天是释迦牟尼成佛初转法轮的日子，意义非凡。在笔者访谈期间（2016 年 9 月），村民讲，大概在每年的 7 月，吉哇就会组织村民并邀请嘉那活佛一同前往“茹桑贡布”转山并进行祈福。在他们看来这是新寨村每年都举行的一个重要节日，但是却没有提到是“藏历六月初四”之意，笔者对此也不知情。后来在次年藏历六月四日纪念释迦牟尼初转法轮时期，才意识到村里老人说的“哲布才依”的真实含义。

（三）中圈：圣地之首与射箭之首

1. 乃果滩（གནས་མགོ་ཐང་།），字面意思为圣地之首，位于嘉那嘛呢石经堆的西南侧（今北环路南侧）。大概在“哲布才依”转山活动结束一段时间后，也就是在每年 7 月 25 日举行为期 5 天的赛马会期间，新寨“吉哇”开始率先在乃果滩支起帐篷，准备一年一度的大型“卓卓”。届时会迎请结古寺嘉那活佛及僧侣前来参加。村民也会在该组织安排下陆续、有序的在此搭建帐篷。“卓卓”的那几天村民会把生活用具搬到自家帐篷里，并吃住在乃果滩，举行各种娱乐活动，如唱歌跳舞、拔河等，昔日还有赛马活动（图 1－8），与村民一同分享节日的快乐。对于暑假期间的小孩们来说这是他们期盼已久的夏季娱乐活动，他们可以在此玩水嬉戏。每次谈论到早期这样的娱乐活动

图 1－8　昔日在新寨乃果滩处举办的赛马大会场景①

时，常会勾起村民们的美好回忆，很多老人感慨那时即使吃不饱、穿不暖，但感到很幸福。按照灾后重建规划，道路扩建时乃果滩部分土地被占用，未被占用处现已被防护栏围起，并在此种植树苗。若不是有人问，绝不会想到昔日这里是新寨村集体娱乐、赛马活动的场所。然而，昔日的这些娱乐活动在销声匿迹多年后得到了复兴。2017 年 8

① 玉树州博物馆供图。

月，村领导带头并组织村民一同在乃果滩搭帐篷（图1－9），开展各种娱乐活动。对此，笔者有意对村委书记进行了访谈。村委书记讲，昔日在乃果滩举行“卓卓”是新寨村的一个习俗。但是随着社会经济的发展，很多以前的集体活动都被电视、手机等取代，加之很多年轻人参加工作、外出打工等原因，无法在村里开展各项活动。如果此种情形再继续下去，很多习俗会随着年长的老人逝世及年轻人的漠视而消失殆尽。因此，村委会决定从今年（2017 年）起复兴旧习俗，这不仅丰富了村民们的生活，同时也强化了集体意识。

图 1－9　乃果滩“卓卓”一隅①

另外，新寨作为结古东大门的第一站，乃果滩也是结古地区迎请高僧大德而举办“曲司”（ཚོས་བསྒྱུ།）② 活动的地点。届时，新寨“吉哇”组织村民搭帐篷、设经幢等，迎请远道而来的高僧大德在此歇脚。村民们组成的迎接队伍从村尾（东门）排到村头，手捧鲜花和哈达站在马路两边，高声唱诵“六字真言”，目睹高僧大德之尊容并获得其加持。对于村民来讲，新寨村作为诸活佛临时歇脚之地是莫大

① 笔者拍摄于 2017 年 8 月 7 日。

② 曲司：为高僧大德的驾临而举办的迎接仪式。

的荣幸。

2. 乐茨噶（ཀླུ་སྡུག་སྒང་།），意为聚龙坡，位于嘉那嘛呢石经堆东侧。这里还有一处多瑞曾经用拐杖戳出的泉眼。因此，村民都称此地为“乐茨曲果”（ཀླུ་སྡུག་ཆུ་མགོ）。为了不把裸露在外的泉眼“弄脏”，村民在此盖了间小土房，所以从外面看不到这里头的泉眼。嘉那嘛呢石创建时，多瑞就是在此处挖掘出昔日嘉噶·喜饶坚赞埋下的两块伏藏嘛呢石。

另外，在上文中提到的新寨“三宝”中，勒茨曲果是其中之一，因为“勒”（ཀླུ།）是一个龙头蛇身的地方护法神，好好供奉此地也会惠及当地村民。但若是谁把泉眼“弄脏”了，将会给整个村子、家庭或者个人招致厄运或疾病。因此，当地村民谁都不敢轻易地冒犯此地。听村里的老人讲，以前住在附近的家户都不敢把“聂然”（མེ་ཐབ།，小炉）拿到自家院子里烧水，深怕烟雾会飘到“乐茨曲果”处而“弄脏”曲果。它是不可触犯的，倘若触犯了它，也就是玷污了它，它就会发出致命的威力。[①] 曾经村里有一位阿尼瞎了眼睛，村民认为就是因为“冒犯”了它。

昔日，泉眼一年四季不断地往外冒水，夏季时河水边青蛙呱呱的声音像参加法会的众多信徒集聚在一起说话。但如今，这种景象早已一去不复返，泉水干涸。灾后重建以后，“乐茨曲果”已经下沉在两边垫高的道路中间，只能从破败小土房上搭的颜色鲜亮的经幡看得出村民还在供奉此地（图 1－10）。

平常当地人包括结古市民都不敢轻易地接近此地，除非是外来转经的不知情者，因好奇进入这块“禁地”。正如玛丽·道格拉斯所说，社会的理想秩序使由威慑着冒犯者的危险意识守护着。[②]“勒茨曲果”就是这样被当地人守护着。如今，在“曲果”的西侧还修建了一个小型的停车场。

---

① ［法］保罗·里克尔著，公车译：《恶的象征》，上海人民出版社，2014 年，第 30 页。

② ［英］玛丽·道格拉斯著，黄剑波、卢忱、刘博赟译，张海洋校：《洁净与危险》，民族出版社，2008 年，第 3 页。

图 1－10　勒茨曲果

总之，新寨村这种空间布局，把藏传佛教的宇宙观展现得淋漓尽致。笔者在新寨参加"邦安"（འབུམ་ལྔ།，五加行）① 法会期间，其中有一天是专门供"曼扎"（མཎྜལ།，即曼陀罗）仪式。结古寺派堪布及10名僧人前来新寨村主持仪式，参加仪式的信徒人数上千。仪式结束后笔者有幸访谈"且果"（ཆོས་མགོ།，领经师），了解到一般最简单（俗人）的曼扎供法是七供，② 就目前新寨重要地景来看正好也有7处，以内圈（嘉那嘛呢）、外圈（四大神山）和中圈（圣地之首与射

① 2016年9月15日，5天的法会。

② 青稞、曼扎（一个小托盘）、黄色布垫是最基本的用具，然后要边念边供。用右手拿的青稞一点一点供放在曼扎盘上，具体的供法是先中间，后东南西北，最后是中上和中下。然后再用右手腕内侧擦拭与左手托举的曼扎盘上供放的青稞，以示消除自己身、语、意所犯下的罪业。在"且果"的领诵下每念完一段（四句）经文就要相应的按照此顺序完成一次敬供，然后不断地重复。这七个空间有不同的象征意义。最中心象征着世界的中心——须弥山；东、西、南、北象征着世界的四大洲，即胜神洲、牛贺洲、赡部洲和俱芦洲；中上和中下分别象征着太阳和月亮。

箭之地）形成的空间布局恰好与“曼扎”的七供方位相吻合。

佛教理念中曼陀罗式的地景蕴意在于抵御外来入侵。人们可以用它来治疗心理的不安康因素，从而使精神获得长期的平静。① 佛教的这种观念与中世纪欧洲城市建筑的思想有异曲同工之处，城市的围墙也被认为是能够防御魔鬼、疾病和死亡的侵入，因而在仪式上得到献祭。②

二、河流与道路

（一）悦耳的咒声：扎曲河

新寨村除了在上文中提到的从然吾山沟流下来的小河外，还有流经村子前面的大河——扎曲（རྫ་ཆུ།，澜沧江）。这条河源自三江源头的杂多县境内，与源自嘎加洛文化发源地珠姆的故乡——治多县流下来的“治曲”（འབྲི་ཆུ།，长江）在结古境内相交汇，自西向东从结古流淌下来，经过新寨继续往东，流向祖国的大江南北。多瑞“囊它”中对这两条汇集的河流之声比喻为“悦耳的咒声”。

每年夏季雨水较多的时候，住在河边的村民时常遭到杂曲河上涨冲毁房屋的威胁。改革开放后扎曲河水泛滥过几次，以致很多原先住在河边的村民都搬离此地，搬迁至村子东面地势较高处居住（位于新寨仲巴的南下方）。村民们把这个新的居住处叫做“孔莎若哇”（ཁང་གསར་རུ་བ།，新房村）。今天住在这里的村民除了这些撤离的当地居民以外，还有很多外来人家。

（二）道路

玉树地震前新寨村除了穿过村子中间的一条主路以外，再没有别的大道。村子西边除了达果路的几十家外，很大一部分区域都是冷库用地和农耕地。村子东边新寨仲巴和巴哲若哇的房屋一家挨着一家，大街小巷都是土路，有些巷道的宽度都不足以通车，下雨时容易形成

① 尕藏加：《西藏佛教神秘文化：密宗》，西藏人民出版社，1996 年，第 273 页。
② ［罗马尼亚］米尔恰·伊利亚德著，王建光译：《神圣与世俗》，华夏出版社，2002 年，第 20—21 页。

泥巴路。笔者记得20世纪初参加“萨迦祈愿大法会”时，成百上千的信徒聚集到新寨，转经路上都是各种商贩搭建帐篷形成的临时市场，到处都是人满为患。今天取而代之是柏油马路。

灾后重建后，村容发生了巨大的变化，从村民们的房屋到家门前的道路都焕然一新，可以说是“条条大路通嘉那嘛呢”，如图1－11所示。

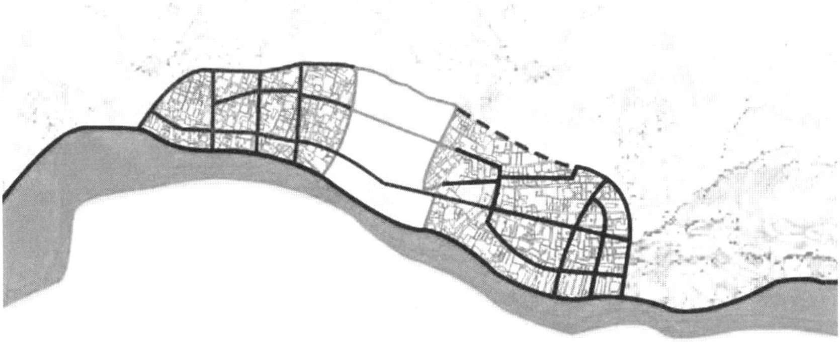

图1－11　灾后重建后的新寨道路

嘉那嘛呢石经城东西两侧传统聚落内，根据现有街巷，各梳理三条东西走向交通性街道，呈指状深入居住区内部，在尽端设置停车场；再通过西侧三条东侧两条南北向的交通性街道使其交织成相互联系的网络；嘉那嘛呢石经城核心景区经拆除北侧肉联厂后扩大的面积，规划中把原有的214国道和两条纵向内部道路改为步行道，并在北侧增加两条与东西两侧传统聚落连通的步行道，形成三横两纵步行生活性街道体系。且步行路的道路断面按照可以通过机动车设计，疏散和消防时可作为应急通道。①

站在村子的南山或者北山上往下俯瞰，整个村落的图景尽收眼底，偌大的嘉那嘛呢石经堆“镶嵌”在错落有致的村民房屋及道路

① 杨丹丹：《新寨嘉那嘛呢石经城规划中的自组织与他组织模式研究》，清华大学硕士学位论文，2014年，第53页。

中间，到处充斥着刻石经的机器声。

第二节　村名的由来与七户人家

一、村名的由来

新寨，是藏语སེང་ཟེ། 的音译，故不可理解为汉语中“新的寨子”之意。一些老人讲，“文化大革命”之前村子北面西坝永茨神山上松柏树长势茂盛，甚像“森格赛哇”（སེང་གེའི་ཟེ་བ།），即狮子的鬃毛，故简称为“森赛”。而“新寨”是藏语音译转写。另外，村里有一户名为新寨仓（སེང་ཟེ་ཚང་།），是早期当地的一个大家族。据笔者最年长（94 岁）的访谈对象讲，早前扎武部落统治时期，新寨村一半的土地都是他们家的家产，故有“གནམ་སེང་ཟེ། ས་སེང་ཟེ།”（天新寨、地新寨）的说法，言外之意就是新寨仓很富有，用当时话来讲就是“萨道”（ས་བདག，地主）。新寨仓拥有的土地比当地部落头人扎武仓还要多，后来因为要缴纳差税，加之新寨仓人力有限（见下文个案 2 - 13），就不得不把一部分农地作为差税上交给部落头人。因此，也有说法是以家族名命名村名（桑丁才仁，2015）。后来，笔者在田野调查期间得知，村里的一位名叫 BDY 的堪布早先持有这种以“户名为地名”的看法。他早年赴德格求法，学习多年后才回到新寨，晚年在西巴永茨山上修行，偶尔下山化缘来到村里给村民们提供宗教服务，如举办法会讲经祈福等。

堪布 BDY 讲，很早以前格萨尔岭国中有一个叫“亚斯岭”[①] 的氏族成员来到新寨并定居下来。而今天生活在新寨的新寨仓就是“亚斯岭”的后裔，因此，新寨仓是最早居住在今村子东面的一家，

① 这与格萨尔的岭国“阿须岭”名称相吻合，可参见公众号“康·玉树文化”于 2017 年 5 月 21 日发布的一篇名为《寻找“古灵国遗址”——格萨尔王是藏族历史上一位真实存在的英雄人物》。

并以他们家族名作为村名，故取名为“新寨仲巴”（གྲོང་པ།，村子）。①

总之，对新寨这个村名由来的两种说法中，持第一种说法，即赞同与“西坝永茨”神山相关的人较多。而持后一种说法，即以家族名命名村名的人很少。

二、“七户人家”的传说

据村里老人讲述，多瑞初到新寨村时只有“代旦”（དུད་བདུན།，七户）。然而，村里的老人对这七户并没有统一的说法，如表 1－2 所示。

村里老人对“七户人家”的说法

表 1－2

访谈人	年龄	七户人家
CZM	94	扎武仓、新寨仓、哲米仓、洞那仓、伊凯仓、帕秀仓、同列仓
GGQ	80	新寨仓、松纹仓、洞那仓、依哈仓、聂义仓、格日仓、道果仓
GY	76	新寨仓、洞那仓、贡仓、松纹仓、哲米仓、珍曲仓、同列仓
SY	70	新寨仓、洞那仓、安切仓、哲米仓、章开仓
DG	67	新寨仓、洞那仓、代玛仓、珍曲仓、帕秀仓
GW	65	新寨仓、洞那仓、道果仓、安切仓、哲米仓、帕秀仓
JM	87	新寨仓、伊凯仓、衮仓、洞那仓、帕秀仓、哲米仓、章开仓、安切仓

从表 1－2 中可以看出，村民们对这“七户”持有不同的说法，有的不止七户，有的不足七户。但可以肯定的是老人们提到的这些户名都是新寨村早期的住户，且房屋都建在新寨仲巴。而今，这些住户中有的家族已无后嗣（哲米仓），有的已迁徙至别处（大多搬到结

① 这是笔者在 2017 年 2 月走访当地一位石刻老人 YLM 时，其女儿提供的信息。

古），另外，还有一些像新寨仓、洞那仓、格日仓、道果仓、安切仓、博巴仓、帕秀仓、张凯仓等家族后代仍旧生活在新寨村。昔日作为部落首领的扎武仓如今已定居印度。这些家族在“玛康”（མ་ཁང་།，祖屋或老宅）所在地的子嗣中除了洞那仓、道果仓、帕秀仓三家之外，其他几家都有变动。像新寨仓现居住在巴哲若哇（今措赤科巷），此前这块地是他们家族的打麦场。1931 年藏军入侵新寨时“玛康”被烧毁，后来又因家里繁重的农活，加之路途较远不便来回，索性就把房子盖在了打麦场，从此定居下来。

然而，笔者在一次入户访谈期间，又听到结古版本的“七户人家”之说。健谈的阿吾 WD 是村里比较重视地方知识的一位人物，他因上小学时被班里的其他同学嘲笑年纪大而辍学在家。但从阿吾 WD 的生活经历来看，他是个“不平凡”的人。他从小就喜欢听大人们讲故事。虽然他自己没有亲身经历过，但是他喜欢听老人们讲。曾经还背着母亲到印度去（早期阿吾 WD 家境一般，母子俩相依为命）。他先到拉萨，再到阿里，最后抵达印度，中途有过各种冒险的经历，至今还让他难以忘怀。到了印度以后，他找到了 ZW 仓并借宿在他们家，待了 2 年多。昔日从结古来到印度的除了 ZW 仓以外，还有其他一些大家族。平常他们之间也会有来往。当地发邀请函有一个不成文的习俗，就是要把邀请方家族的历史概况写在邀请函上，以供大家对该家族有个简单的认识。当时正值 SK 仓的儿子结婚，SK 仓的邀请函上写道：原来在结古“忠贴”（གྲོང་ཐེ།，今团结路）有“七户人家”，而他们家则是这七户中最大的家族……

根据阿吾 WD 的见闻，加上村民对“七户”不统一的说法。可见，这种“七户人家”的说法或许只是村民对历史的一种建构方式。因为“七”在藏语中具有殊胜之意。[①] 此外，唯一有史册可参考的多瑞“囊它”中也没有确切提到当时新寨有多少住户。但我们从“七户人家”的这种说法中可以看出，这种历史建构方式对村民们来说

① 释迦牟尼佛诞生后向东南西北迈出的“七步”莲花，藏族最初的出家僧人被称为“七觉士”等等。

着实必要。

第三节　新寨村的历史

“每一座嘛呢石堆都有一个故事，每一座嘛呢石堆都是对一个人或一件事的纪念。”① 同样，对新寨村而言，嘉那嘛呢就是对新寨村村史的“纪念”。

一、嘉那嘛呢创建至改革开放前（1715—1978年）

早期历史均无例外地出自宗教领袖的传记，且大部分传记资料，无论是书面材料还是口头叙述，都是藏语文的。② 新寨村也不例外，村民们也是借助多瑞“囊它”来了解村子的早期历史。那些略懂藏文的老人把品读“囊它”作为一种生活乐趣。笔者在青海西宁访谈新寨老人时，其中就有一位阿姨CBM告诉我，她的老伴去哪儿都会把“囊它”带在身边，自己品读的同时还不忘给身边的人讲讲，并慷慨地借给笔者复印。③ 在新寨有一种不成文的说法，就是家里存有一部多瑞“囊它”，等于是收藏了一部《大藏经》。④ 直到今天，多瑞“囊它”依旧是村里老人（尤其是男性）讨论的主要话题，他们三三两两地聚集在转经路上或者家门口讲述里面的故事情节。另外，还有一些精明的商人把神职人员对“囊它”的解读录制成光盘，卖给影像店，这些影像店的老板在自己的店铺里进行播放宣传，出售给

① 杨桂香：《青海囊谦嘛呢石雕刻技艺现状调查》，《青藏高原论坛》2015年第2期，第33页。

② ［美］巴伯若·尼姆里·阿吉兹著，翟胜德译：《藏边人家——关于三代定日人的真实记述》，西藏人民出版社，1987年，第23页。

③ 一般来讲，藏族人对于这种神圣的宗教物品不会轻易地借给他人，除非关系甚好。这也是一种禁忌，怕借用后圣物会被“弄脏”或者“不灵”。因此，笔者在田野期间很多人都表示没有。但是有一位老人告诉我，地震后，以村委会的名义给所有新寨当地的住户赠送了一本。不过，现在在措赤科巷唯一一家复印店里，可以“请”复印本，一本45元。

④ 几乎每户藏族家庭都收藏一部《大藏经》在自家的经堂中，且每年都要请僧人到家中念一遍，祈福这一年全家人万事如意、无病无灾。

那些转经路上的爱好者。这些商人一方面自己获得了利，另一方面，通过这种方式也使历史得以传播。正如村民们所说，了解新寨早期的历史就要先从多瑞“囊它”着手。

（一）嘉那嘛呢创建前（1715 年前）

“囊它”中记载，多瑞于藏历第十二饶迥木羊年（公元 1715 年）奠基创建嘉那嘛呢，距今已有 300 多年的历史。但在此之前，多瑞在新寨洞那·珠乃塔郎太钦楞（གདོང་སྣ་སྒྲུབ་གནས་ཐར་ལམ་བདེ་ཆེན་གླིང་།）[①] 闭关修行 25 年期间，生活上受到了结古寺扎武墨尔根活佛[②]、地方头人及村民洞那·噶松邦等人的供养和侍奉。由此判断新寨村是一个至少拥有 300 多年历史的传统村落。

然而，一些酷爱深究历史的地方“精英”认为新寨村的历史还可以继续往前追溯。结古寺僧人阿吾 BD（新寨当地人）便是其中之一。他曾在灾后重建过程中代表寺院方与援建单位一同参与嘉那嘛呢修复工作。阿吾 BD 曾听当地一位名叫 AS[③] 的高僧讲：

“第十九任萨迦法王嘉嘎·喜饶坚赞（རྒྱ་དཀར་ཤེས་རབ་རྒྱལ་མཚན།，1436—1494）[④] 在 15 世纪 50 年代时期来康区时被当地人迎接到新寨，并在此留下了一块刻有‘六字真言’的长方形石板。这位高僧设想此块石板可能是当时住在新寨的人作为茶板端放法王茶碗，[⑤] 后来法王便在此石板上手写了‘六字真言’留在了新寨，并预言未来将会有一位大德高僧来到这里，用这块嘛呢石在此修建一座嘛呢石经

① 意为洞那·禅房解脱大乐洲，简称洞那·太钦楞。原为洞那家族的一位活佛的修行地。参见桑丁才仁：《嘉那·道丹松曲帕旺及嘉那嘛呢石文化概论》，民族出版社，2012 年，第 50 页。

② 结古寺现四大活佛系之一。即扎武墨尔根、文保坚贡、嘉那活佛、喇嘛昂噶。

③ 曾经是一位学识渊博的僧人，懂医术，后还俗，是宗萨堪布龙登钦然的学生，现已逝世。

④ 嘉噶·喜饶坚赞（1436—1494），1458 年前往康区修建了结古寺。可参见桑丁才仁：《玉树结古寺概述》，《中国藏学》2001 年第 4 期，第 80—90 页。蒲文成：《青海藏传佛教史》，青海人民出版社，2001 年，第 133 页，记载当钦哇·喜饶坚赞（1376—?）于 1398 年来玉树传教并修建了结古寺。这里的当钦哇·喜饶坚赞就是指萨迦当钦（法王）嘉噶哇·喜饶坚赞，结古寺修建时间准确来讲应是 1458 年。可参见郭须·扎巴军乃、嘉哇·罗桑开珠编著《雪域历代名人辞典》（藏文），甘肃民族出版社，1992 年。

⑤ 以此推敲当时仅有一些牧民搭帐房驻扎在新寨。

堆……”

正如法王的预言，多瑞从西藏昌都云游四方结缘来到新寨村，挖掘出当年法王留下的伏藏石修建了嘉那嘛呢，被后人追认为结古寺第一世嘉那活佛。

关于嘉那嘛呢创建的缘起，多瑞“囊它”中有这样的历史记载：

道丹（多瑞）把煨桑的火苗加旺之后，与墨尔根及众人一道前往勒茨嘎，让人拿来铁镐、锨等工具后对众人说：“彼处有一个重大的缘起”，说着他一边念诵着吉祥颂一边对此地进行加持。之后他用所持拐杖轻轻往地上一戳，拐杖陷至半截，而后他手扶拐杖头说道：“前世护灯佛是我，来世弥勒佛是我……现在请在此地毫不犹豫地挖开。”这时墨尔根稍稍挖之，随后其他人挖之，当挖到一箭之长的深度时，挖出两块[①]表面刻有六字真言的黑色石头，道丹手抚着一块石头说道：“昔日如同莲花生大师一样具有变换功力之萨迦法王嘉嘎哇·西饶坚赞前往康地时，为了来世创建我的嘛呢石，用手指写出此嘛呢，且埋于地下。此两块六字真言石刻具备性相矣。’遂把伏藏的嘛呢石放在一个堆砌的石座上……[②]

多瑞创建嘉那嘛呢时挖掘出来的两块伏藏嘛呢石，今天被供放在新寨人经堂中。上述高僧口述的历史与“囊它”中的文字内容基本相吻合，具有一定的可信度。如此来看，新寨村的历史在多瑞创建嘉那嘛呢的基础上又往前追溯到了15世纪50年代末结古寺创建时期。

这段历史又继续往前追溯至元代八思巴时期。公元1264年玉树地区隶属吐蕃等路宣慰使司都元帅府管辖，八思巴被封为大宝法王后，玉树地区成为他的领地。[③] 结古寺未创建前，在今结古寺山脚下

① 传说这两块嘛呢石中有一块是当年文成公主进藏时留下的，也有说法是一块苯教嘛呢石。但目前供奉在嘉那嘛呢大经堂中只有萨迦法王嘉嘎·喜饶坚赞留下的这块嘛呢石。

② 昂旺·洛周嘉措著，桑丁才仁译：《嘉那·道丹松曲帕旺传记三信大海信月》，载桑丁才仁：《嘉那·道丹松曲帕旺及嘉那嘛呢文化概论》，民族出版社，2012年，第98—99页。

③ 玉树藏族自治州地方志编纂委员会编：《玉树州志》，三秦出版社，2005年，第81页。

西面有一“都康”，名为“萨迦颇章”（ས་སྐྱ་ཕོ་བྲང་།）。该“颇章”在元代时期就已修建，昔日八思巴也曾到访过此地。对此阿吾 BD 的解释是：

禄顶堪钦认为八思巴曾经到过结古（可参阅《结古寺志》，第十二卷“ག”部中），有一个名字似是汉族或者蒙古族的叫“登曲”的人，不像是藏族人名。他请求八思巴给他赐个观世音的“者它”（གྲུབ་མཐའ།，教派）。八思巴赐许并题词，写下ས་སྐྱེ་དཀྱི་འདུ་ཁང་གི་ཕོ་བྲང་རྫོང་ལ་ཡིན།，恰恰是这句话证明了八思巴曾经来过结古。这个颇章应该就是早前在“忠蝶都康”上面的“萨迦颇章”。颇章里有一位专门收布施化缘的喇嘛。直到地震前都有这个遗址。地震时这个遗址没有完全被毁，以前留下的木柱等还可见，但都埋在地下。萨迦洛周曾经来到结古看过这里，当时那里有一条狗喊叫不停，法王觉得这是个不祥的征兆，就离开了。因此，现在大家都认定这里应该就是当年八思巴来结古时下榻过的地方。

除此之外，八思巴来到结古的另一个证据是，早前老人们讲八思巴曾在现结古东面的琼龙小区（ཚེས་ལུང་ཁུག，琼龙科）讲经，并举行“马波国桑”灌顶仪式，所以这里曾经也有个拉康。“琼龙科”（结古一地名）就是这样得名的。地震前结古寺大经堂“桑周加措”院子内的墙面上画了这个灌顶仪式图。另外还有一幅图是八思巴被托在三个大象鼻子上，这三个鼻子分别是结古寺那（鼻子）、登得龙庆那和藏恩那。图的旁边还有文字说明。这就足以证明历史上八思巴在返藏时途经结古，并在那个时期修建了“萨迦颇章”。

正是因为有了这座“萨迦颇章”，昔日萨迦法王嘉噶·喜饶坚赞来到康区时下榻于此地，并于 1458 年创建了结古寺。

如上所述，新寨村的历史至少可以追述到萨迦法王嘉噶·喜饶坚赞当年来到康地修建结古寺时期（1458 年）。此外，也有口述历史追溯到文成公主进藏时期。① 不论真实与否，我们都能从中了解到新寨村不仅年代久远，而且也是众多高僧大德加持、修行、布教的地方。

（二）嘉那嘛呢创建后至改革开放（1715—1978 年）

嘉那嘛呢的创建和书写，为新寨村的发展历史提供了可靠的文献资料。从嘉那嘛呢创建起一直到 20 世纪 50 年代，新寨一直都是处在扎武部落统治下，直到 1952 年玉树县建立扎武肖格政府才逐渐被取代。②

扎武部落是玉树地区较早出现的部落之一，约形成于 14 世纪中叶，即元末明初，共传承十九代。③ 扎武百户（也称扎武本）驻结古，一作结古多。④ 其势力仅次于囊谦千户。扎武百户统治时期新寨划分为十个“居秀”（བཅུ་ཤོག，十翼）⑤，名为“居秀居”（བཅུ་ཤོག་བཅུ།）。每个“居秀”安排了“居本”（བཅུ་དཔོན།）⑥ 和“居尤”各一名（བཅུ་གཡོག）。⑦ 十个“居秀”由“居本吉”（བཅུ་དཔོན་བཅུ།）和“居

---

① 有说法说新寨北面的四座房式塔中的“通哇仁卓”塔便是早前文成公主进藏时期修建的，这样一来又把历史继续推到了文成公主进藏时期。早在文成公主进藏时期，新寨有一处小小的嘛呢石堆，并在此修建了一座佛塔。后来历经数年，公主修建的佛塔没有得到修复，被风吹雨打摧毁，直到八思巴来到玉树才在原址上修建一座白塔，八思巴之后是新寨村民集体在白塔的原址上进行修复。只是白塔早已失去原先文成公主进藏时期修建的模样。这座塔确实是不同于其他地区的佛塔圆形形状，而是呈四方形房式塔。有关文成公主进藏时期在玉树建造了一座塔，可参见蒲文成：《青海藏传佛教发展史》，青海人民出版社，2001 年，第 121 页。

② 玉树藏族自治州地方志编纂委员会编：《玉树州志》，三秦出版社，2005 年，第 25 页。

③ 陈庆英主编：《中国藏族部落》，中国藏学出版社，2004 年，第 35 页。十九个头人分别为：巴旦坚措、将才仁保、巴旦仁保、扎武・角拉加、索南旦周、仁庆曲调、藏巴・才王曲达、先巴・丹才仁保、仁庆曲来、群泽、巴丹、曲将、白漏、曲合、然宗将达、班马旺特、丹增尖措、久迈、仁青才仁。

④ 根据年长的村民讲述，扎武百户下辖五个统治区，分别为：巴塘（结古西南处）、结古（现州府所在地）、新寨、节综和哈秀，称为“扎武安秀”（སྒྲའུ་ལྔ་ཤོག）。嘉那邦庆时，“扎武安秀”的属民每家要派一名成员支差到新寨参加法会念经、修斋戒。因为节综和哈秀两地离新寨较远，就被免差。因此本文中以五个区域用之。

⑤ 访谈中村民把这十个“居学”称为“若靠”（རུ་ཁག，聚落）。

⑥ 十户长。可参见邢海宁、安才旦：《藏族牧区部落组织结构分析》，《中国藏学》1992 年第 S1 期，第 52—67 页。

⑦ 类似于中国内地的“保甲制”。可参见［德］艾约博著，韩巍译、吴秀杰校：《以竹为生：一个四川手工造纸村的 20 世纪社会史》，江苏人民出版社，2016 年，第 58—59 页。

尤吉”（བཅུ་གཡོག་ཅུ།）来管理部落诸事宜。担任“居本”和“居尤”的都是当地富家子弟。村里逢年过节（宗教节庆）他们都有义务出钱、出力。像举办法会时所需布施的钱财、酥油、糌粑等都由他们提供。罗萨（ལོ་གསར།，新年）期间举办娱乐活动，出演“伊”（གཞས།，舞)① 或“求卓”（ཆོས་བྲོ།，法舞)② 的“伊编”（གཞས་དཔོན།，领舞）或“卓编”（བྲོ་དཔོན།，领舞）穿戴的盛装，像“桑谷”（སྲམ་གོས།，水獭皮制作的藏袍)、“蕃者”（བོད་གྲི།，藏刀)、“哇夏”（ཝ་ཞྭ།，狐皮帽等）等，都由他们提供、置办，届时还会迎请结古寺嘉那活佛及僧人来观赏。老人们回忆，那一天大家可以吃到挂面，村里的老人还回忆道：

当时是 GSJM 家要准备一套，另外一套由 ZMOZ 家来准备。这两家还要在藏历六月份“结古周吉”（སྐྱེ་དགུ་དྲུག་བཅུ།，结古寺一大型法会）上为跳“果哇”（武士舞）的两名“果编”准备盛装。领舞的人都是当地人，有一个名叫 LY，嗓音特别好，个子高。现在他的儿子 GB 也是领舞的。另外还有一个叫 CZX，也是嗓音好，个子高，他们都为人诚实、善良。③

玉树地区的千百户制度一直保留至 1958 年才被废除。④ 1958 年 5 月 14 日称多地区发生叛乱，后迅速波及玉树、囊谦、杂多、治多等县，参加叛乱的人数 3000 余人，形成全局性的反革命武装叛乱。⑤ 村里的老人讲，“超龙”（འཁྲུག་ལང་།，叛乱）时期他们遭受了不少苦

① 可参见代尕主编：《玉树藏族民间歌舞音乐大全之二：伊》，中央民族大学出版社，2014 年。

② 可参见代尕主编：《玉树藏族民间歌舞音乐大全之一：卓》，中央民族大学出版社，2014 年，第 1—65 页。

③ CZM 老人口述，2016 年 9 月 13 日。

④ 据 1958 年的调查资料，当时玉树地区有藏族千户部落 1 个，千户直辖部落 7 个，领属百户部落 35 个，共有百户部落 42 个，百长部落 131 个。参见《玉树藏族自治州概况》编写组：《玉树藏族自治州概况》，民族出版社，2008 年，第 54 页。

⑤ 玉树藏族自治州地方志编纂委员会编：《玉树州志》，三秦出版社，2005 年，第 30 页。

难，一位老奶奶回忆：

“超龙”时跟着扎武百户跑到了“巴如滩”，一直跑到忙西、杂西，都快到那曲了，但最后还是没到达拉萨。晚上说是要打仗，充斥着枪声、“沃噶”（ཨུར་རྡོད།，抛石绳）声。我们跟三家亲戚、朋友在一起把东西驮在四五头牛背上，到安冲时就被抢走了。后来我们碰到一位善良的“通司”（翻译），身上带着枪、穿着藏袍，问我们是哪里人？我们说是新寨若哇。问我们去了哪里？我们说跑了好多地方逃命，跟他要了点糌粑。他叫我们晚上到门口来拿，给了我们很多吃的饼子和糌粑。后来回来的路上又走了好久。回来后让我们这些人跟着一个名叫 ZM 书记的人，当时即使是冬天还有未收割的青稞。我们跟着他，直到那几天我们才吃到了点东西。当时我的儿子很小，让我的姐姐照看他，我上山去砍柴时，我姐姐带着儿子牵着小羊背着麻袋回了新寨……

大概过了两三年村民才回到新寨。这时正值“么盲井空”（མི་མང་སྤྱི་ཁང་།，人民公社）时期，村民便纷纷参与到集体生产中。

个案 1－1：阿吾 LB，70 岁

记忆中，七八岁就跟着妈妈乞讨，12 岁时正值“超龙”，逃离了新寨，差不多到了十三四岁时回到新寨。上了五六年小学，那时上学学不到什么，学费也不用交。后来长大后就入社干活挣工分。社里组织我们去挖虫草，一天能挖个 100 来根。从新寨到挖虫草的地方名叫噶布拉乡，大概要走一天的路程。一年去一次，夏季时大家一起去挖。我从 1969 年加入党组织成为党员，并担任一队队长，差不多干了 33 年。

据地方志记载，1958 年 9 月扎武肖格政府和结古镇（1957 年 7 月成立）合并成立红旗人民公社，1960 年 11 月改为结古人民公社，

1963 年初将公社改为镇，镇驻结古。① 人民公社时期，新寨原有的 10 个“若靠”（རུ་ཁག，片区）合并为 3 个社：一社为新寨仲巴，二社为巴哲若哇（今措赤科），三社为达果若哇。这 3 个社是新寨早期生产嘛呢石的主力军。事实上，作为一种地方性保护措施，嘉那嘛呢创建初始只允许这 3 个社的人刻嘛呢石经，不允许相邻的果沃和然吾两地村民刻石。同样，其他两个村也不允许新寨村民到他们村所属领域的山上捡牛粪或者砍柴火。这些都是当时明令禁止的事情。

紧接着就是十年“文化大革命”。这段时期在新寨还创建了“冷库”，即肉联厂。冷库创办始于 1969 年，1971 年动工建厂房，1974 年 12 月开始正式运营。建造点选择在嘉那嘛呢石经堆西侧。对冷库的建立，村民持有两种态度。首先，从负面效应来看，嘉那嘛呢作为宗教圣地，在其旁边建立冷库是对它“无形”的破坏。昔日村民准备“耿西”（དགུན་ཤ，冬肉）时，都严厉禁止在嘉那嘛呢石堆附近进行宰杀，必须远离。② 其次，从另外一方面来看，冷库建在嘛呢石堆旁，并占用了大量当地农民的田地。作为一种补偿方式，从那些被占用田地的家户中破格招录一名成员为冷库职工，这对当时生活条件差的村民来说是件“好事”。从当时的招录情况来看，在新寨 3 个公社中一共招收了 6 位村民。一社招了 3 人（现都已去世）、二社招了 1 人、三社招了 2 人。

个案 1-2：阿吾 OZ，67 岁，三社村民

因为冷库占用田地，所以招收了 6 个人，我是其中之一。被招进去以后，前三年是试用期，试用期满后表现合格才得以转正。第一年拿的工资是 54.5 元，第二年工资涨到了 58.5 元，第三年转正后工资就有 62.5 元。当时，我们一个月的伙食最多也就 15 元。

1974 年，我和几个冷库员工赶着马队去牧区收购牛羊。最上等的一头犏牛 80 元，一头羊 50 元，较差的一头羊 15 元，买一头全牛

① 玉树藏族自治州地方志编纂委员会编：《玉树州志》，三秦出版社，2005 年，第 89 页。

② 要么往西到“作若曲合”处，要么往东到嘛呢石看不见的地方进行屠宰。

一斤按2.5元算。一月份我又跟几个汉族同事去了西宁。当时去西宁听不懂汉语，真的是一问三不知。所以那一次让我觉得没有知识很可怕。最后，我们夫妻俩把5个孩子都送去上学，现在3个有工作，最小的女儿后来自己不愿上学就没能完成学业，还有1个女儿大学毕业待业在家。其实还有3个比他们大的孩子，但是因为以前生活条件太差没能养活。我在冷库工作，我的妻子在冷库或者其他地方打点零工，那时一天的工钱也就2.7到3元。我们俩靠这些收入养活一家人。

刚开始冷库领导是个汉族人，1958年前是玉树州检察院检察长，对我们这些新进的学徒工要求特别严格。在3年学徒工期间不能谈对象，不能抽烟喝酒。6个人中唯一的女性后来因为破坏纪律而被开除。后来我们退休后，冷库给每个员工分了5分地，就在西坝永茨山脚下。

个案1－3：阿吾WJCJ，65岁

我出生在果吾村，3岁左右搬家到新寨，从那以后就定居在新寨。我们家以前也刻石，但是后来家里的生活条件好转就没再怎么刻过。我有4个孩子，大儿子和大女儿都各自成家在外面单过。小女儿在结古寺出家为尼。现在家里就小儿子跟我们一起生活。他也成家了，他们夫妻俩都在杂多当老师，有一个女儿。

我之所以能成为冷库的职工是因为当时他们建冷库时占用了我家的几亩田地。1974年开始参加工作。冷库厂房建好以后，1980年开始从各县收购牛羊并在这里进行屠宰。当时所有的屠杀都是在冷库这里。我自己在冷库担任的工作是水暖工。刚开始进冷库时，都是寄宿制管理。我们在冷库工作时就不允许我们刻嘛呢石。

冷库的建立使这些被招为员工的人有了稳定的收入，因此，对村民来讲是好事。除了这些被招收的职工以外，村民承认当时所有新寨村民其实都从冷库得到了好处。每年冷库清理肉制品时会分一些给新寨村民们。这对当时生活条件差的人来讲就是雪中送炭。

二、改革开放以后至玉树地震（1979—2010年）

改革开放之前的经历在老一辈人身上留下了深深的烙印，使得他们现在回想起来还历历在目。此后迎来了改革开放，村民们觉得这才开始了新的生活，谈论的时候口气也开始变得明朗起来。随着各种政策的落实，村民的生活也开始有了好转。村里的老人坦言，改革开放让他们跨入了一个新的历史时期，但这段时间新寨村的发展相较结古其他村落而言较为缓慢。然而，地震以后新寨村发生了前所未有的变化。

（一）地震前（2010年前）

1985年嘉那嘛呢获得了“曲钦”（ཆོག་མཆན།，许可），村民又可以从事宗教活动，刻制嘛呢石经。直到玉树地震前，绝大多数村民除了靠农业和家庭养殖外，就是靠刻石、裁缝、铁匠等手工艺来维持生计。2005年新寨嘉那嘛呢荣获吉尼斯世界纪录“面积最大的嘛呢石堆——‘新寨嘉那嘛呢石堆’”这一殊荣，备受学界关注。次年又被列为全国重点文物保护单位。新寨嘉那嘛呢石经堆的历史开始被书写，但学界对村民们的生活关注甚少。阿吾BD作为当地的“地方精英”，对这段时期的个人生命史的描述颇为生动逼真。

个案1-4：阿吾BD，72岁，祖籍囊谦

阿吾BD是村里比较活跃的人物，能干且敢作敢为，是村里“大人物”之一。曾经与玉树州文化局领导，还有阿吾DZBD三人一同接受过康巴卫视《向巴聊天》① 栏目组的访谈。

我的祖父是囊谦县娘拉乡人，家里生活条件差就流浪到新寨。哥哥和姐姐是在囊谦出生的，我是在新寨出生的，加上父亲和母亲一家共5口人。夏天借住在结古找点活干，冬天借住在新寨刻点嘛呢石为

① 康巴卫视《向巴聊天》栏目：《康·玉树文化：听玉树人讲“嘉那玛尼”的前世今生》，2014年10月29日。

生。秋季给那些耕地多的富农家干“店佣”① （收割、打碾）活，干完以后获得的报酬就是青稞。早期的生活就这样有时乞讨、有时当短工来维持。

1958年那会儿，我可能十几岁，在此之前家里人教我石刻手艺，哥哥和我会刻点经文，姐姐不太会刻。人民公社成立以后（前后实行了22年），我干了11年的记分员，当了2年的队长。后来又在新寨大队开的商店里干了十几年。那时大队商店进货都是年底结算，结算时我自己可以有点赢余。

改革开放以后，大队里所有的财物分配给村民。牲畜、农地等之前的集体财产全部按家庭人口数分配给各家作为私产（只限社员，即农村户口、无业）。当年分配时，我家加上其他亲戚共有6家，划分农地时连在一块，但是分的牲畜各家养各家的。我们6家一起种地收青稞干了3年。3年以后出台“五十年不变”的政策。我们合伙干了3年，后来担心时间长了亲戚间因为利益产生矛盾纠纷或者闹不愉快对谁都不好，索性就分开单干了。在前3年合作中，第一年6家共同有一辆马车，次年把马车卖了，买了辆拖拉车，用了一年，又把这拖拉车卖掉，买了辆解放牌汽车，后来第3年把这辆车也卖了，然后各家干各家的。跟亲戚们分开干后，我和我的一个朋友买了辆东风车拉货跑长途做生意，有时去四川、有时去拉萨。改革开放后的七八年时间就是这样过来的。

新寨冷库建立那年，我40多岁，工作15年左右。刚去冷库工作时，工资470块钱。先是临时工，后来才得以转正。到了退休年龄就退休了，退休后工资能拿个2000元左右。现在（2016年）我退休已经十二三年了。

如果说博物馆陈列的物品有“想象世界”的功能②，那么，笔者

---

① 店佣：སྟོན་གཡོག། 字面理解为秋季的帮佣，也就是短工。

② ［美］白馥兰著，江湄、邓京力译：《技术与性别——晚期帝国制中国的权力经纬》，江苏人民出版社，2010年，第1页。

在这里选用的这些地方上的“非常人物”的“人生史”，也能真实的反映新寨村的发展历史。从村里老人口述的这些历史中，我们多少能感受得到早期艰辛而富有情趣的生活经历，很多老人回忆往事时都感慨以前虽然生活苦，但是内心很快乐、充实。

（二）地震后（2010 年以后）

2010 年玉树地震以后，新寨村发生了前所未有的变化。主要表现为三点：（1）嘛呢石经堆规模不断扩大，（2）村民的生计方式发生了巨大的变化，（3）外来人口大增。

总之，新寨村处在一个“曼陀罗式”的神圣境地之中，作为三江源地区的一个传统藏族村落，因嘉那嘛呢名声大振而被世人知晓，并载入史册。同时我们也发现，嘉那嘛呢的兴衰史就是新寨村及村民们历史的真实写照，它与村民们同命运、共生存。

第二章　人口、婚姻与家庭

本章笔者对新寨人口构成从村史的历时性和进入当下开放格局的扩散演化方面进行考察，同时也考察村民婚姻、家庭规模与结构状况，进而分析历史进程中新寨村“人”的观念变化及其对村落整体维系所产生的作用。

第一节　人　口

“从人类学角度研究人口具有特别的意义：一、加深对族群的认识；二、深入了解人口与社会文化的关系；三、促进人类学中的定量研究；四、在某些方面促进人口学的发展。”①

玉树建政（1952 年）前，新寨依据地形划分为 4 个自然片区。自东向西分别为新寨仲巴（一社）、巴哲若哇（二社）、曲哈若哇和达果若哇（三社）。上文中提到扎武百户时期，这 4 个区有 10 个自然村，人民公社时期 10 个自然村合并成 3 个社。② 玉树建政后，按照行政划分把邻近新寨村的果吾若哇和然吾若哇两村也划归到新寨，定为四社、五社。再到后来，随着外来人口的增长，为便于管理，

① 陈长平：《民族学中的人口研究》，《中央民族大学学报》（社会科学版）1991 年第 1 期，第 27—28 页。

② 每三个自然村合并为一个社，另外多一个自然村划到三社，因此三社人口比一社、二社多。

2008 年村里成立了六社，其成员均为外来人口。笔者的田野调查主要以住在新寨的一社、二社、三社和六社的成员为对象，对四社、五社的相关问题涉及很少。

一、人口数量

田野调查中笔者花费了大量的时间来收集有关新寨人口的数据资料。2010 年玉树地震后由于工作地点转移、工作人员变动、撤销结古镇等诸多原因，造成了相关资料丢失或不全，对早期（尤其地震之前）新寨人口统计数据的收集带来了一定的困难。笔者先后走访了社区管委会、社区派出所、新寨街道办以及州统计局、市统计局、档案局等相关部门，都难以得到令人满意的统计数据。各部门提供的数据都是地震后的人口统计数，且这些数据之间存在较大的出入。笔者结合早期文献资料中新寨人口信息和地方部门提供的近期人口数据进行对比，发现新寨人口发生了巨大的变化。尤其在 2010 年玉树地震后，外来人口迁移现象频繁且流动性很强。

《玉树调查记》中有这样一则记载：

> 民国三年，十月八日从兰州到结古，共两千零六十里。于十一月二十六日抵达结古。……折西行，前至一庄，名新塞（寨），庄民拥道旁而观。番酋就庄旁张幕，迎余等至其中，席地而坐，中置一棹，一头嵌盆炽火，一头陈茶杯数事，颇整洁。已扎武四百户进谒，本斋已坐余等之末。……茶毕，仍马上行。新塞（寨）庄约八十余户。①

《玉树调查记》原版发行于 1919 年，② 上文中作者提到其到达新寨是在民国三年（1914 年），可知在 1914 年时期新寨有 80 余户。

---

① 周希武编著，吴均校释：《玉树调查记》，青海人民出版社，1986 年，第 176—177 页。

② 当时出版数量有限加之流传不广，在上海出版时又把同一本书的上下两部分拆分为二。后来吴均先生对书中的一些错误进行校释，又于 1986 年再次出版。

另外，在《玉树二十五族现状》[1] 中也有这样的记载：

札（扎）武，札武三族即札武、上札武拉达、下札武拉达族是也。同驻一牧地。札武族有百户一，驻于结古寺东北十里之新寨庄，下辖百长七，居民一千五百户，十九为土房居民……札武族人民一千五百余户，分布地是结古庄三二〇户，新寨庄一百户、上巴东二百户、哈休三百户、者宋二百户、六格拉五十户、马丝八庄八十户、蓝达一百户、京达二十户、罗易五十户、必贡五十户、子曲柯巴二百户。

这是1943年倪云杰在《边疆通讯》上发表的一篇文章。从中可知，该时期新寨村户数达到了100余户，且处在部落统治时期。与上文中提到的周希武1914年调查相距30多年的时间里，增加了20余户。但是这两则史料记载中仅提到户数，却没有提供具体的人口数。从1715年嘉那嘛呢创建到1943年，经过两个多世纪的发展，新寨人口户数从7户增长到100户，说明当时人口自然增长缓慢。当然，这里也不排除死亡率。笔者查阅地方档案时发现，20世纪50年代初，玉树出现了麻疹疫情。

结古市自六月份初即出现麻疹患者，至月中旬迄今，流行颇剧，据专区人民医院统计报告，在二十六天内，门（出）诊病数计三十五六例，平均日诊数一三戈（个）人，多感染于二十岁以下幼年与幼孩，成人也有感染者，其中发生合并病症者占10.6%（包括肺炎二十三例0.88%，腮腺炎、腹泻者各0.31%，及其他）经治疗后无死亡情形。

新寨于本月初亦发生麻疹流行，感染年岁与上同，病发数总计

① 倪云杰：《玉树二十五族现状》，《边疆通讯》1943年1卷12期，载甘肃省图书馆书目参考部编：《西北民族宗教史料文摘》（青海分册）（下），甘肃省图书馆出版，1986年，第429页。

80 人上下，于本月 23 至 25 日两天中，有新妇死亡情况者四例，死因不明，亦有合并症病例。①

从地方档案反映的情况来看，1953 年麻疹疫情在玉树地区流行，很多幼孩和成人被感染，死亡数人。麻疹疫情结束后，也就是在 20 世纪 50 年代末期，村里的老人 GY 回忆，当时村里大概有 125 户，另外还有 50 多位“它的”（མཐའ་འདུག）②，按照当地的算法，4 个“它的”为 1 户，约有 135 户人家。

笔者根据上述文献资料以及新寨社区提供的数据，对新寨户数进行了统计，如图 2－1 所示：

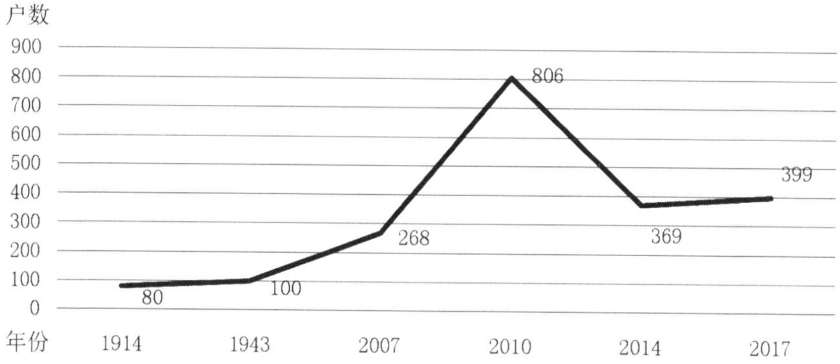

图 2－1　新寨人口变动情况

从图 2－1 显示的数据来看，除去 2010 年的户数，新寨村的户数呈增长趋势。经过一个世纪的发展，新寨村的户数从 80 余户增长到 399 户。从 20 世纪中期的 100 户增长到 21 世纪初（玉树地震前）268 户左右③，这个数据是新寨村 3 个社的户数，也包括部分与新寨

① 笔者于 2016 年 9 月 5 日抄自玉树州档案局文件《玉树藏族自治区人民政府卫生科（疫情通报）》玉府卫医字第 007 号（1953. 6. 28）。

② 老人之所以记得如此清楚，是因为当时他的奶奶去世，给每家一块“斯年”（藏币）作为布施，让大家刻嘛呢石。

③ 这组数据是笔者从震前担任新寨 3 个大队的队长处获得的，一队有 73 户，二队有 80 户，三队有 115 户。

当地人通婚的外来人。应该说，该数据是在麻疹疫情得以控制以后才出现的增长趋势。然而，较例外的是在2010年突增到800余户，其原因是玉树地震时期，为了使救灾物资发放给所有受灾群众，但凡住在新寨的家户都进行了统计（包括外来人员）。可见，实际住在新寨的户数远远超过了新寨村本地户数。据村民们讲述，大概是从2008年开始外来人口明显增多，原因是这个时期由于政策的开放和石刻行业供求的扩大，吸引了很多外来石刻艺人来到新寨刻石谋生。

2010年的数据应该是抗震救灾时统计的人口数据，据知情人士讲，当时包括很多临时居住在新寨转经、经商和打工人员。此后2011—2013年为三年灾后重建时间，因情况特殊，除按享受国家灾后重建政策的有房户外，流动人员资料基本没有准确的记录。另外，在2014—2017年间呈现人口增多的现象，其原因是地震后原住在然吾（四社）和果吾（五社）两村的部分家户也搬迁到新寨。从新寨当地的社区或者管理人员处得到的数据，仅仅是对新寨当地人的统计结果。这里面并不包括外来人员的具体统计数据。新寨具体的人口数如图2－2所示：

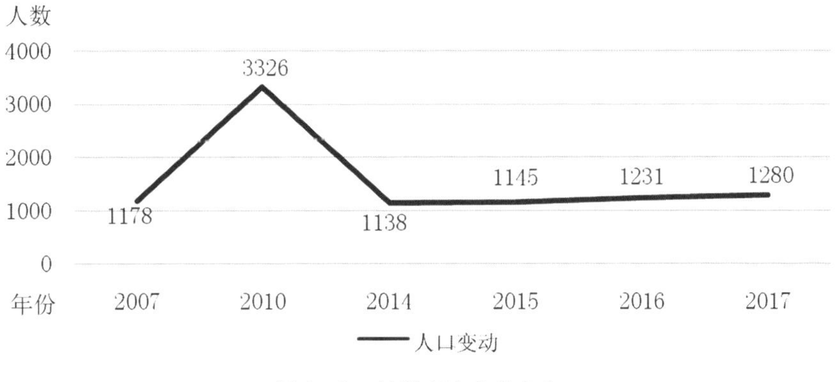

图2－2 新寨家庭户数变化

图2－2中显示的这组人口数据为新寨当地3个社的人口数。除2010年人口数据外，从2007年到2017年人口数变化情况来看，新寨人口数没有显著的变化，基本上保持在1100—1200人。然而，

2010 年却有 3326 人生活在新寨。[1] 这组数据是地震时期根据物资分配情况统计的结果。

此外，六社外来人员的情况，如表 2－1 所示。

六社人员构成情况

表 2－1

来源（暂住）		户数（户）	人数（人）
玉树境外	西藏籍	128	437
	四川籍	10	38
玉树境内	囊谦县	77	386
	杂多县	16	60
	治多县	3	7
	曲麻莱县	8	22
	玉树县（市）各乡镇	152	630
总计		394	1580

（数据由新寨辖区派出所于 2017 年 3 月提供，笔者整理）

从表 2－1 统计的人口数据中可以看出，玉树外来人员中西藏籍最多，且以昌都市贡觉县人为主，四川籍多以甘孜州（甘孜、德格两县）人为主。主要原因是这些地方都与玉树相邻，且都操康巴语；外来人员中，囊谦县（娘拉乡）以及玉树县（市）各乡镇玉树（拉秀乡）的人最多。事实上，这些数据变动性很大。那些没有稳定住所的外来人员出入自由、没有限制，像逢年过节或挖虫草时，就会离开新寨回到他们自己的家乡。因此，新寨人口流动性很强。

然而，这些数据均不足以说明新寨到底是有多少房屋供给这些人

① 新寨社区办公楼工作栏提供的当地人口数据为 806 户、3326 人（2016.9）。另外新寨派出所工作人员统计该村有 463 户、1671 人（2016 年）。2017 年笔者再次前往社区点，了解新寨村共有 489 户、1500 人（新寨社区工作人员 2017 年 3 月提供）。由此看出，新寨村人口流动之频繁。尤其玉树地震后前来新寨村刻石的外来人口增多。

居住，笔者又根据相关文献材料及各部门提供的数据，对新寨的房屋数进行统计整理。灾后重建时期，新寨划分为10个网格区，统计数据如表2－2所示：

新寨户数与人口数

表2－2

网格	一	二	三	四	六	七	九	十	总计
户数	22	81	38	46	41	112	91	47	478
人数	76	438	93	242	227	461	467	298	2323

（数据由新寨管委会提供）

新寨房屋数为478户①，共计2323人。新寨管委会工作人员表示，表2－2中的数据是按照当地房屋所在地进行统计的结果，包括新寨当地人和外来人口数。其中，外来户多半为有房无本地户口。结合上面的统计数据来看，实际上每所房屋中不只一户人家居住，那些没有稳定住所的外来石刻艺人要么租房、要么租院落（搭帐篷）暂住在新寨。如今，新寨每所房屋除了供自家人起居以外，至少还有一户外来人家与他们共同居住在同一庭院内。近两年，尤其在冬季，新寨外来人口明显增多，主要是来自杂多县的牧民，他们举家租房短期住在新寨，修行转经（སྟོང་སྐོར་གསོག，积攒1000圈），直到藏历新年前夕才返乡。

二、迁入人口

迁移是人口在地理位置上的变化，在区分“迁移”与“非迁移”时，首先要确定时间的界限和地域界限，明确规定在新居住地（迁入地）居住多长时间，跨过什么行政区界（县、地、省）算作是“迁移”。② 按照当地“七户人家”的说法，新寨可以说就是一个外

① 这里排除一证两户或者多户，因此，实际房屋数不止478户。

② 马戎：《西藏的人口与社会》，同心出版社，1996年，第113页。

来人口迁移而形成的村落。因为从多瑞“囊它”中提到的拉秀本(རག་ཤུལ་དཔོན།)、色须本（སེར་ཤུལ་དཔོན།)① 等家族名称来看，这些都是玉树境内及玉树周边的地名，可见，新寨很早就有外来人迁入，且都以地方头人（富户）为主。

根据上文中对“迁移”的定义，新寨村的迁移可以划分为两个阶段，即地震前和地震后。其中地震前又可以分为改革开放前和改革开放后。

（一）改革开放前

经笔者调查了解，改革开放前先后有一批来自内地的青年来到结古，其原因大致有三：修路、修建当代（结古镇下辖的一个村落）电厂和冷库。他们当中有些人后来与当地妇女成家并从此定居了下来，其中有的生活在结古，有的生活在新寨。定居在新寨的为数不多，且有的已去世。年纪在七八十岁的老人有3位，来自青海互助的赵叔便是其中年岁最长的一位。

个案2-1：赵叔，青海互助人，84岁，懂藏语

我是青海公路队养路段的工人。1958年刚参加工作就来到了玉树，1984年退休。当时是因为修路才来到这里，然后就在这成家，有了孩子就定居了下来。刚参加工作那会每人每月工资70元。

1958年从西宁出发到花石峡，1959年到了歇武路段。在那跟前任妻子成的家，她是珍秦人，藏族，后来因为生病去世了，我们俩有3个孩子。3个孩子中有两兄妹最后也是在养路队工作，现在他们兄妹俩也退休生活在结古。另外1个是“市言”（无工作）。20世纪70年代我来到了结古，跟我现任的妻子再婚，她是新寨当地人，67岁。如今，我生活在新寨已经30多年了。

另外，还有一位来自河南的老人也姓赵。当初是为了照看哥哥家

① 拉秀和色须均为地名，拉秀是玉树县下辖的一个乡，色须位于四川甘孜州下辖的石渠县，“本”意为头人。

的孩子才来到新寨。如今，他哥哥夫妻俩已经去世多年，而他与他的家人一同生活在新寨。

个案 2－2：赵叔，河南人

我是河南南阳人，家里弟兄 5 个人，我排老小，带我到新寨的是我二哥。20 世纪 70 年代初新寨建冷库，我哥哥一家 6 口人，嫂子和哥哥夫妻俩都在冷库干活。生活困难加上家里没有人照看小孩，就让我从老家过来帮忙。我哥哥是 1958 年来到结古，他先是在军分区当炊事员。但他是怎么到结古并在军分区当炊事员我不知道，后来就在这遇到了我嫂子。我是 1978 年到新寨的，那时我 28 岁。到明年（2018 年）10 月 15 号就是整整 40 年。我记得特别清楚，15 号晚上 12 点我到冷库门口下的车。我们来的时候坐的是老解放车，一天发一次。那时车不好，路也不好走，上河卡山都爬不上来，一车拉 30 多个人，很危险。从西宁到州上要 3 天时间，来回需要 6 天。到这以后我就跟着我哥一家人住。先是帮哥哥嫂子照看孩子，等他们长大以后，我自己也就在新寨或者去州上找点木匠（做家具）活干，1 天的工钱最多也就 3 块钱，小工的工钱是两块七毛钱。那时主要是跟着生产队干，我们自己很少出去找活路，如果自己在外面干一天，3 块的工钱还要交给生产队，所以划不来，就干脆跟着生产队干，那样起码自己也可以在年底时拿到一点钱或者粮食。晚上才出去自己找点活干。

1980 年 7 月我成家，是我嫂子给介绍的对象，在结古镇领的结婚证。然后跟着妻子入社成了新寨一队的人。刚开始我不懂藏语，大家也听不懂汉语，全靠我嫂子帮忙翻译。起初刚到这儿时生活艰苦，想回趟老家都难，钱不好挣。加上哥哥家里孩子多，生产队发的那点粮食最多能够一家人吃饱已经算是不错了。我到新寨过了五六年以后才回了趟老家看望父母，最后又回来了。

在生产队干了一段木工活以后，我又在州上修了一年半的自行车。后来娃娃们长大，家里条件也稍微有所好转，家里买了辆农用车，我们父子俩就开拖拉机找活干，拉沙子、拉石头。自己装一车石头和沙子能挣100多块钱。一直到地震前都是如此。地震以后就没有再跑车，然后大儿子跟老新寨人家的女儿成家了，现在家里的老四在家打石头，我帮忙打磨啥的。

我刚到时，嘉那嘛呢的石头基本上搬完了，州上军分区院子和下面全都是嘛呢石。新寨的住户也不多，我们来的那会儿没有房子，住的是学校的房子。那是生产队给安排的，所以不用付房费，就这样在学校住了2年多。后来生产队划地给我们一家人就盖了房子。划地给一家人1亩地盖房子用，此外，每家每人还给了盖房用的11根椽子。我们一家7口人，有70多根椽子，就凑合着在现在新寨学校的对面盖了房子。我结婚后就自己出来单过，我自己不好从哥哥一家房子里要出我的那份地，所以结婚以后就想办法在村子外面找了块地盖房住。我们现在住的房子这块那时都是菜地，没有多少住户，离嘛呢石那块也有点远。

40多年来，我现在能听懂70%左右的藏语，但我自己很少说藏语。现在打石头累也累，脏也脏，但是好好干的话，收入可能是上班族薪水的几倍。我们没上过学，来这能吃饱肚子就行，也没啥可后悔的。以前有时还发个电报啥的，现在有手机就打电话联系老家那边的亲戚。

20世纪50年代中期至60年代，大量干部职工被派往玉树县工作，并从河南等地迁入大批支边青年，迁入人口大量增加。[①] 赵叔的哥哥就是这一批从河南迁入玉树工作的人。而他则是为了照看哥哥家的孩子，同时也为了缓解他家里的经济负担来到了新寨。村里还有一位来自青海乐都的汉族人，村里人都管他叫小李，情况跟赵叔差不多，也是因为当时他哥在冷库工作，他当时高考失利，加上家里经济条件差，就跟着哥哥来到了新寨。投奔他哥哥的不仅有他，另外还有2个亲戚。如今他们都跟当地的妇女成家，定居生活在新寨多年。像他们这样从外地过来的汉族人，多以投靠亲戚迁徙至新寨。李叔还告

① 玉树地方志编纂委员会编：《玉树县志》，青海民族出版社，2012年，第93页。

诉笔者，像他们这样选择跟当地藏族妇女结婚的一个主要原因是在老家给不起彩礼。类似这样投靠亲戚来到新寨的情况，不仅发生在早期，晚近外来迁入人口中也存在这样的现象。

（二）改革开放后

改革开放后，随着市场经济的发展，加上政策开放，新寨人口迁移现象比以往更加频繁，且从身份上来看多为藏族。笔者从访谈的60多位外来人员中，选取了6个比较有代表性的个案。

个案2－3：阿吾ZXGB，昌都人，63岁，现住在新寨仲巴巷

刚开始是跟着我的一个亲戚来这做生意。后来我就认识了我那位亲戚朋友家的女儿，她是然吾村（新寨四社）人，跟她结婚后就定居生活在这里，如今已经30多年了。婚后我们从她家搬出来到新寨住，我们夫妻俩加上5个孩子共7口人。都是靠我们两口子刻石把他们抚养长大并供他们上学。家里的老大今年要大学毕业（兰州财政大学），老二已经专科毕业，有一个女儿在东北上高中（内高班），还有一个儿子跟着我刻石。另外最小的那个儿子是结古寺的僧人。

我们这些外来人来新寨后，新寨当地人允许我们刻石。我当时在这儿买了1亩地，花了3000多元。那会儿大家都是手刻嘛呢，石刻艺人相互之间谈不上什么竞争，都是各自在自己家里刻，能刻多少算多少。有些人家熟人多就能多刻点，熟人不多的也就只能少刻点，或者去那些石刻活多的人家帮工挣点钱。我们搬到这儿时，只有南面的旧嘛呢石那一排，其他啥也没有。现在转经路边的嘛呢摊位上，新寨当地的人已经是屈指可数了，都是外来人。这些从外地过来的石刻艺人，有些是来这儿以后学会刻石的，真的都是托了嘉那嘛呢的福，解决了温饱问题。他们身无分文来到这里，以刻石为生，有些都在这儿买了房子定居生活。

我自己这一辈子真是吃了不少苦，为了抚养孩子们上学，早上5点就起床，一直干到下午6—7点，午休吃个午饭。孩子们见我们夫妻俩这样辛苦，所以，学习很用功，没有辜负我的期望。

从小我就给孩子们教石刻手艺，再加上他们上过学，刻石刻得很好。现在在家跟我刻石的儿子也是上到初中就不愿去上学，他有点后悔，但是已经没有办法了。女儿们我就让她们用功学习，所以她们学习成绩都不错。

从阿吾 ZX 的言谈中可以发现，他已经把自己“定义”为新寨人。在他看来，地震后来到新寨刻石的人才算是“外来人”。另外，他还讲道，在他们老家昌都几乎每家至少有一个人会刻石，因为按照老家的习俗，凡村里哪家有人去世，全村人都要前去帮忙刻嘛呢石为死者修行。因此，在新寨来自昌都的石刻艺人最多，因为这些人都有石刻这一技之长，且离玉树较近。①

个案2－4：阿尼 CLM，昌都人，现住新寨仲巴巷

到新寨已经20多年了。我们刚来时，记得那会儿新寨这里正在修建嘛呢东面的“八善塔”②。那时我母亲疾病缠身，父亲去世。我舅舅听说过嘉那拉杰③医术高明，就带母亲来这里看病抓药。我们3人在老家没有什么可靠的收入来源，索性就留在了新寨。这样给母亲看病就不用再来回折腾，同时还可以在嘉那嘛呢跟前转经修行。后来我自己的腿上长了肿瘤，也是拉杰给医治好的。

起初，我们借宿住在当地人家里，他们不收钱让我们住。住过现在的邻居扎巴、洞那·才哇家里（新寨仲巴巷）。我们留在这里后没有什么经济来源，开始时乞讨过，后来跟新寨当地人学着刻石。新寨人不但没有不允许我们这些人刻嘛呢石，还愿意教我们石刻手艺，然后就靠石刻维持生计，一直到现在都是如此。刻嘛呢石养活了我们全家老小。等到后来生活状况好转，我们自己存的钱加上舅舅提供的资助，就在新寨买了房子。记不清当时给了多少，但主要是舅舅垫付的。舅舅一家人还在老家，偶尔会来新寨看望我们。

① 玉树至昌都路段全程485.4公里。

② 1994年新寨村民修建八善塔，后来在地震中有所损毁，由重建工作组进行修缮。

③ 拉杰，藏语中对医生的敬称。村民称新寨拉杰扎格勒是“仲布”（穷人）拉杰。

现在阿尼 CLM 一家与他们昔日借宿住过的两户人家为邻，住在东面的新寨仲巴巷，生活过的殷实。全家等待着她妹妹即将出生的婴儿来到这个世上，从此，她们一家又添了一丁，新寨村也多了一名新成员。

个案 2－5：阿吾 GQDD，囊谦人，六社成员，现住措赤科巷

从囊谦搬到新寨 20 多年了。当时老家几位亲人相继离世，不忍心留在那里就搬家到了新寨。来到这以后一边在这里转经，一边以刻石为生。家里 4 个孩子都会刻石。现在家里最小的在上大学，其他的 3 个孩子都没能上学，因为以前家里没有那个经济条件，也没有那个意识。有一个女儿跟新寨当地的人成家单过，她们一家现在也是刻石为生。

刚到新寨时我出去找活干，干点砌砖、搬石的活，给人家盖房子。大工每天 25 元，小工 15 元。孩子们在家刻石，一家人靠这些生活。住的房子也是租的，以前的房东已经去世了。那时孩子们在虫草季还会回囊谦挖点虫草。因为我们的户口还在那里，所以可以回去挖。条件好转后有点积蓄就买了房子，那时土房子盖的不好，8 分地给了 1 万元。地震后得了两套房子，我们一套，成家的女儿一套。

虽然现在家境有了很大的改善，但是阿吾 GQ 认为趁他现在还有干劲儿就应该多劳动，所以他在新寨找到了一份打磨石刻的工作，每天早出晚归，在家里和工厂两地之间活动。他觉得现在这样的生活很充实，同时还可以挣点钱寄给远在异地求学的儿子。

个案 2－6：SNDJ 之妻，玉树境内勒巴沟人，36 岁，现住达果巷

我们从勒巴沟搬迁到新寨已经 15 年左右了，但是在这儿刻嘛呢是近 5 年的事。我们搬迁到这里时，外来人没有现在这么多，刻嘛呢石的也不多。我们夫妻俩没有刻嘛呢前，我丈夫干大工的活（盖房砌砖），一天能挣个 100 来块钱。我干小工活（搬运石头、和泥等），一天工钱 30 来块，外出打工是家里的主要生计来源。每年 5 月份时回老家挖点虫草，但是我们那里没多少虫草可以挖，且虫草长势不好，卖不了多少钱。那个时候两个孩子年纪小，帮不了我们什么忙。现在靠我们夫妻俩刻石，供她们姐妹俩上学。

我们花了4万多块钱在新寨仲巴巷买了房住，房子靠山脚跟，家门前巷子很窄，只能通个摩托车。后来我们经济条件稍好转后，想换个住处，于是就找蒋然活佛帮忙算卦，看在哪儿买房子好。原本想在州上买，可是算卦的结果都没有新寨好。活佛告诉我丈夫说："你要是有做生意的能耐，从新寨到结古的这段距离应该不是什么大问题。"所以最后我们还是继续住在了新寨，把新寨仲巴的房子卖掉，买在了达果路这边，花了8万多，房子靠路边，干什么都方便。现在看来，房子买在新寨真的是买对了，这真的是托了活佛的保佑。

勒巴沟（ལེབ་པ་ཁོག）位于玉树州境内的通天河畔，距新寨十多公里路程。沿着通天河畔的一条山间小路行驶，可以看到很多早期刻制的嘛呢石放置在河水之中，因此，当地称其为"水嘛呢"。除此之外，这里还有早期的摩崖石刻佛像、岩画等。① 史料记载，当年文成公主进藏时就是在这里停留了数月，建造了佛塔。②

个案2－7：阿吾CG，昌都人，现住在嘛呢通

我来结古已经十几年了。2005年我和我的一个兄弟在结古买了房子。为了逃避家人安排的婚事，从老家和我现在的妻子一起逃到玉树。到玉树没有什么生计来源，就索性来新寨刻石，因为我有石刻的技能。我十几岁时就会刻，石刻手艺是我父亲传授的。为方便起见，我们现在租房住在新寨刻石，每月租金400元。

老家"噶秀"人认为铁匠、石刻等这类是苦力活，所以不太受"待见"。尤其刻石大家都觉得脏（因为全身上下都是石头灰），而且

---

① 可参见桑丁才仁主编：《多彩玉树：新寨嘉那嘛呢与勒巴沟文化》，中国藏学出版社，2015年，第239—395页。

② 文成公主进藏时在勒巴沟修建佛塔的文字记载，可参见蒲文成：《青海佛教史》，青海人民出版社，2001年，第121页。

很辛苦。也不是说不可以刻，但比起画唐卡这些，石刻真的是不干净（都是石灰），说白了就是脏活。

来这之前，没几个认识的人。后来在这刻的时间久了，大家觉得我刻得好，慢慢认识的人也就多了，都是通过熟人相互介绍。我们来这只要自己能找到住处，加上自己有石刻手艺就可以刻，当地人不会不让外来人刻嘛呢石。拿我们的邻居来说，为人特别好，让我们去他家挑水，这里的住户多半都是去他们家挑水。巷道铺的石子路也是邻居男主人托关系要上的小石子，然后所有在这儿的住户一起出动铺的路，要不然下雨时这个巷道坑坑洼洼都是泥巴路。

阿吾 CG 石刻手艺好，所以前来找他刻石的人多。他一个人应付不了打磨、刻石这两项重任，就雇用了一位打磨工人。这样他就可以一心一意地刻制经文。

个案 2－8：阿吾 CRLJ，囊谦人，63 岁，现住乃果滩巷

迁徙到新寨已经 18 年左右了。我在 20 世纪 50 年代自学刻嘛呢石，看老人怎么刻自己就跟着学。家里的老伴 70 多岁了。有 2 个女儿，一个女儿在老家当尼姑，腿残疾；另外一个女儿生病不幸去世，留下 3 个孩子，现在由我抚养，还有一个儿子，现在在我身边也从事石刻工作。

来新寨是我在老家因为生意上的事情认识了新寨冷库的一名员工，我们关系很好，他看我家境差养活一家老小困难，就建议我来新寨刻石。后来我把家里仅剩的几头牛给卖了，带着一家老小来到新寨。到这儿以后，有的刻石、有的在转经路上乞讨，就这样维持生计。我的那位新寨老朋友给我们提供住处，没有收一分钱的房费，免费在他家住了 5 年左右。条件稍微好转以后，我们就自己买地皮盖了房子，花了 3 万多。现在我的那位老朋友已经去世了。他去世时我给他刻了一部《解脱经》。

刚到这儿时，我们不太敢大大方方地在当地人面前把刻好的嘛呢石供放上去，怕被说。所以总是看没有人的时候偷偷地去供放。那时像我们这样迁徙过来的外来人最多也就三四十来户。

我的几个孩子都没能上学。现在在我身边的儿子他自己也有3个孩子，加上我去世的女儿留下的3个孤儿，家里有6个小孩要抚养，并且还要供他们上学，所以现在家里还是有点困难。虽然还是靠刻石来养家糊口，但是相比以前家境还是有了很大的改善。

以上6个迁徙个案都是在玉树地震前迁移到新寨。有的是个人（后跟当地人结婚），有的是举家搬迁。这个时期的新寨人口迁移有三个特点：第一，从迁徙地来看，有玉树境内和境外两种。玉树境外的大多来自西藏昌都、四川甘孜和德格，玉树境内有囊谦县及玉树县下辖的各乡镇；第二，从迁徙的原因来看，有婚姻、就医、逃避痛苦（失去亲人）、活佛算卦、私奔以及朋友相助等几种情况。他们刚到新寨没有稳定的住所和经济收入，都是通过刻嘛呢石来维持生计，夏季回老家挖虫草。同时有些人也获得了当地人的帮助。相比以前他们的生活有了很大的改善，从刚开始借宿住在当地人家里，到现在已有属于自己的住所。第三，改变了下一代人的命运，他们传承石刻手艺给他们的子女，但是没有让子女留在家里跟着他们刻石，而是供孩子去学校接受教育，迫不得已才让孩子辍学在家刻石为生。

（三）地震后

大概从2008年开始，新寨村出现了机器刻制嘛呢石的现象，加上宽松的政策，吸引了不少外来石刻艺人迁入新寨。但是大批的外来人员迁入新寨村则是在2010年4月玉树地震以后。以下4则就是在地震后选择到新寨刻石谋生的个案，虽然迁移时间不长，但是生活有较大的转变。

个案2-9：阿吾JB，拉秀拉杰，下拉秀人，47岁

我来新寨差不多1年了。家里孩子多，现在他们都在我身边。最大的23岁，最小的1岁。有的在下拉秀上学，有的在新寨上学。每月房租500元。我懂点藏文，从十一二岁开始刻石。在老家刻石没有什么收入，纯粹是自己为去世的家人、亲戚和邻居“修行”而刻。

我之前在下拉秀是乡里的医生，干了十几年。后来条件好了，交通设施改善后，大家都往州上去看病，加上我自己医术水平也有限，就终止了行医。我给孩子们教不了什么其他的，唯有石刻手艺我还可以给他们教一下，同时也能解决我们的生活问题。另外，最主要的就是孩子在这儿上学要比在老家上学好一点，所以考虑到这些我们就过来了。虽然在老家那里也有学校，但是能学到的东西好像又没有多少。州上教育质量起码要比我们那里好。所以今后看孩子受教育情况，看要不要继续留在这里。家里目前的经济来源主要就是石刻，现在家里刻石年龄最小的是 12 岁。牧区还有几十头牛，暂时让亲戚帮忙照料打理。

阿吾 JB 一家人，租房住在新寨仲巴巷东头的一所老房子里，紧挨房子大院围墙的就是然吾路，每月房租为 500 元。虽离嘉那嘛呢石堆较远，但庭院大，有足够的空间堆放很多石头。

个案 2－10：阿吾 QM，色达人，37 岁

来新寨已经 4 年了。我是亚青寺那里的人，老家虽有虫草，但是我们不挖，也没有其他什么可靠的经济来源，就选择来嘉那嘛呢石这里。想到在这里一可以修行、积德行善；二可以解决一家人的温饱问题。一家 4 口人都在这里。父母不健在，有 2 个孩子，大的 11 岁上四年级，小的 8 岁上二年级，都在新寨小学就读。

我是地地道道的“卓巴”（牧民），自己没有上过学，藏文是自学的。简单的心咒类像“哇玛”嘛呢、“呗杂萨多”之类都会刻。但像刻“它多”（《解脱经》）、“叠免”（《祈愿经》）这类经文，我会雇其他的石刻艺人来刻，因为我一个人完成不了。

我刻了 3 年左右，不过是到新寨以后才学着刻的。我是跟一位名叫赛噶的“拉索”（画师）学的刻嘛呢石。他自己刻佛像，也画唐卡。刚到这里时我租房子住在他们家里。然后他教我刻石。他的妻子是然吾普人，所以他们定居生活在这里。赛噶是昌都江达人，曾经的他和现在的我一样都是作为游子浪迹到他乡谋生，因为有着相同的处

境，所以他愿意帮助我教我刻石。我现在还租房住在他们家里。

个案 2－11：阿吾 SN，下拉秀人，43 岁

来新寨刻石时间还不到 1 年。之前生活在牧区，因为孩子要上学，不得已离开了那里。把家里的几十头牛有些卖给别人，有些托亲人照看。我们到这儿总得找个活干，除了刻石这一手艺以外，没有别的门路，也没有能耐去做什么生意，就选择靠石刻手艺在新寨过活。一来生活得以维持，二来孩子的上学问题也得以解决，一举两得。

家里 5 口人，妻子的弟弟也跟着我们一起在这儿刻石。我们租的这个地每年 4000 元。我在老家时会手刻，家里或者亲戚朋友有人去世时我们要刻嘛呢石，但是不像这里有人请，又给“朵元”（石刻收入）。我自己虽然没有上过学，但是学过藏文，所以会刻点嘛呢。妻子不会刻，但她可以帮我打磨石头、去采石场捡石头、涂色什么的。家里留一个孩子外，我们几个人都会去采石场捡石头。现在我们刻嘛呢石不仅能养活我和我的家里人，而且还能利益众生。所以只要这里允许，我们就会继续留在这里生活，现在石刻收入挺好的。

与上述三个个案稍不同的是个案 2－12，“古巴”兄弟是因为“生态移民”，变卖了家里的牛羊，拿着政府的补贴来到了结古。最后辗转来到了新寨，学习刻嘛呢石，并以此谋生。①

个案 2－12：“古巴”兄弟，小苏莽人

我们是兄弟俩，但是户口是分开的，我 70 多岁，弟弟 50 多岁。弟弟户口上名字写的是“古巴”（ལྐུག་པ།，哑巴），所以大家都叫他“古巴”，其实他的真名叫尕玛桑培。以前在老家时，邻居们都会说，才孜家的“布古”（哑巴儿子）在干什么？以示决心。

---

① 同样作为生态移民，以刻石为生的类似案例出现在青海省黄南州泽库县和日村，参见冯雪红、王玉强：《畜牧业的式微与石刻业的兴盛——青海和日村藏族生态移民后续产业民族志》，《西北民族研究》2017 年第 2 期，第 94—103 页。

我们是回迁户，当时给了我们2万块钱，家里的牛羊也不多，卖给别人以后就拿着那点钱来结古。到今天已经有十五六年了。地震以后我们捡废铁，再找人把那些卖掉。后来我们兄弟俩就借宿住在新寨，弟弟照着别人刻的嘛呢石学，后来就学会了刻“嘛呢”（六字真言）和“贝杂萨多”。家里主要是靠弟弟刻嘛呢石来养家。所有的收入都是他自己保管着，时不时他也会给我一点生活费用来买酥油什么的。上月他给了我700多元。有一次，他把1万块钱借给一个来自囊谦叫JY的女人，到现在也没还给他。很多施主看我弟弟是个“古巴”（哑巴），出于怜悯会在他这里“请”嘛呢石，有时还会多给他点钱。但是他把这些钱拿去在嘛呢摊位旁边的那些小商贩那里买九眼石之类的饰品（哥哥硬是拽出他弟弟脖子上戴的几粒九眼石让笔者看）。总是买这样的玩意被人给骗了钱。我跟他说这些是假的他也不听，还说过上些年就会很值钱。

他的石刻工具都是“嘛呢粗巴”（当地的一个民间志愿协会）给帮忙买的。我年纪大了，很早就跟妻子离异了，两个孩子，她带儿子，我带女儿。后来儿子得了重病就送到我这里来，我又不得不管，结果把家里的积蓄全花在看病上了。我女儿嫁人以后，就只剩下我们兄弟俩。儿子病情好转后也不跟我们住了。

现在我们俩住的这个帐篷也是一位好心的女主人看我们可怜让我暂时搭建的，不收费用。但是今后她要是把这块地卖了，我们俩就没地方住了。

相比而言，地震以后来到新寨的外来人员都是租房或者院落（搭帐篷）。他们申报的迁移原因，如上述四个个案所反映的情况一样，不外乎就是生计和孩子上学两种。这些外来人员有一些共同的特点，就是他们都是来自牧区的“卓巴”。对于“卓巴”来说，迁移本来就是他们“习以为常”的事情。但是他们没有接受过正规的学校教育，来到县城找不到别的活干，生活上也没有稳定的收入来源，唯有刻石为生。现在只要他们肯吃苦刻石，刻出来石经就不用担心没有施主来供养。

另外，2010年玉树地震中上千人不幸遇难。① 灾后幸存的亲人，只能通过各种修行来弥补内心的伤痛。而供养嘛呢石、转经等作为当地的一种修行方式，符合人们的需要，因此地震后掀起了一股“石刻热”。这个消息传播开来，大家通过各种渠道（亲朋好友、老乡）得知此消息，便蜂拥来到新寨刻石。他们当中很多都有石刻技能，且在他们看来，刻石不仅解决了一家人的生计问题，也实现了修行佛法的目的。同时，更重要的是孩子们上学（免费）的事情可以得到解决。因此，对他们来说新寨是最理想的迁移地。

随着外来人口迁移现象的频繁及人口的增长，为便于管理外来人口，2008年新寨村委会决定在原有5个社的基础上增设一个社，即六社。平常主要是组织大家与新寨当地3个社的成员一同参加集体劳动，如社区环境打扫等。但外来人口未列入当地政府救济补助范围内。因为他们的户籍关系还留在老家，而当地政府救助政策都按照户籍所在地情况而定。② 笔者从现任的六社社长（从2010年开始任职）处得知，目前六社管理的户数有876户。但是这当中在新寨真正有房居住的不到300户。这300户中，玉树州下辖各县的人口最多，其次是西藏昌都地区和四川省甘孜、德格、石渠等地的人。

三、本地人口与外来人口

对本村人及外来户作区别是颇有意义的事，因为这种区具有广泛的社会意义。③ 人们背井离乡，迁移到其他地方，不管他们如何申报迁移原因，但无一例外地都希望在新地方能比迁移以前生活得更好。④ 我们从上述迁移的个案中可以发现，迁入新寨的牧民生活条件比迁移前有了很大的改善。

---

① 据新闻报道，2010年玉树地震中2698人遇难，270人失踪。

② 绝大部分的六社成员反映，虽然他们的户口还在原籍，但是因为他们本人长期不在那里居住，所以老家那边也享受不到什么社会救助政策。当下石刻收入是他们唯一的生活来源。

③ 费孝通著，戴可景译：《江村经济》，北京大学出版社，2012年，第23页。

④ 马戎：《西藏的人口与社会》，同心出版社，1996年，第140页。

（一）数量比较

灾后重建时，新寨按照地形划分了10个网络区格，其中8个区格为居民住宅区。在图2-3中，区格一和三为乃果通巷，二为嘛呢达果路巷，四和六为嘛呢通巷，七为措赤科巷，九为新寨仲巷，十为嘉那林卡巷。另外，区格五为嘉那嘛呢石经堆，八为新寨林卡。

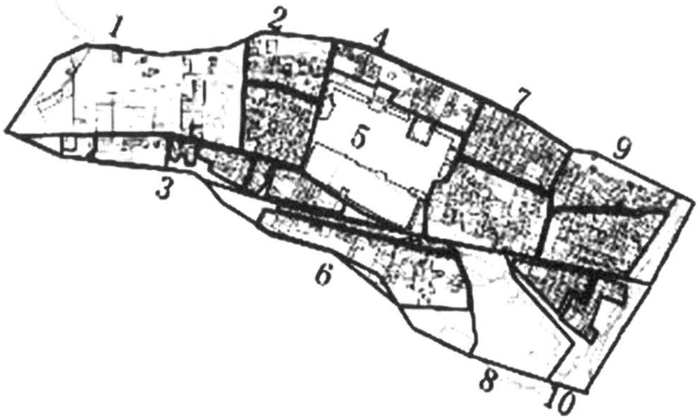

图2-3　新寨区格网络①

根据当地的人口数量，笔者对本地和外来人口数进行了统计，②如下表所示：

新寨人口比较

表2-3　　单位：户、人

区格	本地户	外来户	本地人口	外来人口	总户数	总人口
一	12	3	62	13	15	85
二	67	24	331	97	91	428
三	30	16	128	65	46	193

① 图片引自杨丹丹：《新寨嘉那嘛呢石经城规划中的他组织与自组织模式研究》，清华大学城乡规划工程专业硕士毕业论文，2014年，第10页。

② 为确保数据准确可靠，笔者结合管委会提供的数据和杨丹丹（2014）入户调查所获得的数据，另外，杨丹丹在有些区格网络中对本地与外来户区分不全面，笔者通过村里老人一一进行了区分。

续表

区格	本地户	外来户	本地人口	外来人口	总户数	总人口
四	9	34	51	181	43	232
六	33	11	160	54	44	214
七	50	41	237	209	91	446
九	44	44	215	223	88	438
十	23	37	99	198	60	297
总计	268	210	1283	1040	478	2323

根据表2－3统计结果来看，新寨8个区格（住房区）共计478户、2323人。其中本地为268户、1283人；外来人口为210户、1040人。外来人口户数占总户数的44%，占总人数的45%。由此可见，仅在几年时间内外来人口就占据了新寨总人口的一半，这对当地人的石刻生活造成了巨大的冲击。

另外，上表的统计在一定程度上反映了当前新寨各区格的人口构成情况，住在区格一、二、三、六、七的住户多为新寨本地居民，且离村落中心嘉那嘛呢石经堆较近。住在区格四和十的多为外来户，相对而言离嘛呢石经堆较远。[①] 居住在嘛呢石经堆较近的住户除了具有便于出行、转经方便等优势外，最主要的还有一笔可观的铺面租金收入。

（二）职业分析

第四章第一节将对新寨当地人所从事的职业进行了讨论。这里主要看外来人员从事的职业。外来户没有土地，仅这一事实就足以说明区别是有其深远的经济后果，他们都从事着特殊职业。[②] 上文中外来迁入人口个案多数都是以刻石为主的藏族人，除了这些石刻艺人以外，其他像汉族、回族等外来人员也从事着各自“擅长”的职业，

① 这里需要说明的是区格四和六同样都是在嘛呢通巷，但是分别处在嘛呢石堆的北面和南面。区格四与嘛呢石堆之间除了“过廊”和嘛呢摊位外，还留有很大的空间。而区格六是在嘛呢石堆的南面，中间仅有一条“过廊”。

② 费孝通著，戴可景译：《江村经济》，北京大学出版社，2012年，第23页。

如表2－4所示：

新寨外来人员从事职业情况表

表2－4

职业	民族	籍贯	户数
金银匠	汉	甘肃	1
菜农	汉	河南、甘肃	3
五金杂货商	汉	山东	5
烤饼、面条加工	回、藏（安多）	青海、甘肃	12
餐馆	汉、藏（安多）	四川、青海	24
糌粑磨坊	回	青海	2
理发	汉	甘肃	1
皮革	汉	青海	1

表2－4中，不包括那些与当地人结婚的外来人。在当地人看来，在新寨已经生活了三四十年的外来人可以算“半个”新寨人，尤其是他们的孩子，“头落在”（出生）新寨，并在新寨成长，更应该算新寨人。这当中有一位来自青海湟中姓李的大叔给笔者留下的印象最深。他是1969年初来到结古，当时是为了修建电厂而来，那时他才25岁。后来跟当地妇女结婚，生活在罗伊（玉树县下辖的一个乡）30多年，主要以鞣制皮革为业。新寨的裁缝都找他鞣制皮革或染色，因此，他跟新寨人相互都很熟悉。他在地震前两三年搬到了新寨，然后就一直生活在新寨。访谈中李叔都是用藏语跟笔者交流，其间因为提到邻居家的某人（已故），他先念了一句“嗡嘛呢叭咪吽”，然后才提起名字。① 他说，在结古生活了近50年的时间，从刚开始咿呀学藏语到现在，日常生活中用的最多的就是藏语。以至于他现在说汉语有时还要思考一番如何表达。

另外，表2－4中的外来人，他们大多是玉树灾后重建以后来到

① 藏族人忌讳提过世人的人名，一般都是在提名字前先念一句“嗡嘛呢叭咪吽”。

新寨做生意。长则七八年，短则几个月。有的之前在结古开商店，现在看众人汇聚到新寨就跟着来到新寨做生意。当地人区别外来人主要是通过口音和着装，即使都是藏族人，结古口音和其他各县（乡）之间也存在一定的差异。从事其他职业的非藏族人就更不用说。当地人与外来人之间，有竞争也是在那些石刻艺人和生意人之间。

图2-4 两家外来石刻艺人合租的住房

调查期间，笔者入户走访了上百户当地人和外来石刻艺人的居所，给笔者留下的印象是，除几家能明显感觉到生活条件已经达到了中上等水平外，其他绝大多数都处在中低水平。有些家户，尤其是外来人员的住所条件简陋，甚至他们自己生活起居的地方都没有石刻工作坊整洁干净。与当地人相比，外来人的生活处境比较差（图2-4）。但是笔者从来没有在他们哪一个人的脸上看到一丝哀愁和无奈。父母在刻石之际，幼小的孩童在一旁石头堆里玩耍，脸上、衣服上沾满了白石灰也满不在乎，依旧玩得开心，笑得灿烂（图2-5）。

新寨村之所以有如此巨大的吸引力，不外乎就是提供了一个

图 2－5　石经堆里嬉戏的双胞胎

“就业”平台，即石刻和经商。从事其他职业的外来人员，虽说与石刻没有直接的关联，但还是靠众多的石刻艺人及信徒而得以生存。新寨本地的村民没有阻止这些外来人员的到来，也是因为大家都处在一种“互惠”机制当中。将来外来人口是否还会持续增长虽不敢妄论，但至少在目前，当地人与外来人共同生存的环境还是较为和谐。

综上所述，本节从村史的历时性和进入当下开放格局的扩散演化方面对该村的人口构成及变化进行了考察，分析历史进程中新寨村“人”的观念变化及其对村落整体维系所产生的作用，论述新寨村人居于主流的文化“基因”。嘉那嘛呢养活的不只是当地村民，还有越来越多的外来迁入人口，这些被老新寨人称为“外人”的外来人口逐渐融入当地社群之中，并以新寨村的文化归属和认同内容重新定义“自我”身份，形成新的新寨村人，并延续了新寨村的原生文化。

第二节　骨系与亲属

一、骨系："如巴"（རུས་པ།）与"冉"（རིགས།）

"如巴"，藏文རུས་པ།之音译。《藏汉大辞典》中有两种解释：（1）骨；（2）姓氏、家族。① "'骨系'的观念即是藏族传统社会对血缘遗传的一种认识，藏族人认为，人的骨骼是遗传的媒介物，后代通过继承父母和祖先的'骨'而继承他们在身体和精神方面的品质。由于'骨'在遗传上的纵向继承性和群体性，因此，藏文'如巴'汉译时加了'系'字，以示其意。"② 可见，"如巴"是辨别藏族人血缘（亲属）关系的重要依据。在现实生活中，村民即使知道自己的姓氏，但在户口簿上登记的只是名字。名字是每个藏族人出生来到这个世界收到的第一份"礼物"。这份"礼物"是活佛、父亲或兄长赋予美好祝愿和力量馈赠给新生命的，希求他们在今后的生命历程中无病无灾，一切如意。"大部分名字反映着社会地位、家族威望、地方名声、学问层次、宗教信仰等文化内涵。"③ 姓氏以隐形的方式"存活"在每个家族成员的生命历程中。因此，厘清藏族的亲属关系实属不易。

在传统藏族社会中，有姓氏的家户一般都意味着是上层等级或者贵族家庭。如果掀开贵族社会的帷幕，就会发现被称为一般贵族的家庭，在不同的经济条件下为获得高一点的荣誉而进行的不懈努力。在以祖先遗骨遗物而骄傲的贵族社会里，一般贵族同样也有自己的荣誉。④ 而这种荣誉恰恰是通过家族的"如巴"来传递并展示给世人的。大贵族家族的后继者，在祖先既定的光环下，无拘无束地享受着

---

① 张怡荪主编：《藏汉大辞典》，民族出版社，1993 年，第 2712—2713 页。

② 扎洛：《卓仓藏人的骨系等级婚制及其渊源初探》，《民族研究》2002 年第 4 期，第 65 页。

③ 嘎·达哇才仁：《藏族人名文化》，《西藏大学学报》1996 年 6 月第 2 期，第 22 页。

④ 次仁央宗：《西藏贵族世家 1900—1951》，中国藏学出版社，2012 年，第 168 页。

生活，幻想着未来，对自己的能力从不去加以评估，因为他们确信自己的身上天生就有祖先遗留下来的种种能力和美德。① 这就不难理解，越是显赫的家族就越注重“如巴”。而处在底层的贫民，正如许烺光先生所说，穷人因生活重担的压迫很少有闲暇去顾及别的事情，祭祀祖宗的意识也较为淡薄。② 因此，他们无力效仿上层社会的理想行为，也无从谈起家族的“荣誉感”。对他们来说“如巴”可有可无。

“冉”，藏文 རིགས། 的音译。《藏汉大辞典》中对其解释有四：(1)种族、姓氏、种姓；(2)等级、级别；(3)类别、范围；(4)通类（修辞学构成偈颂的格式之一）。可以看出“冉”也有姓氏的含义，且比“如巴”含义更广。现实生活中“如巴”更多是作为姓氏，而“冉”更多表现在评论某个家族的人品和等级。目前有关藏族“骨系”的研究③中有些认为“如巴”不仅表示骨系，而且也表示骨系等级，却不曾见用突显等级或类别的“冉”与“如巴”作区别。为此笔者对新寨 5 个家族进行了访谈，从下面的个案中，我们可以看出二者为何容易混为一谈。

个案 2－13：道果仓

追溯族籍，我阿聂④（爷爷）是德格人，曾担任德格嘉布（德格土司）的伦布（相）一职。后来德格嘉布家族的两个兄弟因争夺王位而分成两派互相争斗，⑤ 我爷爷劝他们兄弟二人未果，于是就失

---

① 次仁央宗：《西藏贵族世家 1900—1951》，中国藏学出版社，2012 年，第 169 页。

② 许烺光：《祖荫下：中国乡村的亲属，人格与社会流动》，南天书局发行，2001 年，第 8 页。

③ 有关藏族“骨系”的研究可参见扎呷（1992）、格勒（1993）、罗绒战堆（1997）、扎洛（2001）等对国内藏族的研究；国外美国学者南希·列维妮（Nancy Levine，1979）对尼巴藏族以及英国学者海门道夫（C. F. Haimendorf，1964）、王思亓（2015）对夏尔巴人“骨系”的研究。

④ 结古方言中对爷爷和外公都叫“阿聂”，管奶奶和外婆都叫“阿依”。

⑤ 有关德格家族兄弟二人争夺王位之历史事件，详见德格县文史资料委员会编《德格文史》（藏）第 80—86 页，另可参见杨毛措《居米旁：国王修身论王权范式》中对当时德格的历史背景介绍，《中国藏学》2017 年第 1 期，第 114—124 页。

望地离开德格来到了结古。

父亲是章凯仓家的儿子，母亲是多郭仓家的女儿。多郭仓以前在结古有很大的一所房子。父母结婚后就在现在达果路这里盖起了房子，因为我们家跟禅古寺查莱坚贡（禅古寺活佛）关系密切，所以派了好多僧人前来帮忙，墙基都是僧人打的。大家都误以为道果仓这个家族名是因为房屋地处在“达果”（村子的上方），所以叫这个名，但事实上我们家的“代年”（དུད་མིང་།，家名）或者说家族的“骨系”是萨迦法王昂文·图多旺次赐予的，一直沿用到现在。建造道果仓这所老房子时我才几岁，如今已经79岁了。老房子差不多也有80多年的历史了，玉树地震时稍有坍塌，虽没有完全被破坏，但是已经不能住人了。政府作为日后老房子“遗存”之目的就没有拆除。

个案2－14：塔哈仓

“塔哈”是我们家族的“如巴”，虽不知道什么意思，但是应该跟地理位置无关。因为除了我们新寨塔哈仓以外，另外还有赤塔哈、布塔哈、然吾塔哈。虽然大家都分散生活在结古不同的地方，各住各家，但我们是亲戚，相互都有来往。近些年，所有塔哈家族的人每年夏季都会举行一次家族聚会。去年赛巴活佛70诞辰时，所有塔哈家族的人都被邀请到赛巴庆祝。

“道果”（上方）和“塔哈”（下方），如果按字面理解，都跟地理方位有关。因此，很容易理解成位于村子的上方或者下方，村里的人也是这么认为。但通过个案我们发现事实并非如此。

个案2－15：拉秀仓

大家都管我叫拉秀·ADJ，我今年70岁。事实上我父亲是塔哈仓家的儿子，母亲是拉秀仓家的女儿。早在我母亲的父辈时就应该定居生活在新寨了。而且有可能是从拉秀迁徙过来的，就一直以这个族籍作为母亲她们家族的“如巴”。我的阿聂（外公）算是个比较有能力的人，早前拉秀仓的房子在嘛呢通（现嘉那嘛呢广场处），准备盖两层房时没有获得扎武头人的准许，怕高出嘛呢石堆的高度。我自己另立门户时父母在“妈康”（老宅）处割了一块地给我，后来20世纪90年代时因河水泛滥，房屋几次被冲垮，就搬到现在的这个住处（巴哲若哇）了。

拉秀，是结古镇辖属的一个乡，距结古镇约86公里。多瑞“囊它”中记载了“拉秀本仓”（རག་ཤུལ་དཔོན་ཚང་།，拉秀头人）这样的家族名。因此，从该家族名中的“本”（དཔོན།）字来判断，拉秀仓当时还是地方上的一个头目。

个案2－16：安切仓

据现在安切仓的子嗣讲，他们的家族名可能跟早前他们的祖辈从事“安切”（ཨ་མཆོད།）① 这一职业有关。以前他们这个家族有很多出家人，都是结古寺有名的僧人。结古寺曾一度出现僧侣纪律松弛的现象，“秋莎”（铁棒喇嘛）担心继续下去后果会不堪设想，就找安切喇嘛出主意。安切喇嘛是当时寺院德高望重、资历较深的老僧。他就想了个办法，告诉秋莎说，明天早上上堂我故意来迟，然后您把我狠狠地抽打一顿。次日，安切喇嘛故意迟到，被秋莎打得半死不活，大家见状，觉得秋莎连安切喇嘛都不放过，心生畏惧。从此，寺院的纪律有所好转。

今天安切仓的子嗣是沿用了母亲家族的“如巴”。安切仓女儿留守家业时，洞那仓的儿子（GSDJ）入赘到安切仓当了“玛巴”（女婿），延续了安切仓的“如巴”。另外，也有当时安切仓把家里的儿子送去寺院出家为僧的原因。

---

① 经忏和尚，下乡登门串户为人念诵经咒禳灾祈福的僧徒或在家佛教职业者。与阿吉兹在定日社会研究中谈论的平民成员——“赛吉”（སེར་ཁྱིམ།）类似，都是为附近村落的家庭提供宗教服务，获取微薄的收入。不同的是“赛吉”偶尔也有女性充任，而“安切”只能是男性担任。详见［美］巴伯若·尼姆里·阿吉兹著，翟胜德译：《藏边人家——关于三代定日人的真实记述》，西藏人民出版社，1987年，第83—100页。

个案2-17：洞那仓

新寨有很多洞那仓的后裔。洞那家族的人很肯定家族的“如巴”与地形有关。因为早前洞那仓的房子建在西巴永茨山东山脚下（གདོང་སྣ།），就以所处的地理位置命名为家族名。

昔日多瑞驾临新寨之始，与这个家族的洞那·噶松邦结下了不解之缘。“囊它”中记载了他们之间发生的有趣故事。洞那·噶松邦对多瑞侍奉有加，嘉那嘛呢石奠基时，多瑞命他从勒茨曲果处往西边射箭，以“一矢之距”测定今后嘛呢石创建大小规模。因此，这是洞那仓后裔时至今日引以为傲的事情。

多瑞“囊它”中作为施主侍奉多瑞提到的只有洞那·噶松邦，却不曾提及新寨当时其他经济实力雄厚的家族人名。多瑞当初作为一个云游四海的瑜伽师，在他来到新寨时，除了受到当时家境贫寒①的洞那仓父子侍奉以外，其他人应该没给予足够的重视和接待。田野调查期间，笔者也曾听一位老人提过，昔日有些新寨老人嘲笑说：“多瑞的嘛呢石快要消失在杂草丛中，还谈什么今后会变得像圣城拉萨一样雄伟壮观”。洞那·噶松邦对多瑞侍奉有加，使该家族的成员及村里的老人都深信洞那仓家业后来蒸蒸日上的原因归于此。而今，在新寨能遇到很多自称自己是洞那家族后裔的人。

从以上的几则个案中我们发现，大家都用“XX仓”来称某一个家族，而且把“代念”（དུད་མིང་།，户名）② 视作“如巴”，并世代延用。每个家族的“如巴”命名方式不同，有的依活佛（道果仓）、有的依迁徙地（拉秀仓）、有的依地形（洞那仓）、有的依职业（安切）等等，也有不知情者（塔哈）。除此之外，还有以地方名作为家族名（新寨仓）的。在新寨，每个家族“如巴”的命名不外乎以上

① 洞那·噶松邦初遇多瑞时，多瑞向他化缘，洞那把自己刚挤的牛奶倒入多瑞碗里时，担心倒不满，可结果牛奶却溢出了多瑞的碗。

② 这里的家名དུད་མྱིང་།或དུད་མིང་།不同于房名。

这几种方式，笔者仅以这几家为个案。根据藏族的习俗，一般忌讳叫过世人的名字，因此，为了避免这样的情况，一般的平民就以其房屋所处的地理位置、家长的职业、迁徙地等作为家名。久而久之，这种家名变成了“如巴”。而且“如巴”的延续，不局限为家里的子嗣（男性），也有以入赘的方式延续。

可见，骨系的名称并不完全是骨头的名称，但它都是代表了一个共同祖先的继嗣群。[1] 不管社会地位如何，几乎每个家族都有各自家族“如巴”可以追溯。除非有些是祖先时代穷困潦倒，被世人叫做“仲布”（སྤྲང་པོ།，穷人）而无人问津。但“如巴”却不见得可以辨别社会地位、等级。而且“如巴”按照人体内的“骨”来理解，也辨别不出哪个等级高或哪个等级低。如同汉族的姓氏一样，仅从姓氏无法辨别社会地位的高低。因此说，辨别家族社会地位及等级的更多是借助“冉”。

有趣的是笔者跟村里的老人了解“骨系”问题时，当地的一位老人 GY 说：“在以前，有‘如巴’就意味着是富人家或者大家族，由此受牵连。大家都不愿承认自己是属于这个‘如巴’的后代。但是现在情况刚好相反，没有‘如巴’也硬要在各自的名字前面加或者再造一个。”可见，如今在大家眼里，“如巴”是表明家族历史久远，且有身份、社会地位较高的一种象征符号。也就不怪学术上对“如巴”和“冉”不加辨别。

二、亲属：血缘、姻缘及地缘

在新寨，如果按照“如巴”来划分亲属关系，如弗里德曼在南方汉人社区研究发现的那样，社区就会是一个“膨胀了的家庭”。[2] 家户与家户的亲属关系主要分为血缘和姻缘两种基本形态。另外，地缘关系也是作为一种亲属关系的“延伸”形式在村民日常生活中发

---

① 格勒、刘一民、张建世、安才旦编著：《藏北牧民——西藏那曲地区社会历史调查》，中国藏学出版社，2004 年，第 206 页。

② 莫里斯·弗里德曼著，刘晓春译，王铭铭校：《中国东南的宗族组织》，上海人民出版社，2000 年，第 2 页。

挥着重要作用。通过这种亲属关系，增强着彼此之间的感情和认同感。

（一）血缘和姻缘

在中国的每一个地方，几个紧密相连的家庭是构成乡村社会的基本单位。[①] 新寨作为三江源地区一个传统的藏族村落，也是如此。构成这个社会最小的基本单位就是家庭。而这些家庭之间的关系就是以血缘、姻缘及地缘关系组成的亲属组织。然而，这种互为亲属的人，比如几兄弟或几个堂（表）兄弟，如果他们分开居住，那么仅从他们的名字上看不出他们之间的亲属关系。[②] 这比汉人社区，尤其在东南地区的宗族组织中的亲属关系更令人费解。[③] 但是村里的人，尤其年长者对每家的亲属关系都了如指掌。甚至远到外村与村里住户的父方和母方有着怎样的关系都能一一对应，能交织出一个亲属线团来。这说明，玉树曾经还是地广人稀，以至于生活在这里的人即使不在同一个村子里，也能掌握家户与家户之间的关系。这种被称为血族的亲属集团，是根据父母双方的血统确定的，包括人们所有的血缘关系的亲戚，母方亲戚和父方亲戚在血统上同等重要。[④] 正因如此，笔者在厘清村里家户之间的关系上花费了不少时间。除了父亲和母亲双方共同的血缘关系以外，姻缘关系是仅次于血缘亲属的次生亲属集团。而这种次生的亲属关系，在日常交往中更多的是表现在婚丧等人生重大的事情上相互帮忙和慰问等。它不同于血缘亲属关系那样在日常交往中联系密切。这种以血缘和姻缘关系为基础的亲属集团构成了新寨村复杂的社会关系网。

如此看来，一个家户的子女越多，就意味着该家庭的亲属集团会

① 莫里斯·弗里德曼著，刘晓春译，王铭铭校：《中国东南的宗族组织》，上海人民出版社，2000 年，第 1 页。

② ［美］巴伯若·尼姆里·阿吉兹著，翟胜德译：《藏边人家——关于三代定日人的真实记述》，西藏人民出版社，1987 年，第 130 页。

③ 莫里斯·弗里德曼著，刘晓春译，王铭铭校：《中国东南的宗族组织》，上海人民出版社，2000 年，第 1—2 页。

④ ［美］巴伯若·尼姆里·阿吉兹著，翟胜德译：《藏边人家——关于三代定日人的真实记述》，西藏人民出版社，1987 年，第 130 页。

越壮大。但是有一点要注意的是，这种情况大多数是发生在大家族中。从这些大家族的联姻关系来看这种“膨胀式的家庭”更为显著。

（二）地缘关系

由于所有的亲戚不住在同一个村落里，平日能伸出援手紧急救难的，多半是鸡犬相闻、整日相处的同村邻居。[①] 家庭作为个体要在社会环境中立足，不仅要处理好与血缘、姻缘间的关系，同时还要与身边邻里处理好人际关系。在新寨，村民相互之间都很熟悉，即使住在村子的两头，但只要是新寨（包括邻近的村落）“麻麻依依”[②] 人家的孩子，都会向村里的大人们问好，叫阿佳、阿吾。例如，村里的大人（较年轻）和孩子们都管 AJC 老人叫“阿雄”（ཨ་ཞང་།，舅舅），实则上他们之间没有半点亲戚关系。这样的例子不胜枚举，对于住在自家左邻右舍的大人，小孩们管男的叫“阿克”（ཨ་ཁུ།，叔叔）、女的叫“阿尼”（ཨ་ནེ།，姑姑）的现象比比皆是。

仅以盖房为例，就可以了解昔日村民之间的关系有多密切。若是哪家房屋要封顶，全村每家至少会派一名代表（若是两家关系好还不止一人）去帮忙。以前，村民的房屋都是土木结构，封顶时大家都是把土装入袋子人工扛上房顶，很费力气。这一天的伙食也是盖房的那一家来准备，而且会尽最大的努力招待大家。另外，若是哪家买了牛粪，左邻右舍都会帮忙卸车。村里的一位阿姨还告诉笔者，以前社有个不成文的规定，就是哪家有人去世，所有社的成员每家要带自己制作的酥油灯和慰问金去吊唁，另外还要刻 25 块“博麻”（འབོད་མ།，当地刻制方式）嘛呢供放到嘛呢石经堆上。当然，除了该社的成员外，遇到这样的情况，村里的其他家户知情后也会纷纷前去吊唁。

---

① 朱文惠：《佛教寺院与农牧村落共生关系——中国西南藏族社区研究》，唐山出版社，2002 年，第 93 页。

② 意为土生土长，在新寨除了这个词以外，也用“ཕྱི་རྫོན་པ”来表示“当地人”。

个案2-18：阿吾DHGY老伴去世时，受到了亲戚、邻里的慰问和帮助

2016年孩子们的母亲去世时，亲戚朋友，包括村里人给的慰问金加起来有8万元左右，然后家里又添了几万元。这些钱全部用来做法事。寺院超度仪式上念经布施了38000元，萨迦祈愿大法会时布施了4万元，自己雇人刻了两部《解脱经》。另外在色达、亚青等各大寺院也布施了几千块钱。我们做的这些如果可以帮孩子们的母亲得以解脱的话，也就心满意足了。现在我们能为她做的也就只有这些了，加上我们自己为她念经、转经。其他的我们也无能为力了。

可见，除了复杂的血亲和姻亲关系之外，地缘关系也是维持村里人际关系和谐的重要因素。李锦在嘉绒藏族社会结构研究中也发现，社会结合的纽带是以地缘性因素为主，地缘性与血缘性因素共同作用，且关系平等。[①] 这与新寨村的情况如出一辙。

第三节　婚　姻

笔者在新寨田野调查期间，随着访谈人数的增多，发现很多人都是血亲或姻亲关系。不是母亲一方的亲戚，就是父亲一方的亲戚。此外，还有各自子女婚配对象的姻亲。但相比而言，父方和母方的“骨系”血亲会看得更重。

这一节，笔者将会解决以下几个问题：新寨村的婚姻类型与其他早期研究传统藏族村落的婚姻类型有何异同？不同年代的人对择偶标准以及生育观念又发生了怎样的变化？这些问题有助于我们了解新寨村人与人、户与户之间以及整个村子是处在怎样的社会关系网络中。

① 李锦：《家屋与嘉绒藏族社会结构》，社会科学文献出版社，2017年，第249页。

一、婚姻

中华人民共和国成立前，玉树地区藏族婚姻以一夫一妻者居多，亦有一夫多妻、一妻多夫者。所谓一夫多妻指姊妹数人合赘一婿，有别于内地的娶妻纳妾。一妻多夫指兄弟数人娶一妻者。①

（一）婚姻类型

血统关系是确定能否发生性关系及结婚的第一步。② 新寨村的婚姻类型主要是以对偶婚为主，即一夫一妻制。这种一夫一妻制的婚姻类型在当地人看来是最正常不过的事情。不过在新寨也有兄弟共妻和姐妹共夫的多偶婚家庭。

个案2－19：扎武仓

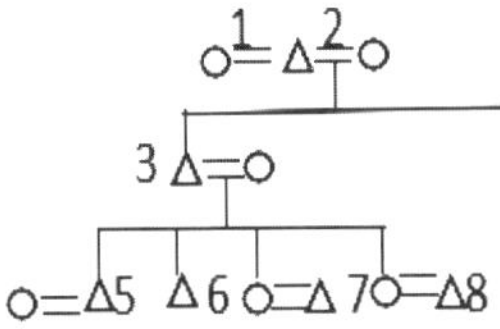

从扎武百户JM的两起婚姻来看，先是娶了新寨仓的女儿1，后来因为无子嗣又娶了村外一个大家族的女儿2（哲米OZ之妻的妹妹）。但是新寨仓的女儿并没有因为无子嗣而离开扎武仓，而是以“纳玛”（妻子）的身份一直生活在扎武仓家里直到她去世为止。

关于扎武仓的家庭情况，当地的老人都比较了解，有关该家族的信息，笔者都是通过新寨当地的老人讲述而得知。

个案2－20：新寨仓，两代兄弟共妻

新寨仓有两代实行了一夫多妻制，即（1）和（3）。向笔者提供

---

① 玉树藏族自治州地方志编纂委员会编:《玉树州志》,三秦出版社,2005年,第119页。

② ［美］巴伯若·尼姆里·阿吉兹著，翟胜德译：《藏边人家——关于三代定日人的真实记述》，西藏人民出版社，1987年，第130页。

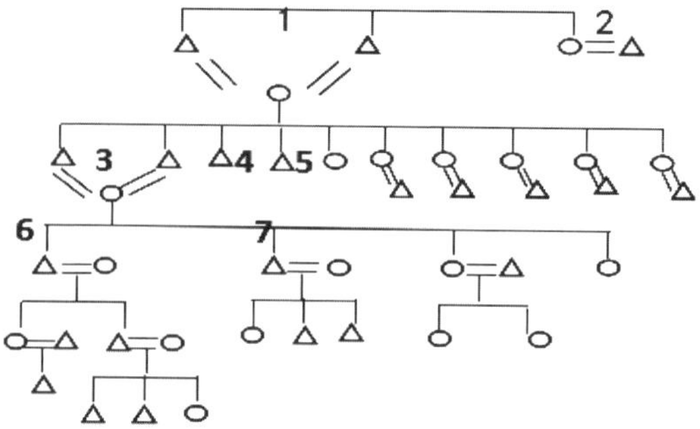

信息的是新寨仓的后代阿吾GW（7），他有两个父亲（3）。

“文化大革命”时期他家产全部被没收，两位父亲也因为戴有“萨道”（地主）的“帽子”而入狱。两位父亲都已去世。母亲健在，94岁高龄。兄妹4个中他排行老二，哥哥（6）去世2年多，但是这件事情至今还隐瞒着年迈的母亲。2个妹妹中一个已婚，一个出家为尼在结古寺属下的尼姑寺，但寺院没有建好之前与阿吾GW一同住在新寨仓老宅侍奉母亲。尼姑寺建好以后，她就的按照寺规住在寺院。已婚的妹妹虽然已出嫁，但是也会时常回家照顾母亲。

除了他的两位父亲是兄弟共妻外，他的两个爷爷的婚姻也是如此。当时，他们兄妹3人，两兄弟共妻娶了村外的一个大家族莫洛藏巴仓的女儿为妻（1），生10子，四男六女。4个儿子中2个被认定为转世活佛，分别是夏河一个寺院（4）和拉布寺的活佛（5），另外2个兄弟就是他的父亲。

在阿吾GW看来，父辈这种“兄弟共妻”的婚姻形式有利于调和家庭关系、保障家庭经济及人身安全，尤其是在经济方面。他说：

对于一个富户人家来讲，家里男性成员越多其家庭经济财富就越能够得到保障。以新寨仓当时的情况来看，两个兄弟中如果一个人外出经商，另一个就留在家里。以前没有什么职责部门来确保社会治安、管理偷盗等事宜，这些全都要靠自己防卫。阿吾GW拿早期房屋建造时要考虑的两个重要因素，即防水和防盗为例说，房子一般都建在不受洪水威胁的地方。新寨仲巴就是处在一个地势较高的位置上。另外防盗方面，早前富户人家房子建造时朝外的窗子都很小。或者建成四合院带天井式的房子，窗户不朝外。这些富人家里都配备枪支和马匹。

阿吾 GW 爷爷辈只有 2 个兄弟，父辈 4 个兄弟中 2 个是转世活佛，剩下 2 个兄弟为了顾大局也只好实行兄弟共妻。因此，新寨仓当时实行兄弟共妻有其特殊性。

个案 2－21：姐妹共夫

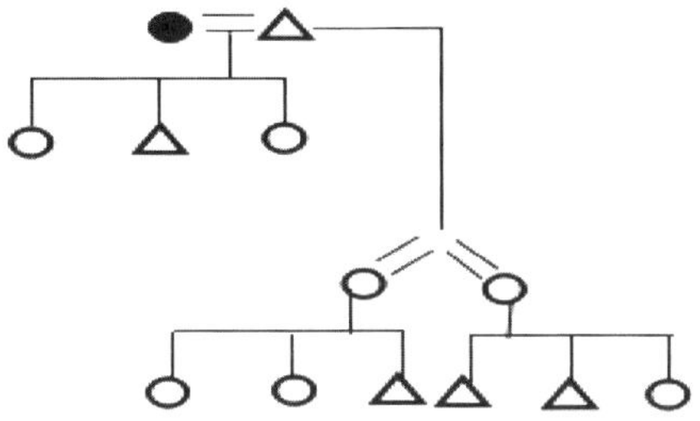

妻子 BYZM，67 岁，新寨一社人。3 个孩子，两儿一女。有一个姐姐，已去世 2 年多，也有 3 个孩子，两女一儿。1958 年时她才 7 岁，没有属于自己的房子，就住在“尼丛”① 郭拉仓家里。父亲给别人家干点活，人家拿青稞或糌粑作为报酬。两姐妹乞讨要点糌粑和青稞。同时也刻嘛呢石，那时候石头都是自己从多索拉那里背回来，不要钱。生活来源就靠刻嘛呢石和乞讨。后来跟赵叔结婚后。为了养活一家老小，他退休以后干点屠夫活，给村里人宰牛羊挣钱或要点食物。有些人家给牛羊头或者内脏作为报酬。后来好不容易把女儿供到民师，结果到现在她们那一届的学生还没有安排工作。去年说要安排，最后也不了了之。孩子们长大以后赵叔年纪也大了，就让孩子们去干活，他自己每天去转转经。

① གནས་ཚང་།：借宿、寓所。

这里的赵叔，实际上是上文个案 2－1 中提到的那位老人。现在他们一家人住的这所房子是地震以后妻子去求村委会领导要到了一块地皮盖的新房子。直到现在家里还是靠刻嘛呢石为生。

起初，赵叔没有直接告诉我他是跟两姐妹结的婚。后来在与阿佳 BY 和她的女儿聊天中才了解到。可见，这种多偶婚在当地还是少见且不太好“开口”。从赵叔一家的情况来看，虽然赵叔是拿工资的人，但是仅靠他一个人的能力来养活一家老小七八口人实属不易。他退休后干点屠夫活，说明生活上还是存在一定的困难。

除了上述 3 个个案是多偶婚以外，在新寨笔者再没有发现其他类似的案例。而这 3 个个案都比较特殊。从上述 3 个个案中我们可以发现，兄弟共妻发生在富裕家庭（扎武仓、新寨仓），而姐妹共夫发生在贫苦家庭（赵叔一家）。这与马戎先生研究藏族（西藏）婚姻得出的结论是一致的。[①] 此外，新寨的一夫一妻制婚姻，与阿吉兹在定日调查所获取的信息也有一定的相似之处。最常见的是在这个谷地（村内）选择姻亲，经过若干年，许多人家便和整个地区建立起姻亲关系。可以断定，除了最近才迁来的人家外，每个家庭都在村子里有亲戚。共同的宗教感受、商业联系和姻亲联系，增进着人们之间的友谊，这种关系也扩展到村庄之间。[②] 另外，再婚现象都是在夫妻双方中有一位不幸去世时才作出的选择（扎武仓例外）。

（二）择偶标准与生育观念

1. 择偶标准

要了解人们的择偶原则（选择范围）和标准（具体各方面的要求），最重要的客观尺度是结婚时（而不是进行调查时）双方各方面情况的比较。[③] 藏拉在研究玉树藏族婚姻时指出，在贵族阶层，门当户对的等级观念成为青年贵族子女婚配的主要形式。除了政治和经济上的考虑外，注重男女青年的家族“骨系”和“家风”，是普遍看重

---

① 马戎：《西藏的人口与社会》，同心出版社，1996 年，第 295 页。

② ［美］巴伯若·尼姆里·阿吉兹著，翟胜德译：《藏边人家——关于三代定日人的真实记述》，西藏人民出版社，1987 年，第 17 页。

③ 马戎：《西藏的人口与社会》，同心出版社，1996 年，第 312 页。

的婚姻价值观念。[1] 下面的个案就是新寨早期大家族之间择偶的一个实例。

个案2-22：早期大家族的择偶

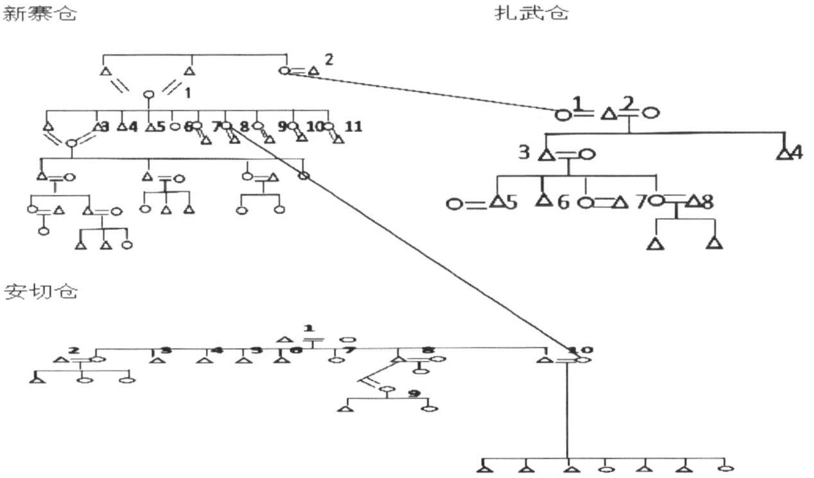

从扎武百户JM的两起婚姻来看，他娶的第一任妻子是新寨仓的女儿1，后娶的妻子也是一个大家族的女儿2。第二任妻子生了两子。其中儿子4在父亲去世后去拉萨修行时选择了出家。而另外一个儿子3继承父业，娶了东坝百户家族的女儿，生4子，两男两女。现最小的女儿8是萨迦圆满宫达钦法王[2]之子的"达嫫"，生二子。

从新寨仓的婚姻来看，除了女儿2嫁给扎武百户仓以外，下一代的6个女儿中，一个出家为尼（6），其他5个（7、8、9、10、11）中，2个女儿嫁给了新寨当地另外两个大家族（一个是安切仓），其他3个嫁给了村外贝热若哇的贝热仓、结古的曼秀仓和娘文仓。这些家族都是在当地的大家族行列中。

关于安切仓，安切仓当时家里只有一个女儿（1），儿子出家为

① 藏拉：《现代化进程中玉树藏区社会文化变迁研究——以结古镇为个案》，中央民族大学硕士论文，2009年，第16页。

② 萨迦达钦法王（1929—2016），1929年出生在西藏西南部的昆氏彭措颇章，1960年定居美国西雅图，是美国西雅图藏传佛教萨迦寺庙的创始人。

僧。因看重洞那仓儿子品格端正，就认作“玛巴”入赘到安切仓，并把骨系延续了下来。后来有8个孩子，六男两女，大女儿（2）嫁给了结古索保仓的儿子，另外一个女儿（7）出家为尼。6个儿子4个已去世，8的前妻去世，又跟结古镇上的人结婚，生两子都在结古生活。今天在新寨生活的只有安切仓老幺（10）夫妻俩（妻子是新寨仓的女儿）的7个孩子。

另外，新寨村最不幸的一个大家族——哲米仓，现无后人。哲米仓的独子哲米OZ娶莫洛仓女儿（扎武百户第二任妻子之妹），20世纪70年代之前其家产（房屋、土地）在新寨也是数一数二的。“文化大革命”时期男女主都不幸离开了人世。据村民介绍，这个家族世代出高僧，第五世嘉那活佛昂旺·蒋巴仁青（ངག་དབང་འཇམ་དཔལ་རིན་ཆེན།）就是该家族的后嗣。

可以发现，早期不同阶层的人有着不同的择偶观念。从个案2－22中的几个大家族的联姻情况来看，贵族阶层在择偶标准上都是实行等级内婚，注重骨系、门第和人品。且择偶范围不仅仅受限在村内，也扩大到村外。只因村内的大家族数量有限，就选择与村外的大家族联姻。

民主改革以后，人们择偶标准不再受制于传统的等级观念，更多是开始趋向教育水平、家庭经济条件和职业情况①。除了没有上学一直在家刻石的年轻子女选择跟村里其他同龄人（没有血缘关系）或与迁居到新寨的外来人通婚外，那些外出上学扩大了社交圈的年轻人，更多是选择与村外结识的人结婚。他们不再束缚于家长的包办，都是选择自由恋爱。但是在父母看来，婚姻注重骨系和人品永远都是不变的“真理”。近年来，这种传统择偶观念又开始出现复兴的迹象。一般家庭的子女如果与当地真正的大家族通婚，不论经济水平，就凭该家族的“骨系”和“人品”，也认为是件荣耀的事情。在外来

① 藏拉：《现代化进程中玉树藏区社会文化变迁研究——以结古镇为个案》，中央民族大学硕士论文，2009年，第16—19页。

人口增长的今天，大多数村民还是希望自己的子女找的对象是结古地区“麻麻依依”（土生土长）人家的孩子，毕竟“麻麻依依”的人怎么说都是“自己人”。

个案2-23：早期普通（贫穷）家庭的择偶，阿佳CRYJ，75岁

我的父母是新寨人，小时候（7岁多）因家里穷，就把我送到我母亲的一个朋友家里。他们是巴塘人，也是一户贫穷人家，但是他们夫妻俩没有孩子。现在我的亲生父母和养父母都不在了。父亲是杂瑞仓的儿子，母亲是易果仓的女儿。我的养父是在63岁时去世的，养母是在82岁时去世的。那时正好在修建当代电厂，干活的全都是当地人。我在那里遇到我现在的丈夫（汉族），后来我就从巴塘到了阿忠绒巴。我们夫妻俩原本有6个孩子，养活了4个。我的养父母去世以后，我们觉得新寨好就搬了回来。

从个案2-23反映的情况来看，与那些大家族的婚姻观相比，早期普通（贫穷）家庭的择偶观比较随意，没有太多的讲究，二者形成鲜明的对比。对此，玉树地方志中也能找到些相关依据，有记载：

青年男女交往非常自由，若双方相悦，即结成夫妇。此后若反目，则各奔东西，另觅所爱。除百户等贵族外，鲜有行礼者。成则合，不合则散，结合离异，非常自由。视表兄弟、姊妹为同堂血缘之亲，虽疏远亦不得相互嫁娶。女子外嫁者少，男子入赘者多，女子出嫁多以牛羊、衣物等为陪嫁，男子入赘亦给一枪一马。结婚年龄在16岁以上。①

可见，早期普通平民的婚姻较“自由”，且成婚早。

2. 生育观念

从新寨早期的生育状况来看，人们最多生10个或者10个以上，

① 玉树藏族自治州地方志编纂委员会编:《玉树州志》,三秦出版社,2005年,第119页。

最少生1—2个（且有些是私生子），平均每户为4—5人。1983年12月12日，玉树藏族自治州第六届人民代表大会常务委员会第十二次会议通过并颁发《玉树藏族自治州计划生育暂行颁发》,[①] 但是早期国家的计划生育政策在玉树这样偏远的高原地区并没有得到彻底的落实。村里的一位老人对笔者讲，我们这一代（20世纪五六十年代）的人，孩子多的有9个、10个，孩子们长大后结婚成家单独生活，最多也就生一两个孩子。一个大（核心）家庭又组成了几个小（主干）家庭。所以新寨人多半都有亲戚（血亲、姻亲）关系。有工作的人都把房子买在结古，生活在楼房里。生活在新寨的绝大多数是我们这些父母辈的人。

3. 继承与赡养

关于财产继承，《玉树调查记》中记载：

番人承袭产业之制，不重血统。无子或子为僧，则以女继之；或赘婿生子、或私生子，皆以为孙，无男孙或男孙为僧，女孙亦可继嗣；复赘婿，或私生子，听其自便，以至无穷焉。女兄弟之子，视犹子也。无子女及甥，则以产业输之寺院。[②]

时至今日，财产的继承观念依旧大致如此。在新寨，有一对老夫妻，他们无子女，去世后村民就把他们的房子交给了寺院。寺院接手以后，现已出租给来此做生意的人。寺院出租的房子价位比其他相邻的租金更便宜，每月租金为1000元，而其他同一个地段的房子价位都是2000—3000元左右。

村里不管是儿子还是女儿都会竭尽所能地赡养父母。在藏族人的观念里，作为子女，即使是赡养父母一生也不足以偿还父母的养育之恩。一般情况下，父母会把有能力赡养自己的子女留在身边，而那些成家独立门户的子女也会随时回家看望父母。另外还有一种情况，父

① 玉树藏族自治州地方志编纂委员会编:《玉树州志》,三秦出版社,2005年,第126页。
② 周希武编著，吴均校释:《玉树调查记》，青海人民出版社，1986年，第86页。

母把能力较差的子女留在身边，以便对他们有个照应。

二、族际间的通婚

民族通婚率是测度两个民族之间关系的一个重要尺度。[1] 新寨村主要有汉藏和回藏两种通婚现象，笔者知道且访谈过3例回藏通婚、11例汉藏通婚。

个案2－24：PX仓女儿的婚姻

PX仓，8个孩子，四男四女。4个男孩中老大是结古寺“扎哇”（གྲྭ་པ།，僧人），1958年时逃离不知去向。老二是世俗之人，妻子是果吾人。当年他们逃到了印度以后因为中暑就死在了那里。他们有一个儿子（不是亲生）去了美国读书，然后就留在了那里。老三就是我的父亲，在牧场待了很多年。后来回到新寨就在这里去世的。老四也生活在新寨，去世比我父亲早，是因为他嗜酒如命。说到4个女儿，就要追溯到马步芳军队来玉树统治时期。结古若哇和新寨若哇在“罗萨”期间相互比输赢要跳“依”（舞蹈）。当时有一个女儿作为新寨代表参加舞蹈演出。可能她长相不错，就被马氏的一个阿訇给看上了。给了她五发子弹作为定情的信物，让她当他的妻子。全家人包括她自己对这桩婚姻都很不情愿。但是在当时的那种强制情况下，一家人都无能为力，就让他们把女儿给强行带到结古去了。之后不允许家里的父亲和兄长来看望她，生怕会给她出什么主意教坏她。只允许家里的姐姐们偶尔去探望一下。后来她的姐姐去看望她，相互之间捎话，就这样过了一段时间。有一次她捎话说，她的丈夫每晚都会出去磕头，把她一个人锁在家里，要哥哥们趁那个时间来解救她，她会在“尕格”（烟窗）底下等着他们。我的父亲就按照他妹妹说的那样去解救她。他见那个阿訇晚上出门把房门锁了，就偷偷地爬到房顶，从“尕格”喊妹妹，她就在那里等着。哥哥用绳子把她从下面拉了上来。两个人跑到在寺院的哥哥那里，哥哥告诉他们寺院里不可久留，

[1] 马戎：《西藏的人口与社会》，同心出版社，1996年，第319页。

要是马氏的人知道了，后果会更严重，说不准寺院也要受牵连。就让他们俩在他那住了一晚。家里的老二是个脑子比较聪明、较有主见的人。原本我父亲跟家里人商量，说他带着妹妹远走，去一个偏远的牧场找他的朋友，起码生活上没有问题。但是家里的老二经过缜密的考虑，说就这样逃跑不好，可能马氏的人还会找到家里来要人。就要他们两个人先躲在村子后山西坝依慈山的柏树林里，看情势发展再做决定。结果马氏真的来人，把他们的双亲给抓走了。毒打两个老人，要他们交出他们的女儿。老二觉得再这样下去父母亲会被他们打死，最好的解决办法还是把妹妹送回去，这样大家都可以留个活路。后来还是把妹妹送了回去，两位老人也放了回来。只是父亲因为被他们打伤，两个月以后因为伤口感染就去世了。母亲在床上养病躺了一年多好转，后来她也生病去世了。

另外还有一个女儿也跟了一个回族人，是个工匠。不过，她是自愿跟这个人一起走的。“超龙”时跟着家里人一起逃亡，直到后来1963年左右回到新寨。之后，她跟着她的回族丈夫回了他老家，就再也没有联系来往过。三女儿是跟新寨当地人结婚的，现在已经去世了。四女儿是跟我舅舅结的婚，因为生病在地震前不久去世。

PX仓两姐妹回藏通婚案例告诉我们，早期不同民族间除了“自愿”外，也不排除“强迫性”的通婚，而现在双方都是自愿的。不过，回藏通婚相比汉藏通婚还是较少。笔者在新寨仅发现1例，来自青海民和的马叔跟当地人结婚生子定居生活在新寨。如今，他的女儿都已结婚生子。不过，当地人都把他当半个藏族人看待。笔者初次找到马叔家的时候没人，但是留下的印象很深。家门前的巷道收拾得很干净，铁门两边红砖的门墙，用一块狮子头像的瓷砖镶在中间，上面写着汉字“财源广进、金狮迎门”，院落里挂着经幡。等到第二次来到马叔家时，他和他的孙女在家制作酥油灯。他一口流利的藏语，跟笔者对答如流。他坦言，刚结婚那会儿双方条件都差，他曾经干过屠夫活、跑过车拉沙石。不过，现在生活条件已经好转，女儿也有正式的工作。但是当笔者想了解他的婚姻状况时，他不愿多说什么。考虑他的感受，笔者就没有追问下去。如今他已经生活在新寨20多年。不仅新寨当地人知道他，刚搬来新寨不久的邻居（外来人）也跟他很熟。

与回藏通婚相比，汉藏通婚的现象较普遍。在上文迁入人口一节中提到，当时因为修路、建电厂和冷库等原因来了一批汉族人。他们中有的留下来与当地妇女通婚。此外，还有一些是来自内地的菜农，① 来自河南的曹叔便是其中之一。

个案2－25：来自河南的曹叔，67岁，现住嘛呢通

我1988年来到新寨，一直以种菜为业。那时我30出头。到现在已经20多年了。我的一个叔叔1958年左右来到结古。后来，他就留在玉树种菜。那时，家里生活条件不好，他就发电报叫我过来跟他一起种菜。到结古不到一个月我就认识了我妻子。她是小苏莽人，前年去世。我们俩成家有了3个孩子，一儿两女。后来我们跟叔叔在州上种了2年左右的菜。1990年，我们就自己到新寨种菜，当时在肉联厂后院有20来亩地。我们一直在那里整整种了10年的菜。1997年我们自己在新寨买了一块地，花了4000多块钱，自己找人盖了房子。我们家这块儿都是冷库的地。后来在新寨成立了农科所，我就一直在农科所种菜到现在。虽然来这已经20多年了，但是不会说藏语，因为种菜跟当地老乡交流少。生活上，与以前相比确实是有了很大的改善。

从新寨的不同民族通婚现象来看，一般都是男汉女藏或男回女藏。女方均为当地的妇女，且结婚时期双方的生活条件都不好。如今，生活条件比之前都有了显著的改善。但是，笔者没有发现一例男性藏族与其他民族的妇女通婚的现象。村民也指出，到目前为止此种

① 马戎指出，自清末在川西和甘青藏族地区实行改土归流之后，政府大力发展农业，一些汉人进入藏族地区开垦荒地，并与当地藏族结婚。详见马戎：《西藏的人口与社会》，同心出版社，1996年，第318页。

现象还没有先例。从历史上看，康区人的强悍好斗特点表现得十分突出。[①] 尤其是男子，更强调“康巴汉子”的气度。足以说明，与外族通婚除了经济因素以外，文化因素也不可忽略。

第四节　家　庭

在中国人的观念里，所谓“家”是指共同住在一个门墙之内的人，它所涵盖的范围包括了已故的家人、现在生存的家人，以及尚未出生的家人。[②] 费孝通先生指出，农村中的基本社会群体就是家，一个扩大的家庭。这个群体的成员占有共同的财产，有共同的收支预算，他们通过劳动的分工过着共同的生活。儿童们也是在这个群体中出生、养育并继承了财物、知识和社会地位。[③] 藏族人观念中，“家”有好几种说法：(1)“强目”（ཁྱིམ།），指家宅、家庭，长期安家落户之处；(2)“农”(ནང་།)，指内部、秘密、家或家庭；(3)“仓”(ཚང་།)，指家、寓所、巢穴。[④] 日常生活中，这些词汇都比较常用。

一、家庭规模

家庭人口数是考察家庭规模的一个基本指标。[⑤] 1949 年玉树解放时，全州共 25500 户，户均 4.76 人；1959 年，全州共 30740 户，户均 5.46 人；到 1996 年增至 48931 户，户均 4.98 人。[⑥] 笔者根据新寨 478 户的家庭人口数，对当地的家庭规模进行了分析，如表 2－5 所示。

① 石硕：《关于“康巴学”概念的提出及相关问题——兼论康巴文化特点、内涵与研究价值》，载罗布江村主编，赵心愚副主编：《康藏研究新思路：文化、历史与经济发展》，民族出版社，2008 年，第 32 页。

② 宋光宇：《宗教与社会》，东大图书股份有限公司，1995 年，第 366 页。

③ 费孝通著，戴可景译：《江村经济》，北京大学出版社，2012 年，第 23 页。

④ 张怡荪编著：《藏汉大辞典》，民族出版社，1993 年，第 259、1502、2251 页。

⑤ 格勒、刘一民、张世建、安才旦编著：《藏北牧民——西藏那曲地区社会历史调查报告》，中国藏学出版社，2004 年，第 189 页。

⑥ 玉树藏族自治州地方志编纂委员会编：《玉树州志》，三秦出版社，2005 年，第 120 页。

新寨家庭人口规模

表 2－5

家庭人口数	户数	所占比重（%）
1	6	1.35
2	33	6.9
3	74	15.5
4	104	21.8
5	81	16.9
6	72	15.1
7	43	9
8	34	7.1
9	16	3.3
10	11	2.3
11	2	0.4
12	1	0.2

（数据参考杨丹丹 2014，笔者统计）

从上表的统计结果来看，新寨家庭人口数中 4 口人家的比例最高，占 21.8%。然后依次为：5 口人家占 16.9%，3 口人家占 15.5%，6 口人家占 15.1%。平均每户为 5 人。需要指出的是，家庭人口数在平均人口数（5 人）以上的，父母年龄大多在五六十岁或者更大。另外值得注意的是，当地很多老人报的家庭人口数，一般都指的是夫妻二人及他们自己的子女数（包括已故的亲人），即使自己的子女有些已经独立门户没有与他们同住，也被包含在内。但已婚子女的女婿或儿媳及他们的子女却并未计算在内。因此，获得的这些人口数存在两个问题，一是主要以主干家庭人口数为主，二是统计的数据存在一定的重复性。父母把自己已婚的子女也算在内，其实真正留在父母身边的孩子不是未婚，就是一个已婚子女构成的家庭。

二、家庭结构

藏族人关于家庭的理想类型是一家三代共同生活在同一个屋檐下。[①] 1990 年，全州一代夫妇户 1351 户，占家庭总数的 3.15%；二代户 22822 户，占 53.22%；三代户 6089 户，占 15.87%；四代户 174 户，占 0.41%。[②] 玉树市民的家庭结构主要以二代户和三代户为主。

中国人对于“家”的概念跟近代人类学家所讨论的 family 有相当大的歧义。近代人类学家所谈论的 family 是以西方社会的 family 作为思考基础。西方社会的 family 是以一对夫妻和他们所生育的子女作为基本单位，称之为“核心家庭”（nuclear family）。加上父母，就成为“主干家庭”（stem family）。再加上兄弟姐妹和他们所组成的核心家庭，就成为“大型扩展家庭”（expand extended family）。这样的推算家庭方法是基于一个前提：父母的家并不等于儿子的家，而是两个相对等、独立的核心家庭。在欧美社会，一对夫妻称为 couple，有了子女之后，方才算是 family。等到儿女长大，各自成家之后，这对夫妻又回到原先的 couple 状态。[③]

至于新寨村的家庭结构，笔者根据上文中 Family 的定义，对实际准确掌握的 50 户家庭结构进行了分类，如表 2－6 所示。

家庭结构情况

表 2－6

家庭类型	户数	编号
单身	1	23
核心	23	3、7、11、13、16、17、19、20、21、25、27、28、32、33、34、36、41、43、44、45、46、47、51

① 班觉著，班觉、王旭辉译：《太阳下的日子——西藏农区典型婚姻的人类学研究》，中国藏学出版社，2012 年，第 90 页。

② 玉树藏族自治州地方志编纂委员会编:《玉树州志》，三秦出版社，2005 年，第 120 页。

③ 宋光宇：《宗教与社会》，东大图书股份有限公司，1995 年，第 366 页。

续表

家庭类型	户数	编号
主干	23	1、2、6、8、9、10、12、13、14、15、18、22、24、26、30、31、35、38、39、40、42、49、50
扩大	1	48
残缺	2	5、29

（注：编号对应附录四访谈对象）

从表2－6反映的情况来看，新寨村民的家庭结构主要以核心和主干家庭两种为主。中华人民共和国成立以后，随着生产资料所有制的变革，特别是计划生育政策的推行，改变了人们以往的生育观念，多子女家庭和几代同堂家庭呈下降趋势，一对夫妻为核心的小家庭逐渐增多。① 然而，这种划分方式与村民实际对各自家庭结构的组成观念有一些不同。对于一个家庭来讲，凡是一对夫妻所生的子女，不管其子女结婚后独立门户还是选择留在父母身边，都被认为是该家庭的成员。而且加上子女的子女长大成人，又在不断壮大原生家庭，形成一个“大家庭”。自始至终，这个大家族的重心还是在父母这一边，父母才是这个大家庭的中心。即使有些子女结婚后不再住在父母家里，他们自己的家也只是一个“摆设”，是晚上回去睡觉的一个地方。他们待在父母的家里吃饭、办事的时间要比自己家里多得多。因此，按照学科的划分，唯有从当地人居住情况才能反映是主干家庭、核心家庭，还是大型扩展家庭。实际上，当地人划分家庭结构，更多的区别在于是人数少的“小家庭”，还是人数多的“大家庭”。

总之，“如巴”作为村民们划分亲属（血亲、姻亲）关系的基本准则，不但没有随时代的变化而发生变化，反而更加强化着彼此之间的认同。“如巴”（骨系）作为当地藏族人划分亲属关系的主要依据，具有强大的凝聚力。除了以“如巴”为基准形成的亲缘和姻缘关系外，地缘关系也是维系村民感情的重要纽带。另外，早期大家族婚姻

① 玉树藏族自治州地方志编纂委员会编:《玉树州志》,三秦出版社,2005 年,第 120 页。

注重“骨系”和“门第”，与普通平民的婚姻观形成鲜明的对比。但随着时代的变迁和发展，加之教育的普及，村民子女们的婚姻和家庭观念发生了很大变化，主要体现在选择婚配对象和生育观念等方面，且不再受制于父母的干涉。

第三章 “吉哇”组织

一种封闭的或者限制局外人进入的社会关系，如果是由一些特定的个人——首脑，可能还有一个行政班子，他们通常也会拥有代表的权力——来确保秩序得到遵守，它就可以称之为一个组织。① 嘉那嘛呢创建以后，为了便于管理相关嘛呢石事宜，新寨村成立了“吉哇”组织。

事实上，在第一章新寨历史时期以及第二章一些个案中已提到了“吉哇”，本章就以“吉哇”组织为主题展开论述，并试图解决以下几个问题：何为“吉哇”？“吉哇”选举时要满足的条件及其职责？现实生活中“吉哇”如何进行管理？随着这些问题的解决，将会发现“吉哇”组织是新寨村形成一个“村落共同体”不可低估的“中坚力量”。

第一节 何为“吉哇”？

“吉哇”是藏语“སྤྱི་བ།”的音译，相关文献中，不同的学者在书写上使用的汉语音译各不相同，还没有形成一个统一范式标准。为避免在今后研究中造成混乱，笔者认为有必要对其进行辨别。

① ［德］马克斯·韦伯著，闫克文译：《经济与社会》（第一卷），上海人民出版社，2010 年，第 141 页。

一、“结巴”与“基哇”

田野调查初始，笔者在玉树州档案局查找相关历史资料时，发现早期结古寺寺院组织系统中有“结巴”一职务，记载如下：

结古结巴二人（负责商业），主管全寺商业，寺院流动公共资金约十五镱，除放账外，大部分由结古结巴操纵商业，年终结算一次，将其盈余除开支外分给僧人或供给经堂内食用。本年结古结巴为巴丁才仁，原系结古市人，常去印度经商，安切巴旦原系新寨人，曾走过一次西藏。①

另外，周习武《玉树调查记》中介绍玉树宗教一章也有“基哇”② 这样一个职务，文章中提道：

寺院所得布施金，储为公款，每年派二人管理，名曰基哇。基哇得以公款营业，得息分给僧徒。基哇除了得薪金，也有余润。寺僧朔望令节或以特别原因诵经之时，则基哇供给肉、米、茶、酪之类，寺僧余日饭食，皆由自备。

上面的两段历史材料中一个用“结巴”，一个用“基哇”。看似不同，实则上都是藏文སྤྱི་པ།之音译。按照玉树当地方言，寺院材料中用的“结巴”才是正确的读音。结巴，在《藏汉大辞典》中解释有三：(1)公共，共同；(2)会首（旧时掌管公共财产的人）；(3)行会（旧时的同业组织）。③ 可见，这种“结巴”是早期的一种行会（同业）组织。这里最主要的是给我们提供了一则信息，就是早期在寺院和民间都有这种行会组织。在寺院中负责商业的僧人被称为“结

① 笔者于2016年9月5日在玉树州档案局工作人员允许下翻阅档案资料并进行抄录。
② 周习武编著，吴均校释：《玉树调查记》，青海人民出版社，1986年，第82页。
③ 张怡荪编著：《藏汉大辞典》，民族出版社，1993年，第1677页。

巴”①，构成了寺院组织系统中具有经济职能的一个部门。在民间该组织职能大体跟寺院相同。

在近现代有关嘉那嘛呢研究的文献中，更求多杰（2008）用的是“吉巴”二字；桑丁才仁（2012）、王媛（2014）、杨丹丹（2014）用的都是“吉哇”二字。除此之外，新寨当地的村民口语中用的都是“吉哇”，也说“吉本”。为了统一，本书中笔者主要以新寨当地村民的说法（发音）为准，使用“吉哇”二字。

二、新寨“吉哇”

新寨“吉哇”作为一种民间组织，是在嘉那嘛呢创建以后形成的。村里每年选举 3 名能力卓著的男性村民来担任。主要职责是管理嘉那嘛呢石及村内公共事务。在不同时期，“吉哇”的管理职责各有侧重。担任“吉哇”的成员可以说是地方上的“杰出人物”。对于地方上“杰出人物”的认识，是理解地方上各种社会力量交织起来的“整体”的关键。②

新寨“吉哇”的发展，可以分为三个历史阶段：

（一）扎武部落统治时期（1715—1958 年）

扎武部落时期，其部落组织形式为：扎武本（ཟྭའུ་དཔོན།）→居本（བཅུ་དཔོན།）→居尤（བཅུ་གཡོག）→代（ཏུད།）→它的（མཐའ་འདུག）。

村民讲述，早在扎武部落统治时期，“吉哇”的组织成员都是在“居本吉”和“居尤吉”中选举 3 人（均为男性）来充任。其管理制度非常严格，尤其在刻制嘛呢石的质量、供放等要求上。可以说，在扎武部落管理时期，新寨“吉哇”的职能主要偏向于宗教事务，即嘛呢石的管理，并且形成了较为系统的管理制度。

1. 嘛呢石验收

据年长的村民讲述，以前刻好的嘛呢石不得随意随时供放到嘛呢石经堆上，而是需要通过“吉哇”验收，验收合格后方可供放到

① 现结古寺不存在“结古结巴”这样的职务和称谓。

② 王铭铭：《人类学与人生史》，生活·读书·新知三联书店，2010 年，第 1 页。

“赤瑞”（ཁྲི་རིམ།，基座）上。一年当中刻制的嘛呢石经，要在每年的藏历四月十五日，即“萨嘎达瓦”时期进行供放。供放前，所有刻制好的嘛呢石先要陈列在地上让“吉哇”查看：嘛呢石正面是否都是“博麻”（阳刻）刻制、字体是否规范、颜色是否对应。然后再翻面看是否刻有“贝杂萨埵”（金刚心咒）。一般要求一块嘛呢石大小在15厘米×10厘米左右。如果这些要求都达到了，验收就会通过，反之亦然。凡是没有通过验收的嘛呢石不得供放，且要各自拿回家重新刻制。

2. 嘛呢供放

嘛呢石通过“吉哇”验收后方可供放。当嘛呢石供放到一定高度时，村民就要借助“夹给”（རྒྱབ་སྐས།）[①] 继续往上供放，而不可直接用手往上投掷。大家都要站在“夹给”上，从下往上一块一块的进行人力传递，直到最后嘛呢石经堆高度达7米左右。然后在旁边留下一点通道的空间，另起新的“赤瑞”，如此周而复始。昔日，男性和女性在“夹给”上的站位也有很大的讲究。梯子上方只允许男性站立，女性只允许站在梯子底下三层。关于这样的站位安排，当地的一位老人给出的解释是怕女性“不洁”，所以让她们站在底下。另外，从着装上来讲，如果女性站在上面把嘛呢石盖在她们的“甘踏”（གོན་མཐའ།，袍底）[②] 下，也会“弄脏”嘛呢石。可见，早期女性在生理和着装上的“不洁”被视为一种“危险”，因而禁止她们站在高处。之所以要采取类似禁忌措施，正如玛丽·道格拉斯所言，神圣之物需要持续地采用禁止措施来对其进行保护。[③] 因此，为确保嘛呢石的神圣性和灵性，女性只允许站在下面。老人们还说，过去哪敢像现在这样举手“呼”的一声投上去。以前供放时谁要是不小心把嘛呢石摔出声音来就会被“吉哇”严厉斥责，甚至被处罚，所以供放时大家都会倍加小心。一直到20世纪90年代初，村民都是这样借助木

① “夹给”是一个7层高的木梯，每层间距差不多80—100厘米。

② 按照玉树当地习俗，妇女穿的藏袍（长至足）袍底也被视为“不洁”。

③ ［英］玛丽·道格拉斯著，黄剑波、卢忱、柳博赟译：《洁净与危险》，民族出版社，2008年，第27页。

图 3－1 早期嘛呢石供放

梯把嘛呢石一块一块小心翼翼地供放到嘛呢石经堆上的（图 3－1）。

（二）改革开放前（1958—1978 年）

从 1958 年开始直至 1980 年，不仅新寨“吉哇”的历史暂告一个段落，村民刻嘛呢石的行为也一度被终止，而且嘉那嘛呢石经城遭到了一定的破坏。

（三）改革开放后（1979—2010 年）

改革开放以后，各地都迎来了新的气象，宗教政策也得以恢复。按照村民们的说法，1985 年嘉那嘛呢获得“曲钦”（ཆོག་མཆན།，批准开放）后，次年对嘉那嘛呢进行开光，并恢复了早期新寨“吉哇”的习俗。不同于以往的是，这个阶段的新寨“吉哇”是作为当地村委会管辖下的一个独立职能部门。不过其任命方式、管理、职责等习俗依旧是延续传统的做法，与村委会的其他事项无任何瓜葛，可自行其是，自主管理。1985 年，由第七世嘉那活佛[①]牵头组织修复，重新成立“吉哇”管理组织。一直到 2010 年 6 月，新寨“吉哇”的历史共延续了 26 年。

第二节　“吉哇”：传统组织方式的延续

对新寨村民而言，新寨“吉哇”就是一种被嵌入社会的集体记忆。[②] 嘉那嘛呢从 1985 年批准开放以后，在第七世嘉那活佛的引领下，新寨村民恢复了“吉哇”的传统习俗，嘉那嘛呢又迎来了新的历史时期。

一、“吉哇”的选举与职责

（一）“吉哇”的选举

当地老人讲，“吉哇”的选举大体上都是依照传统，每年选举 3 名中年男性来担任。选举时，一般是在东边的新寨仲巴、中间的巴哲若哇和西边的达果若哇各推选一名。“吉哇”一般不世袭，每年一换。选举的过程主要由推选候选人、举行选举仪式、众人面前“那即”（མནའ་སྐྱེལ།）、互敬哈达等 4 个环节构成。

1. 推选候选人

“吉哇”候选人，一般都是村委会书记同村中一些元老级人物与七世嘉那活佛协商，物色一批“底层精英”或“杰出人物”，抓阄选举产生。根据村民讲述，担任“吉哇”要具备三个条件：首先，必须是新寨当地的“市言”（社员音译，指无工作）；其次，必须是男

① 第七世嘉那活佛更噶坚赞，1950 年出生于玉树县布特村，父亲才旺巴德，母亲才仁永藏，4 岁被认定为第七世嘉那活佛。1958 年因寺院被毁，同当地耿安仓、塔哈仓等家族成员被下派到安冲乡参加生产劳动。1980 年重返寺院，召集僧众，主持寺院修复大经堂“桑洲加措”（意成大海）。1985 年嘉那嘛呢石批准开放，率领新寨村民对嘉那嘛呢进行修复工作。1995 年 12 月因病圆寂于结古。

② 景军著，吴飞译：《神堂记忆：一个中国乡村的历史、权利与道德》，福建教育出版社，2013 年，第 53 页。

性（多为中年）；最后，也是最为关键的，就是被选举人要有能力，为人正直。“吉哇”必须满足这些条件才可以选举产生。值得注意的是，在村委会任职的各队（社）队长、有工作单位以及从异地迁徙至新寨多年的男性成员均不予考虑。另外，前面担任过“吉哇”的成员不得连任再选。

2. 举行选举仪式

每年的藏历四月十五日，即“萨嘎达瓦”节，对所有藏族人来讲是一个殊胜的节日。对于新寨村民同样也是意义非凡的一天，因为这一天将会举行一年一度的“吉哇”换届选举仪式。参加仪式的主要有新寨村民所有男性成员，另外还会迎请嘉那活佛（七世）及寺院几名僧人来出席并见证仪式上新旧“吉哇”交接工作。作为举办方，新寨“吉哇”会为这次的仪式事先布置好现场，即新寨拉康。在拉康正前方为嘉那活佛准备法座，同时也为其他几位僧侣铺好坐垫，并在他们就座处摆放供品。届时新寨村委会书记来主持仪式。整个经堂里人满为患，有些是专门来看“热闹”的。主持人把事先预定的“吉哇”候选人名单写在纸上并弄成纸团放在盘子里，并从中筛选出三张纸条。这三张纸条在众目睽睽之下打开，并由书记大声宣布新一任“吉哇”的名单。仪式的第一阶段就此结束。

3. 在众人面前“那即”

“那即”（མནའ་སྐྱེལ།）是藏语音译，意为发誓，是“吉哇”选举的重要环节。很多慕名而来的听众就是来看这一“戏剧性”的环节。

新一届的“吉哇”选举产生以后，就轮到旧任的三名“吉哇”出场进行“展演”。首先是面向嘉那活佛及其他几位僧人进行顶礼，然后转身面对经堂里参加仪式的新寨村民，在众人的见证下，每个人要对自己在这一年里所做的事情进行汇报，汇报结束后要发誓，说明自己今天所说的每一句话都属实，无半点虚假。笔者在访谈期间，没有听过一位健在的“吉哇”再重述一遍曾经说过的誓词。[1] 但不管是

① 老人们打比方时都用同样的说法，就是“除了碗里的，我一针一线都没有动用过吉哇财产”。

担任过“吉哇”的老人还是新寨当地的村民，都知道发誓的内容无非就是说自己在担任“吉哇”的这一年中，没有私自动用过集体财物、没有私吞过集体食物等，若有动用自己将会进入地狱等诸如此类的话。届时经堂里的其他村民都会紧盯着发誓人的脸。这样在“三宝”（佛、法、僧）及众村民的见证下发誓，把这场仪式推向了高潮。待每个人发誓完毕，假如有一人没有像前一个发誓人那样一一具体说明，而是用一句“我和前面那位一样”或者重复前面的话，就会在场外遭到众人的议论，说某某某没有好好发誓。

这一天，对任何一个当过“吉哇”的人来说都是一个难忘的日子。“吉哇”们所发的誓不会再有人去重述一遍，包括发誓人自己。大家只是在事后提及，某某某发的誓真的是“绝了”。因为“那即”对藏族人来讲，若有半点虚假等于是诅咒自己。

4. 敬献哈达

“那即”结束后，紧接着就是新旧“吉哇”先敬献哈达给嘉那活佛和其他几位僧人，然后是他们之间相互敬献哈达，以示工作交接完毕。这场神圣仪式就这样在宗教权威及众村民的见证下落下帷幕。访谈中，担任过“吉哇”的老人们都强调他们必须在众人面前发誓并把工作和权力转交给下一任。

个案 3-1：迎难而上，不破坏新寨“老规矩”

阿吾 BBZ，52 岁，家里老小共 9 口人。因为条件不允许，他的长子辍了学，下面的 3 个孩子在内地上大学，2 个小的在新寨上小学。

不管我们各自的家境如何，一旦被选中担任“吉哇”，就要硬着头皮接受使命。没有谁会破坏新寨的这个老规矩，每个人都会力所能及地去干，因为我们都是为了嘉那嘛呢的事业而着想。像我家里经济条件不太好，上有老下面孩子又多，一家人等着我来养活，还要供四五个孩子上学，有点不易。但是轮到我担任“吉哇”，就不得不舍小家而顾大家，情况再怎么不允许我也不能坏了村里的这个老规矩。不光是我这样，村里类似我这样情况的家户还有很多，大家都是克服困难来接受任务，都抱着这样的心态来完成自己的使命，并且尽各自最大的努力来干好这件事情。担任“吉哇”的这一年责任重大，就顾不了家里太多的事情。

阿吾 BBZ 坦言，说他是个穷户，依他现在这样的家庭经济状况，没有能力供所有孩子都上学，但是他不想让孩子们中途辍学，来减轻家里的经济负担。

如上所述，“吉哇”的选举虽有一定的局限性，但是选举的过程、“吉哇”的收入和支出等都是在“三宝”和众村民的见证下公开汇报。每一届“吉哇”的卸任，对“吉哇”本人（包括他们的家人）来讲，不仅完成了各自的义务，同时也是一种能力的表达，更是一场内心的“修行”过程。同个案 3－1 中阿吾 BBZ 说的那样，一旦被选举担任“吉哇”，即使个人家庭有再大的困难都要自己克服，把嘉那嘛呢事业放在首位，不破坏村里的“老规矩”。村里的老人都为嘉那嘛呢事业发展做出了应有的贡献。

（二）“吉哇”的职责

“吉哇”组织恢复以后，村民们依照传统的做法，明确“吉哇”任职期间的职责，[①] 形成职责条例，并依照此条例奉行。

（1）管护嘉那嘛呢石堆。如清扫经堂、转经嘛呢回廊，收集整理新增嘛呢及失散嘛呢，维护经堂、塔群、大小转经轮等等。

（2）任职期间要有新的业绩。采取有效的措施积极集资，提倡本村村民自愿参加义务劳动，维修有关嘛呢宗教活动点场所。

（3）收集整理好群众的布施。施主的布施不都是现金，视情况有些物品作价分摊给村民。收取嘛呢石片，关心村民生活。接待好前来烧香点灯以及其他方面布施的施主，做好出入账登记，并把有限的

---

① 更求多杰：《玉树嘉那嘛呢石研究》，中央民族大学硕士学位论文，2008 年，第 56—57 页。

资金投入到必需的建设上。

(4) 保护供奉在大佛堂里的千手千眼观音唐卡，自显嘛呢，嘉那道丹的手印、脚印，石器制造等，及珍藏在嘉那嘛呢大经堂里的重要法器，没有权力随意动用或转移、转借。

(5) 组织人员修建嘉那嘛呢石堆旁的水渠、道路。

(6) 在藏历六月四日，组织人员去事部三怙主山转经。

(7) 农历七月初，组织人员在宁古通搭帐篷，请喇嘛念经，并举行赛马、跳曲卓等活动。

(8) 在藏历四月“萨嘎达瓦”那天，要整理嘛呢和修复自然倒塌的嘛呢。

(9) 在藏历九月份“降神节”时期，负责给嘛呢石经堆旁的佛堂和佛塔上刷涂料。

(10) 藏历十一月二十日，负责把嘛呢石堆旗杆上的所有经幡都取下来，在十一月三十日把新的经幡挂上去。

(11) 藏历十二月一—十五日嘛呢法会期间，负责在佛堂中点酥油灯。

(12) 藏历春节只放9天假，从藏历初九开始，请喇嘛在新寨村嘉那佛堂里同村民一起举行一年一度的斋戒活动，直到十五号新的吉哇上任为止。

20世纪80年代中期恢复新寨“吉哇”传统以后，当地村民制定该职责条例，每届的“吉哇”都按照此条例进行管理。但在笔者访谈中，据那些担任过“吉哇”的老人讲，这个职责条例也有很大的弹性，并非完全都是依此条例办理。因为每届“吉哇”任职期间情况或条件不一，所以会依实际情况见机行事。像有时在新寨举行法会或仪式、“吉哇”换届时由新寨吉哇出面迎请活佛、僧侣参加，以及有外来的高僧大德被迎请到结古寺时，都由“吉哇”组织村民，准备“曲司”工作等等。老人们也强调，任职期间没有严格规定说要在各自的任期内非得完成什么，但是大家都希望在自己任职期内有所建树。事实上，每届“吉哇”在任期结束时，为嘉那嘛呢做出的贡献和建树都是有目共睹的。直到今天，这些老人对自己任期内的所作所为都记忆犹新。

二、“吉哇”管理

宗教政策恢复以后，新寨“吉哇”延续的这20多年中，有些“吉哇”已经离开了人世，健在的也已年过半百（历届“吉哇”任职名单见附录三）。对这些担任过“吉哇”的老人们来讲，历史的记忆留给他们更多的是荣耀和满足感。因为他们都觉得在他们有生之年为嘉那嘛呢事业的发展留下了“光辉”的一笔，亲身体验了一场积德行善的修行。通常情况下，但凡被抽中的人都会视作义不容辞的责任和义务，积极参与其中。[①] 每届“吉哇”的管理，可以说都是遵照上述职责，但也是灵活多变的。笔者对担任过“吉哇”的老人都进行了访谈，了解了他们任期内如何进行管理。

第一任吉哇（1985—1986）：阿吾白玛旦周，72岁

我、XZLB还有AQAD三人一起担任的第一任吉哇。和我一同任职的这两位“忠启”[②] 现在都已去世。另外，还有个会计叫ZX的也不在人世。我们任职时，嘉那嘛呢这里只见之前地基留下的残迹，其他什么都没有，就连嘛呢石也所剩无几。然后我们几个人组织村民在现在嘛呢石经堆东面盖了两间简陋的小土房，里面了供放了几幅唐卡。在西南面盖了间“廓康”（经轮房），前面盖了间“拉康”（经堂），就盖在现在“拉康切哇”（大经堂）的所在位置。那时用的都是椽子。我们是嘉那嘛呢获取“曲钦”以来第一届担任的“吉哇”，修复也才刚刚开始，所以谈不上什么管理嘛呢石刻的规范和要求。当时刻嘛呢石的村民也寥寥无几。

---

① 有极个别的人没有参与，有的人是因为当时家中有特殊情况（有人去世），或者考虑在任职后如果有悖于自己在最后“那即”阶段的一言一行，将会造更大的罪业，所以他们宁愿不参与也不愿违背誓言。他们觉得弃权，更是一种折中的办法。

② 忠启，意为搭档。一般用来指共患难的朋友。出家人指跟自己一起受戒的搭档，俗人多指跟自己一同朝圣的搭档。

我们任职期间有 7 万元，给下一任“吉哇”作为启动资金留了 2000 元，其余的钱全部用在建“拉康”“廓康”等用途上。这些全部都是我们节俭干起来的，我们自己就连一顿饭钱都没有用过。我们担任“吉哇”是无偿的，都是自愿为嘉那嘛呢修复事业做出各自的贡献。

第二任吉哇（1986—1987）：阿吾洞那·才哇，69 岁

担任第二届吉哇的现在只有 SY 和我健在。我们当“吉哇”那会儿条件不好，要举行“曲司”或者要举行其他活动时，连个像样的东西都没有，都是从村民家里东借西凑。借糌粑盒、酥油盒、坐垫、桌椅等，待活动结束时再把东西如数还给老乡们。我们都是靠大家去结古镇下辖的各个大队挨家挨户地讨布施，然后用那点布施来的钱来修建“都康”。经筒里面的纸还是我们几个人去雅安买回来的。房子的墙基是我们新寨人自己打的。可以说嘉那嘛呢堆这里的建树不仅倾注了新寨当地人的心血和汗水，同时也有那些捐布施给这里的人的功劳。而且这不是一朝一夕完成的，而是几代人共同努力创建的。灾后重建时国家把嘉那嘛呢石重建成这样我们也很感激。

第三任吉哇（1987—1988）：阿吾普措江才，71 岁

我是跟 GB 和 OZ 一起担任吉哇的，其中一个“忠启”已经去世了。我们任吉哇那一年在拉康里建造了八九尊佛像（泥土制作的），另外还铺了木地板。在我们之后又被新任的吉哇进行了翻修。我们那个时期的“拉康”是土房。给“拉康”外墙上涂的“凿”（红色的土）还是我们自己上山挖的土，然后用“瓦乐”（黄牛）给驮回来的。下一任的吉哇铸了铜质的佛像后，把我们那时用泥土制作的佛像抬放到了嘛呢石堆上，时间一长慢慢被雨水给冲没了。另外，我们还修建了“曲乐桑周”三个大转经筒。

村里稍年长的老人，对前三届担任吉哇的人员是谁，任期内都有哪些业绩都很清楚。其实，担任前三届吉哇的 9 个人是七世嘉那活佛

和村里元老级人物早已物色好的人选，并让他们先上阵，做好开局工作。最后，他们不但没有让大家失望，而且为嘉那嘛呢的修复事业起到了带头作用。

第四任吉哇（1988—1989）：阿吾巴尕，68岁

轮到我们时，修建了名为“托哇日卓”的一座塔。我们建造的这座塔是自20世纪80年代后在结古地区修建的第一座佛塔，之前修建的佛塔全部都在20世纪80年代时期被毁。修建这座佛塔时我们迎请了美珍仓耿①和拉②仓耿松金旦增来“萨尼杰”③（勘察地形）。事实上，就是在以前这座塔的地基基础上修建起来的。建塔之前必须要经过高僧大德来勘察地形，方可动土，一旦勘察好修建的准确位置以后就不可以有任何的变动。曾经听村里的老人们讲，这座塔以前有说法是从地里自然生长出来的。

第五任吉哇（1989—1990），阿吾昂多杰，67岁

我们任吉哇时修建的是“它孜”塔，另外还有100多个小转经筒。对嘛呢石堆还要不定期地进行规整、堆放。我们建造的这些除了塔以外可能又会进行重新翻修。那时条件差就干点力所能及的事情。“吉哇”还要负责年度内所有的各类法事活动，要迎请嘉那哲古和结古寺“扎哇”来新寨念经，以及要供奉的布施等等，诸如此类的事情全部都是由“吉哇”来全权管理。

我第二次担任“吉哇”时，在经堂里供奉了用泥土制作的千尊莲花生像、千尊金刚萨埵佛像、千尊观音佛像。整理嘛呢石堆的次数要多一点。因为大家每天都在不断地供放，所以会时不时地召集村民们来整理。那会儿不像现在这样工具发达，都是人工搬运，所以每次整理都颇费周折。每一处嘛呢石堆供放到一定高度时，又会在旁边重

---

① 仓耿，长期隐居修行的僧侣。

② 拉，指的是拉布寺。

③ 有关藏族地形勘察的文献研究可参见龙珠多杰：《萨谢（ས་དཔྱད།）：藏族堪舆文化解析》，《青海民族研究》2017年第1期，第160—164页。

新挖地基搭建一个“赤乔”（法座），继续在此上面供放。早期这样的“赤乔”共有 5 处，每一处安排各社的成员负责整理。这些都是“吉哇”要管理的事情。担任吉哇的 3 个人一般都是关系比较默契并且相互配合的，很少有彼此之间意见不合的情况。如果有谁不愿干就会提前表态，另外 2 个吉哇就力所能及的去完成接下来的任务。

这里阿吾昂多杰提到了他担任过 2 次“吉哇”，第一次是在 1990 年，第二次是在相隔 6 年以后的 1997 年。从整个“吉哇”任期顺序来看是在第十二届。像他这样担任过 2 次“吉哇”的，为数不多。

第六任吉哇（1990—1991），阿吾才尼玛，67 岁

我担任“吉哇”时才 40 岁，现在已经 67 岁了。记得当时我们担任“吉哇”时，修建了现旧嘛呢石堆北面的“思都曲顶”（辟邪塔）。在南面简单的盖了一排“廓康”（转经廊），在其下面供放了一些小转经筒。那时条件不好，都是靠讨的布施钱。记得当时冷库的领导是 CR，我们关系比较好，所以我去找他要了铁皮。我说我要用来盖经廊的顶棚用，他就给了我二三十张。我们就用那些铁皮搭建了经廊上的顶棚。那一年嘉那哲古要我们 3 个人修建一座塔。那时我身体不好，就问哲古是否可以建个“思都曲顶”。哲古说可以，我们就建了那座塔。

新寨“吉哇”换届时都会迎请哲古前来参加并作证。然后大家要面对哲古和新寨村民发誓。每年有什么新建项目和计划，要么由嘉那活佛和村委会书记商议来决定，要么是“吉哇”们根据他们自己的能力来办理。

阿吾才尼玛告诉笔者，之所以记得这么清楚，是因为当时他的舅舅（担任了下一任“吉哇”）想建造辟邪塔，却被他们这届抢先了一步。

第七任吉哇（1991—1992），阿吾才仁文德

我们任期那一年修建的是“新寨吉哇”塔。我记得当时还去了曲麻莱、称多等地方讨布施。为了建塔，我当时带着一个男孩（扎西才仁）去了曲麻莱，他们那里刚好在过赛马节，在人群外面我没要到多少布施钱，就跑到人群中去讨布施，最后要到不少钱。另外两个“吉哇”负责这里开采石头等工作，我负责外出讨布施。后来修建八善塔时，我又去了称多尕藏寺的尕藏活佛跟前，也要到了一些钱。

跟阿吾才仁文德一起担任“吉哇”的是阿吾更尕求和阿吾久才，都比阿吾才仁文德年长，一位是86岁，一位是78岁。

第八任吉哇（1992—1993），阿吾达才

“益西诺布”① 没有圆寂时，都是由他牵头引导全村人进行修复嘉那嘛呢石，然后由村委会书记（GGJC）来主持工作。还记得那时有些人给5毛钱，也有不给的，但是结古当地的人大家都相互认识，没有人会怀疑说这是骗子，所以多少会给一点。还有一些是结古当地的人，也跟我新寨人一起去讨布施。到最后结古人习惯了每年新寨人讨布施的这种行为。这个讨布施的任务要在一天内完成，能要到多少算多少。从新寨吉哇恢复以来一直都是如此。

第九任吉哇（1993—1994），阿吾索南文江

我担任过“吉哇”一次，后来拉聂也担任过一次，不过拉聂我没能干满1年。因为那一年我身体状况欠佳，就让才巴替我担任了。另外在第二届“吉哇”选举以后，让我们几个人协助他们的工作，我们不用负什么责任。毕竟是选举他们担任“吉哇”，我们在那指手画脚也不好。我后来担任拉聂那年，只要能交出的钱数超过预算的金额就会有奖励，但是我生病未能干到最后。

---

① 益西诺布是指“觉沃”（佛陀释迦牟尼），当地村民对第七世嘉那活佛的敬称。

我们当年供奉了三尊大佛像，分别是“吉尼显扎”“嘉那哲古”“禄顶堪钦”这三尊佛像。这些佛像都是用泥土制作的，请的是在这儿谋生的昌都匠人，花费了四五千元。最后上色时他们没收钱，是找了他们认识的熟人帮我们完成的。

在第九届那年，新寨修建了嘛呢石堆东面的八善塔①。据一位老人讲，这是七世嘉那哲古从禄顶堪钦（ཀླུ་སྡིང་མཁན་ཆེན།）② 那里征求的意见。八善塔修建任务交给了前八届担任“吉哇”的成员，每组负责修建一座塔，八组刚好有八座塔。随后他们负责组织村里三个社的村民参与建塔工作。当时条件有限，家家户户出人力、物力、财力，另外还有在结古各辖区讨到的布施钱。建的塔都是土木结构。后来在地震中因为土木结构的原因，这八座塔都遭到了严重的损毁。现在新寨东面的八善塔是灾后重建时国家投资重新修复的。佛塔的装藏工作都由结古寺僧尼参与完成。

第十一任吉哇（1995—1996），阿吾旦哇闹布③，56岁

我1998年担任过一次吉哇，另外在2007年担任过一次。2007年那一次我们在佛堂里供奉了几尊大的佛像，后来没能在一年内偿还债务就又连任了1年。2009年我担任拉聂。后来2010年就发生了地震。

---

① 八善塔，分别为叠连塔、菩提塔、吉祥多门塔、神变塔、神降塔、和平塔、殊胜塔、涅槃塔。在藏地这种八善塔很常见，结古寺堪布博塔·扎西求陪告诉笔者，这八座塔代表着佛陀在印度留下的八大胜迹。去印度朝圣不易实现，通过修建八善塔，能象征性地实现朝拜的愿望。另可参见尕藏加：《西藏佛教神秘文化——密宗》，西藏人民出版社，1996年，第273—291页。

② 现任萨迦派大堪布。

③ 原名旦周才仁，村里还有一个跟他同名的人叫旦哇噶布，现任村委会书记。村民以他们的皮肤黑白来区别，皮肤黑点的叫旦哇闹布，白点的旦哇噶布。笔者刚听到这两个名字时还以为是兄弟俩，结果不是。

第十三任吉哇（1997—1998），阿吾布布周，52岁

我们担任吉哇时修建了“拉康”、西面的转经廊和三怙主经堂。一般来讲，每年担任“吉哇”时都有个计划，今年要建些什么。虽说对吉哇们要修建什么没有明确的规定，但是大家都会尽最大的努力来完成。我们担任吉哇时条件不好，所以大家都先去讨布施，然后用这些布施来修建。主要是村委会书记来负责。

相比其他“吉哇”，阿吾布布周家庭条件困难一些。至今还在以石刻为家庭的主要收入来源，并供5个孩子上学。

第十四任吉哇（1998—1999），阿吾旦哇噶布，65岁

嘉那哲古（第七世）没有圆寂前，都是哲古和结古寺的其他几位僧人来这里参加“吉哇”换届仪式。1995年哲古圆寂以后，就由旦巴哲古（2002年）参与并见证新寨“吉哇”的选举。

我们担任“吉哇”那一年条件不好。在嘛呢石堆西边的四座白塔前修了排水口，然后修建了转经廊，还有“秋隆哲桑”大转经筒。现在拉康里面的“桑杰懂各”“古如懂各”“多杰桑巴懂各”都是我们当时供奉的。这些都是用土制作的。我们当时是从昌都的一个叫热沃切的地方请来了一位名叫嘎玛的“拉索”和他的朋友来制作的这些泥塑的佛像。

地震以后，阿吾旦哇噶布担任了新一届的村委会书记。

第十五任吉哇（1999—2000），阿吾桑阳，70岁

我担任过两届“吉哇”。第一次是在第二届，第二次因为要还清贷款，所以连任了5年。按理说“吉哇”是一年一任，但是我第二次担任时任职那么长，是因为当时（1999年）我和另外一位吉哇两个人为修建“拉康”贷了35万元的款，抵押价值50万元的家产（砖瓦厂）。经堂建好以后，没钱偿还贷款，所以就连任了5年。一方面是村领导希望我们各自完成任务，另一方面，我自己要是还不清贷款，指望别人帮我还清，要回我抵押的东西，不太现实。如果我们当年没有连任，谁也不敢保证下一任会替我们还清。我担任的那5年，开始时“吉哇”的收入比较可观，每年差不多有14万元。主要都是靠“都康”和“拉康”请灯的钱。加上村里的中年男性出去（挨家挨户）讨的布施来运转。然后用这些钱来修建嘉那嘛呢的其他宗教建筑物。

上文中，可以发现“吉哇”一直以来都是每年一届，但从这一届开始出现了连任现象，其原因就像上文中提到的那样是为了还清债务。这一届连任的时间最长，工作量也最大。今天嘉那嘛呢东南面的新寨大经堂就是这一届“吉哇”修建的。

第二十一任吉哇（2005—2006），阿吾尕松江措，69岁

我担任“吉哇”干了3年，第一次是跟索南文江和昂江措担任了1年。然后在没有把管理权交到寺院手里之前，我和旦哇闹布还有赛格我们3个人担任的，后来赛格没有接任，就我和旦哇闹布一起担任了3年。在经堂里供放了7尊佛像。在私人手里借了30万元，给的利息25%左右，记不太清楚了。然后修建了南面的一座都康（右手侧），在“思度”塔旁边又修建了一座塔。因为修建的这些没有在1年内完成，借的款也没有还清，就连任了。前后用了2年还清了账。最后剩下的钱给新寨村民每家100元，记不清有多少户，但是只要住在新寨有“冒烟”（住户）的都给了。留下几万块钱留给下一任吉哇用。新寨吉哇早期的规定是一年一换。但是建树较大的时候，有欠款的吉哇们为了还清账款，就只能打破原来的规矩，连任到还清账款为止。在天葬台那边也修建了一座白塔。

“吉哇”所有收入都用在建造佛塔、佛像、经堂、转经筒、转经廊等相关事宜上，很难有盈余分给村民。唯独是在这一届，给所有生活在新寨的“冒烟”户每家都分了100块钱。

第二十三任吉哇（2007—2008），阿吾玛代，58 岁

我们这一届选举了久才、严尕和我担任。后来久才因为家里有事没有担任，严尕也干到半年多就没有继续干下去，就剩下我一个人。那年我们正在修建西边的 13 座白塔，那一年没有完工，就继续让我连任。我一个人能力有限，就向村委会反映我需要搭档，村委会安排了达哇江才和普布两个人跟我一起担任“吉哇”。到第二年白塔修建基本上告一段落，但是有些塔里的装藏工作还没有彻底完工，就换届了。

至此，所有历任的“吉哇”工作暂告段落。所有担任“吉哇”的成员，在他们任职管理期间共修建一座“拉康”，两座“都康”，两排“廓康”（东、南面），大转经筒 9 个、小转经筒上百个，佛塔 15 座①等，具体修建情况如表 3－1 所示：

“吉哇”修建文物建筑表

表 3－1

名称	总面积（㎡）	建造时期	所建位置
桑秋帕旺佛殿	1339. 45	20 世纪 80 年代	嘉那嘛呢东南面，坐北向南
查来坚贡佛堂	185. 16	20 世纪 80 年代	嘉那嘛呢东南面，坐北向南
甘珠尔佛堂	182. 32	2003 年	嘉那嘛呢东南面，坐北向南
八善塔（8 座）	226. 36	20 世纪 90 年代	嘉那嘛呢东面，坐西向东
房式塔（4 座）	362. 57	20 世纪八九十年代	嘉那嘛呢南面居中
三怙主塔	36. 64	20 世纪 80 年代	嘉那嘛呢西南面，坐北向南
辟邪塔	56. 43	20 世纪 90 年代	嘉那嘛呢南面居中，坐西向东
嘉那道丁灵塔	13. 59	20 世纪 90 年代	嘉那嘛呢西南面，坐北向南

注：表中总面积数引自中国文化遗产研究院：《青海玉树新寨嘉那嘛呢文物

① 实际上修建了 28 座佛塔，西面的 12 座佛塔是由一位施主出资，新寨村提供建造地而修建，另外一座在新寨天葬台处。

保护规划》，2010 年。

根据上述“吉哇”访谈内容，可以发现他们的工作重复率很高。像佛殿、经堂及转经廊等都是经历了两三次修复。① 先是土木结构，后拆除改建为钢筋混凝土结构。就因为这样，笔者曾听村里一位大姐说，每次村里人外出讨布施修建佛塔时，村外的人都抱怨说：“新寨若哇修建的白塔怎么没完没了？”这些文物建筑现在主要分布在新寨嘉那嘛呢石经堆的南面（旧嘛呢），地震后修缮的八善塔，如图 3－2 所示。所有这些都是嘉那哲古引导，新寨“吉哇”组织村民一同参与完成的。足见 20 世纪 80 年代中期嘉那嘛呢批准开放后，其修复事业在村民的生活中占据着重要的地位。另外，在玉树灾后重建时，嘉那嘛呢东面的八善塔、北面的四座房式塔，以及东南两面的转经廊，还有旧嘛呢石的重新堆砌等，都是由国家拨款出资、援建单位进行修缮的。

图 3－2　嘉那嘛呢石堆东面的八善塔

据“吉哇”们所述，“吉哇”组织刚恢复时是有名无实。一直到 2008 年前，每届“吉哇”选举产生后，不管谁担任“吉哇”，大家

① 第一至第三届吉哇先后建造的佛殿是土木结构，后来在第十五、二十一届拆除，又以钢筋混凝土结构重建，前前后后在原址上进行了两三次重建。

都会召集村里所有中年男性分小组外出到结古镇下辖的其他各村讨布施，为新一届“吉哇”开展工作筹集资金。这些讨来的布施钱财足够“吉哇”们用来开展新的事业。

村民告诉笔者，最初“吉哇”连个办公点都没有，作为“朵元”的衣物都是寄存在色须仓的牛粪房里，因为当时色须仓的房子正好在嘛呢堆的正南面，离嘛呢石经堆最近，方便大家存放管理。后来经济条件好转这种“窘况”才得以改变，“吉哇”有了自己的办公点，情况一年比一年好转。

新寨村修复嘉那嘛呢的情况，同景军在《神堂记忆：一个中国乡村的历史、权力与道德》中所描写的大川村民修复孔庙的历史事件颇为相似。他写道：“对于他们来说，最有效的平反莫过于联手重建、保护、管理一个神圣殿堂。而这个殿堂在过去的命运与他们自己在过去的命运又何其相似，简直如出一辙。”①

三、“吉哇”组织的其他成员

随着“吉哇”组织的复兴，“吉哇”每修建一座拉康和都康就有两层延伸的含义：一是创造福田，二是增添劳动力。第一至第三届“吉哇”修建了拉康和都康共3座，每座各指派1名，共3名拉聂来看管。因此，“吉哇”组织不断得以扩大。随着社会经济的发展，信徒请酥油灯数量和宗教活动的需求量在不断增加，加大了拉聂的工作量。为应对这些问题，新寨“吉哇”从2007年开始增加拉聂人数，并在原有的3名拉聂基础上又多选派3名，形成由6名成员组成的拉聂。历年新寨“吉哇”组织人员构成如表3－2所示：

① 景军著，吴飞译：《神堂记忆：一个中国乡村的历史、权力与道德》，福建教育出版社，2013年，第112页。

新寨“吉哇”组织人员构成

表3－2　　单位：人

时间	书记	吉哇	拉聂	出纳	会计	总计
2007年前	1	3	3	1	1	9
2007年后	1	3	6	1	1	12

（一）拉聂（ལྷ་མཉེན།）

修建的“拉康”和“都康”（见表3－1）都需要有专人来看护管理，像“都康”开放后，要做些供水、点灯、清洁等工作。从事这类专职工作的人员被称为“拉聂”（ལྷ་མཉེན།，意为佛堂看护人）。“吉哇”组织复兴以后，担任书记、吉哇、拉聂、出纳和会计的都是村里的男性成员。但是到了20世纪90年代中期为了缓解拉聂人员不足的问题，其候选人的目光就开始聚焦到村里的女性身上。

担任过拉聂的人，不管是刚开始的男性还是到20世纪90年代中期以后的女性，对他们来讲，意味着要投入更多的精力在自己看护的“拉康”或“都康”上。虽然不用像“吉哇”那样肩负重任，但是他们在各自任职的一年中，如果能在最后换届时多交出一点收入，就是对他们这一年辛苦劳作、工作业绩的一种肯定。

个案3－2：阿吾SNBD，67岁，新寨一社人

我有5个孩子，两男三女。一个是结古寺扎哇，3个有工作。“吉哇”他们主要负责修建塔、经堂等工作。拉聂是保管经堂和都康里的财物，以及负责供水、供灯等事情。说白了就是看护这些并制作酥油灯。在“吉哇”换届时，拉聂要跟他们一同发誓自己没有私自挪用一分钱。每天有多少人请灯这些不用做详细的记录，但是我们会把这些请灯的钱和布施的钱全部都放在家里保管好。到吉哇任期满时，我们把钱数全部与三个吉哇和会计交代好。当拉聂这一年我们的劳动是无偿的，轮到谁头上就要当，这是作为新寨村民应有的责任和应尽的义务。同样，这一年等于是自己没有“阔哇”（འཁོར་བ།，世俗生活）一样。要远离世俗生活中的零碎事情。每天都要看护好自己管理的经堂和佛堂，早上要早早地开门供水、打扫卫生，一直待到晚上没有信徒转经轮、烧香为止，然后收齐当天的“善款”回家。我们把这事情当作大事，自己家的事是小事。要做到顾“大家”而舍“小家”。

每年在萨嘎达瓦十五号那天换届时，担任拉聂的要把各自看管的经堂或者佛堂里的收入公之于众，届时会有嘉那活佛、僧侣和村民前来参加。如果能给吉哇们的布施和请灯的钱多，自己也会很安心很满足，觉得自己的汗水没有白流。如果自己交出的钱没有上一任拉聂多，会觉得是一件很“丢脸”的事情。假如去年拉聂存到了 10 万元，我今年交不出比这个多一点就会觉得丢脸。担心大家会认为我在任职期间没有付出努力，没有认真对待。

担任拉聂的这一年就是一场“修行”。当然，我也可以自己用掉这些请灯和布施的钱，如果真这样做谁也不知道，也没有人会说什么，但是相信没有一个人敢动用这个钱。这些钱中很多都是为死者请灯的钱或者是死者的财物。即使现在自己用了没人知道也无人谴责，但是自己终究有一死，就有可能要入地狱。藏族人就是深信业报。如果现在动用了这些死者的钱，到头来还是需要用自己的血和肉来偿还，甚至是入地狱受苦。尤其是动用酥油灯的钱，像我们年纪大的人更会觉得害怕。大家都是为亡者请灯，所以这事不同于别的事情。年纪大的不同年纪小的，年纪小的不懂事，可以理解，但是大人就不一样了，如知“法”犯“法”，罪加一等。

这又不同于刻嘛呢石收“朵元”，即使别人收了“朵元”，但是石刻艺人用心刻好的嘛呢石自己是可见的，而且可以亲自或者目睹艺人供放到嘛呢石堆中。但是点灯的钱，拉聂怎么处理没有谁来监督，全靠自觉，所以就更难胜任，获得村民的认可更难。稍微有一点做得不对就要受到村民的指指点点或者闲言碎语。

另外，阿吾 BD 还担任过一年的“额尼”（དངུལ་གཉེར།，出纳）。“额尼”的任务就是保管好手里的钱，对“吉哇”用钱的去向要做好详细的记录。如“吉哇”何时拿了多少钱、拿去干什么用等，以便日后换届时清账。“额尼”手里的钱只有当年担任“吉哇”的三个人有权借用，其他人无权借用一分钱。这些都是“吉哇”组织恢复以后制定的管理制度。“吉哇”组织分工明确、各司其职。

个案3－3：阿佳BLM，女，65岁，新寨二社人

拉聂的主要任务是为偿还债务而努力积攒善款。担任期间主要是自己做好酥油灯，然后供转经的人来点灯，另外还有保存佛堂里的布施钱。说白了拉聂就是积攒善款来为“吉哇”偿还债务。每天负责早早打开都康大门，晚上也是天黑以后才回家。每月藏历殊胜日“念东才吉”时，要动员全家人一起制作酥油灯。担任吉哇和拉聂都是无偿的。任职一年的时间内，大家都会尽心尽力地去干。压力也大，大家都希望自己任职时期的收入能比上一任多一点。如果比上一年多，说明工作上用心努力了，但要是比上一年少，就说明没有用心去干。可以说担任拉聂的那一年，全家人的精力都要投入到这个上面。这一年努力下来的成果到时要公之于众。这不仅关系到自家的名誉，更是关系到为嘉那嘛呢付出的心血，同时还能为全家人积累功德。因为没人愿意干，所以我迫不得已干了3年。接任这个活真的是身心疲惫。如果一天下来点灯和布施的钱只有一两百块的话，就会沮丧着回家，觉得没能攒到多少钱。每天的收入不用做明细账，但要在每年的“萨嘎达瓦”节之前全部交给“吉哇”和会计做账。他们会把钱该还的还该存的存。我担任的那3年，偿还了所有债务以后还有40多万余额。然后用去修建佛塔（新寨天葬台）和修路，完了还有17万元。原本是打算把这些余额分给村民，但是最后也不了了之了。

个案3－4：阿依CB，女，83岁，东风村人

1958年以后，我才从东风村搬到新寨这里。我是一社的人。今年我整整82岁。很早以前，我的丈夫健在时家里生活条件不好，不瞒你说，我们一家就是靠“磁瓦”（打猎地鼠）能吃到点肉。人民公社时期，孩子都很小干不了活，每回都完成不了任务，挣不了多少工分。等到他们长大以后稍微好一点，能要到点吃的。青稞收成以后，

家里留下一部分供自家人吃，其余拿去公家那里卖给他们换点钱。再用这点钱去买点其他的生活用品，如肉和酥油等。后来就供了两个孩子上学。一个有工作，一个是上到初中以后，说他考不上怕被人笑话就没再去上学。现在他成家有两个孩子，就不得不刻石养家。

我的 8 个孩子，现在都已成家。只有一个女儿有工作，现在在家里跟我一起生活的是最小的儿子，他自己有两个孩子，一家 5 口人主要靠刻嘛呢石为生。我当年担任拉聂是因为 SNWC 身体不好，要我帮他担任，我也没有拒绝，就替他接任了这个活。那会儿我 70 多岁。早上要早早来到都康里供“且巴”（一般都供水），擦洗酥油灯，然后制作新的酥油灯。待在都康里，见有人来就乞求他们请几盏灯。一直要待到晚上天黑前才回家。那会儿都帮不了家里什么忙。5 个女儿，家里做饭的这些事情都是她们去做。藏历的十四、十五、三十号这些天请灯的人比较多，她们会来帮我擦洗和制作酥油灯。我血压高的时候待在家里休息，我儿子替我去看管都康。他觉得大家不信任他，大家觉得他年纪小会把都康里的钱拿去自己花了，所以他就不愿去都康。那时一盏酥油灯 1 元，最贵的是 5 元。有时一天就只有几块钱，有时也挺多的。

阿依 CB 虽不是新寨人，但是她们一家搬来新寨已多年。她跟阿吾 SNWC 也没有什么亲戚关系，但还是愿意承担一份责任，接任了拉聂的工作。

“吉哇”组织恢复之初，村里都是让男性成员来担任，但后来随着劳动力不足、工作量繁重等问题的出现，就让村里的妇女加入“吉哇”组织行列中，担任“拉聂”。一般来讲，在藏族人意识中，由于“洁净”观念的存在，女性很少直接参与公共或宗教事务。上文中嘛呢石供放时，女性只允许站在木梯的下方就是最佳的例证。然而到了 20 世纪 90 年代后期，随着嘉那嘛呢石事业的发展壮大，加之当地村民男性的数量有限，就开始招纳女性参与到这一行业中。尤其“拉聂”这一职责，工作烦琐，像清洗酥油灯、收拾经堂等方面女性比男性更能发挥其“优势”。如上面三个案中担任“拉聂”的老人所讲述的那样，拉聂就是为“吉哇”偿还债务的“苦力”，很多男性不愿担任，村里就不得不让女性来接任这份“苦差”。不管是男性还是女性“拉聂”，担任“拉聂”的这一年就要脱离家业。但他们为此所付出的心血都是心甘情愿的，没有谁强迫她们去干这些。她们一心想的都是为嘉那嘛呢事业的发展做点力所能及的事情。

虽说是选举几个人来担任“拉聂”，但实际上是他们全家人的事情。像在藏传佛教一些重大节日期间，需要动员全家大大小小的劳动力来帮忙制作和擦洗酥油灯，因为这些日子里请灯烧香的人是往日的几倍，所以她们要在此之前就制作好很多的酥油灯以供大家请灯。当天点完的酥油灯要在当天清洗好再制作，如此周而复始。因此，这个工作量绝非是一两人可以简单完成的。如果要想使自己担任“拉聂”这一年的业绩胜过上一年，就必须起早贪黑，付出加倍的努力去干活。如此一来，她们就会觉得自己这一年没有白费力气，对村里人也算是做了一个很好的交代，以免日后遭到他们的闲言碎语或指责。同时也很好地完成了一场“修行”，为家人和自己积累了功德。

（二）会计

“吉哇”组织恢复以后，一直是村里一位“罗斯”① 担任会计一职。因为早前他是村里的民办老师，因此，跟其他村民比，他算是受过教育的知识分子。从下面的个案中会发现，“罗斯”也是底层精英的一员。

个案3－5：罗斯 RBRQ，71 岁，原为新寨村民办老师

我从 1967 年开始当民办教师，一直干到 1979 年。当时在新寨只有我和另外一名老师给孩子们上课。我的那位同事他上学早，文化水平比我高，也懂一点汉语，所以他给三四年级的学生上语文课，我给一二年级的学生上藏文课。工资是结古公社按季度发给我们，每月 20 块钱，其中 10 块钱要交给大队，另外 10 块钱归自己。

到了 1979 年，说是把民办学校改为公办学校，我就没能再继续

① 罗斯，汉语“老师”的音译，结古当地方言。

当老师。之后，家里的经济来源主要依靠我从事一些手工活，像木匠活、开拖拉机拉沙石等这类活，我啥都干过。村民们盖房子需要画平面图，我也会去现场查勘然后画个草图交给施工方。因为这样，一直到现在，村里的“市言”（村民）们都管我叫“罗斯”，而不叫我的名字。

“罗斯”夫妻俩对文娱活动很感兴趣，因此积极组织并参与村里的各种娱乐活动。如今，几个孩子都有工作且都不在身边，各自生活在结古、曲麻莱等地，节假日期间来看望他们二位。“罗斯”讲，在给村里年轻人传授“曲卓”（ཆོས་བྲོ།，法舞）和“依”（གཞས།，舞）时，他意识到当下这些民间舞蹈面临着失传，索性就收集了早期的资料，整理编著了《玉树新寨民歌集》① 一书。编著这本书从收集资料到最后的出版耗时几年，其间得到了吉然·桑丁昂江老师的很大帮助才得以面世。

从 1996 年开始我在新寨“吉哇”担任会计十几年。萨嘎达瓦月的 13 号（藏历四月十三日），要把一年内所有的支出和收入都做好结算，最后把剩下的余额全部存到银行。再把收据分别交给新任的“吉哇”、旧任“吉哇”和拉聂手里，大家手里各执一份。大家对新任“吉哇”在这一年要建些什么提出一些建议和想法。新任“吉哇”参考大家的建议，从出纳手里提取现金。所提取的数额又要立字据，分别交给出纳和书记，同时他们自己手里也执一份。早前“吉哇”可以自己用钱，但是后来就要求“吉哇”们用钱时要说明情况并写字据，如果不这样做就拿不到钱。因此，在用钱方面大家都非常谨慎。后来，嘉那活佛取消了“吉哇”换届时发誓的这一环节。但不管发誓与否，“吉哇”们都会对自己所有的支出和收入让会计和出纳做好详细的账目记录。

① 荣保仁青整理：《玉树新寨民歌集》（《སེང་ཟེ་ནོར་བུ་གླིང་གི་དམངས་ཁྲོད་ངག་རྩོམ་ཚ་གའི་དྲུག་འགྱུར་ཞེས་བྱ་བ་བཞུགས་སོ།》），甘肃民族出版社，2015 年。

新寨西面塔修建用地也是新寨“吉哇”花了38万元从别人手里盘下来的。先前是民贸公司的地，后来转手给银行，我们又是从银行手里盘下这块地。

吉哇、拉聂、会计、出纳之间分工很明确。吉哇负责完成一些修建事项和嘛呢石的工作，拉聂看护管理都康，会计做明细账，出纳管钱。“吉哇”组织分工明确，各司其职，形成了一个有效的管理制度。

第三节　“吉哇”组织何去何从?

一、新寨“吉哇”走向分裂

新寨“吉哇”在第七世嘉那活佛及村里元老级人物共同努力下得以恢复，每一届的“吉哇”工作都在众人的见证及协作下得以延续，且做出的成绩也是有目共睹的。但随着时代的变化和发展，“吉哇”组织制度的自我完善机制被阻断，同时，石经城的商业发展引发的利益纷争，导致“吉哇”组织最终被分裂，被新的管理组织替代。其原因可以归结为以下几点：

（一）活佛圆寂

1995年，七世嘉那活佛圆寂，享年46岁。“文化大革命”结束后，第七世嘉那活佛于1980年始召集信众承担结古寺修复工作。1985年嘉那嘛呢批准开放后，又组织村民担负起嘉那嘛呢的修复工作。嘉那活佛每年参与见证新寨“吉哇”的换届选举工作，为新任“吉哇”工作提供建议和指导，并出席各类宗教活动等。但其圆寂以后，结古寺短期内无其他活佛住持寺院。直到1997年，由结古寺旦巴仁青活佛坐床住持寺院，但当时年仅15岁的小活佛无法担负起寺院重任。[1] 因此，第七世嘉那活佛的圆寂对“吉哇”组织无疑是一次

① 王媛：《国家视域中的藏区宗教权威变迁研究》，北京师范大学博士论文，2014年，第96页。

巨大的打击。“吉哇”组织也开始出现了一些“反常”的现象。

（二）打破传统秩序

按照传统，“吉哇”组织是每届一换，担任过“吉哇”的人员不得再选。但是从第十二届开始，新寨“吉哇”的选举人员绝大多数又是从前十一任旧任“吉哇”成员中选举产生，这个时期正值嘉那活佛圆寂。面对这样的选举结果很多村民都表示不满。笔者有一次与新寨当地的几位老人聊到有关“吉哇”选举问题时，一位村民因为对“吉哇”的选举方式不满而与另一位老人之间展开了这样的对话：

村民A：为什么多年来，我一次都没有被抽中，前前后后担任吉哇也就是那些人。

村民B：那前提必须是“市言”（无工作）身份啊。

村民A：那我的妻子是“市言”户口，我怎么就不可以参选了？①

可见，村民对“吉哇”的选举方式不满。但生活在同一个村子里，彼此之间不是邻居就是亲戚关系。因此不好公开讨论“吉哇”组织存在的问题，怕说了以后伤和气。即使有很大的不满也只能是在私下抱怨几句。“吉哇”组织最后走向分裂，村民的解释是：

“吉哇”原本是每年一换，且在公众面前公布当年的“吉哇”收支情况，但连任现象打破了传统“吉哇”组织一贯的制度，并且财政收支不透明。久而久之，村民们的意见越来越大，以致最后全村人协商决定把嘉那嘛呢管理权交给结古寺。

实际上，据担任“吉哇”的阿吾DC讲，新寨“吉哇”自恢复以来，都是靠“讨布施”得以维持的，直到1996年左右才开始出现自立的端倪，但是又因为“吉哇”连任等现象，财政没有逐年公开，

① 村民A在某一单位当司机，因此，他算是有工作的人。

使得村民们缺乏信任，加上利益纷争等原因，造成了“吉哇”走向分裂。村里的一些有志之士，对新寨“吉哇”组织的分裂表示遗憾。新寨“吉哇”延续的这20多年时间中，对嘉那嘛呢事业发展所做出的贡献大家都不否认。从上文对历届“吉哇”访谈的内容中，我们也可以发现，每一任“吉哇”在各自任期内都是“顾大家”而“舍小家”，任劳任怨。那些曾担任过“吉哇”的老人很多已经不在人世，现在健在的也都年过半百。很多担任过“吉哇”的老人都讲，他们现在有健康体魄，都归功于自己为嘉那嘛呢石事业发展所做出的努力，积累了功德，因而得到了佛祖的加持和保佑。

自新寨嘉那嘛呢批准开放以后，在第七世嘉那活佛的主持下，从第一任“吉哇”起，他们努力把嘉那嘛呢修复成原来的样子。被选中担任“吉哇”的村民毫无怨言地接受这一任务。他们这辈子投入精力最多的就是嘉那嘛呢事业，可以说是他们生命中最光辉的一页。新寨“吉哇”管理的这20多年时间里，嘉那嘛呢事业得到了长足的发展，村民们的生活也有了显著的改善。村民们认为这都是托嘉那嘛呢的“增拉”（བྱིན་རླབས།，福气）。遗憾的是新寨“吉哇”的历史没能延续下去，虽然这对嘉那嘛呢事业的发展没有造成任何损失，但村民之间的感情为此受到了不同程度的伤害。对此，村里的一位老人讲：“别看现在大家（当地人）都体面地在转经路上念经、转经，但有些人相互之间都视而不见，不打招呼，类似这样的现象都是地震以后出现的。部分是因为‘吉哇’最终归属问题意见不合导致的。但更多的是在灾后重建时邻里之间因为征地问题发生利益纠纷、闹矛盾而结下的怨恨。”

自新寨“吉哇”把管理权移交到寺院手中以后。寺院延续新寨传统“吉哇”组织的习俗，管理嘉那嘛呢石各项事业且积极开展各类宗教活动（见附录一）。

二、“众”望所归

结古寺作为新寨村民们的母寺，凡是家中有男孩或女孩出家，结古寺都是首选。因此，村民觉得最妥善的办法就是把管理权交给寺院。持这一意见的村民占多数，但也有部分村民持反对意见，导致最后村里形成两派。为了妥善解决管理权问题，村委会召集全村人进行商讨，最终绝大部分人同意把管理权交给寺院。村民们之所以愿意让寺院来接手管理，其原因是寺院作为村民们的精神母体，村民认为自己现在拥有的东西（财富），今后都会转交给寺院。更重要的是他们面临死亡时，所有的后事也都是由寺院来操办。因此，很多村民认为交给寺院是最好的办法。村民们持这样的态度，有一定的依据所在。结古寺不同于其他地方寺院的最大特点在于，但凡村里有人去世，所有的后事都是由寺院活佛和僧人来负责处理。活佛有求必应地出现在每一位临终者床前，使临终者在受到活佛的“关爱”下安详地离开。紧接着为其念经超度，停尸 3 天以后进行天葬。寺院派 4 名僧人担任天葬师①，家属也可以请自家的亲戚或者其他僧人朋友出面。之后的“七七”时间段里，每到“一七”就会请僧人到家念经，有条件的家户还会在寺院举行法事活动。因此，村民愿意为寺院效劳或者做任何事情。村里有一位老人 SNWC 说他的后半辈子就甘愿侍奉寺院。每逢村里有什么法事活动，不管大小他都会去帮忙，村民们也习以为常。笔者田野调查期间参加的法会都能见到他忙碌的身影。

在村民眼里，结古寺僧人比任何人都重要且亲近。不仅仅因为他

① 寺院没有固定的人选，活佛及众僧都有过这样的经历。天葬师，在传统藏族社会中是一个“不洁”的职业，因此，被视为低贱的职业，多以世俗人员担任。尤其在等级观念极强的西藏更是如此。可参见才旦曲珍、贡觉：《有关天葬及天葬师的研究综述》，《中国藏学》2012 年第 4 期，第 159—165 页。另外，笔者从拉萨的同学那里得知，当下拉萨这一问题更加突出，随着社会经济的发展，担任天葬师的人越来越少，家属为了让失去的亲人得以体面的天葬，不惜花费昂贵的代价来请天葬师，即便如此也很难请到。然而，结古的情况是，只要有人去世，上到活佛、下到僧人都会第一时间亲临现场，且所有天葬事宜都是他们亲力亲为。不会觉得尸体“肮脏”或者“忌讳”而做各种防护工作，类似像戴手套之类（也是因为不采取各种防护措施的原因，寺院里僧人得病率很高）。在天葬的那一天，他们把尸体处理得干干净净，不留任何残迹。这对死者来讲是一种尊重，对其家属来说也是一种莫大的恩惠，精神上也得到慰藉。因此，结古人对结古寺的僧人是倍加敬重。如今，玉树人在西宁生活的越来越多，2008 年结古寺在西宁也设立了分寺。笔者在 2017 年 9 月访谈其中一位僧人得知，寺院每年派出 9 名僧人在西宁进行各类宗教活动（活动内容与结古寺举办的各类法事活动同步进行），这给那些在西宁生活的老人带来了极大的便利，凡是有人在西宁去世，同样可以随时请结古寺的僧人来进行超度。

们是僧人，更是因为他们为村民所做的一切，尤其在村民的亲人生病、去世时所做的事情，足以令他们感恩寺院一辈子。田野调查期间，给笔者提供帮助最多也是最熟悉的一位老人GY（76岁）说，他过完年以后，要去西宁做体检。这是他询问结古寺DB活佛以后做的决定。笔者问老人是否家里所有的重大事情都会找活佛算卦，他的回答很肯定。结古寺就是有一种这样“无形的力量”感召着村民，给村民们提供精神上的指导，并确保他们一切如意。

三、寺院管理

结古寺每年派两名扎哇担任拉聂一职，到新寨管理嘛呢石诸事项。另外，在新寨设立的煨桑台和都康里的事情，由结古寺派所属尼姑寺①的8名阿尼来担任拉聂看管、办理。他们接替了昔日村民担任的职务，并成为今日新寨社区的一部分。只是现在的收入不归新寨村。资金收入除了部分用于修缮嘉那嘛呢相关设施，其余全部用于寺院的各项事业，如用于新寨的各类法事活动、发放给寺院众僧尼作为生活补贴等。寺院接手以后，很大程度都是按照以前新寨吉哇的管理模式。他们能否像以往一样通过嘉那嘛呢来凝聚人心，整合村民包括当地人和外来人，又是一个新的历史使命和挑战。

寺院每年下派的扎哇和阿尼拉聂之间分工明确。扎哇拉聂主要负责嘛呢石的相关事宜及法事活动，阿尼拉聂主要负责管理拉康的诸事项。其中，阿尼拉聂管理的都康和小店的所有收入全部上交到寺院。另外，寺院对当年任职的扎哇和阿尼拉聂交接工作时会给他们一定的奖励。

（一）扎哇拉聂

目前，寺院拉聂在新寨管理已经取得了一定的成效。尤其在嘛呢石管理上，形成了小组管理模式。随着外来石刻艺人的增多，为了方便信徒请嘛呢石，以及缓解外来石刻艺人无地存放嘛呢石经的难题，大家把刻制好的嘛呢石经堆放在嘉那嘛呢石经堆北面转经道左侧的嘛

① 结古寺所属的尼姑寺，于2017年9月开光。

呢石经摊位上，这一排嘛呢石经摊位构成了新寨村当前主要的嘛呢石经市场。这个临时摊位起初仅被几家率先占用，造成其他石刻艺人的石经无地可放的局面。对此，寺院拉聂出面进行了管理，划分成6个组，与北面的6处新嘛呢石经堆相对应，划定每组具体的摊位位置，让更多的人摆放。每组的小组成员，只允许在各自小组指定的供放点供放嘛呢石经。另外，还有一部分没有在北面摊位处占上位置的石刻艺人，把他们安排在西面新旧嘛呢石堆中间的过道处划为第七组。如表3－3所示，七组摊位共计227户，其中新寨当地人5户，占总数的3%，经了解这5户人家的住房都离嘛呢石经堆较远。

新寨嘛呢摊位数量

表3－3　　单位：户

小组	一组	二组	三组	四组	五组	六组	七组	共计
总户数	39	25	54	25	17	25	42	227
新寨人	1	1	1	0	1	0	1	5

（注：数据由结古寺拉聂CL提供，2016年9月）

表3－3的这组嘛呢摊位数据，并非固定不变。因为有些外来石刻艺人刻一段时间就会离开，腾出来的空间又会有新的成员来占用，或者空置一段时间。总体而言，这些摊位大家都是抢着占，尤其是外来石刻艺人。现在每个小组都有固定的组长来管理。

个案3－6：阿佳ZY，新寨人，担任两个小组组长

我们一组有3个组长，一个最近家里有人去世，另外一个是他自己生病，所以最近就只有我一个人来管理安排。他们两位都不是新寨当地人。每个组的组长都是各自小组成员自己选举出来的。这个制度是现在在新寨负责管理嘉那嘛呢的两位结古寺的扎哇到这以后实施的。在这之前的两年里，结古寺每年都会安排两位扎哇到这里来管理。第三年现任的这两位，是我们去寺院协调，请求让他们继续连任的。他们在这管理了3年，我们也连任了3年组长。

我们一组在过廊上摆摊位的有43家左右。平常来干活就是每家派一名代表。担任组长的人不管是男是女都必须自己亲自来参加。现在的问题是只要是刻嘛呢石的人都往这里堆放嘛呢石，但是真正在这儿干活的只有占摊位的人。这多少有点说不过去，但是也没有办法，总要有人来干。

阿佳ZY不仅担任一组组长，她还担任七组的组长。虽说担任小组组长没有什么报酬，但是她觉得她作为新寨土生土长的人理应承担现在这样的责任。直到今天她们全家人还要靠嘛呢石来维持生计，而且她的丈夫（之前跑车）也是她教的石刻手艺。她还希望自己的子女边上学边学着刻嘛呢石。因为她觉得石刻是新寨村特有的一种地方文化，传统的石刻手艺应该有人传承下去。担任组长虽然占用了她很多时间，但她还是很乐意担任组长。

个案3-7：二组组长，阿佳BM，囊谦人

我担任二组组长是大家推举的，想想也是要完成寺院交付的任务，我就担任了。当然我自己也有义务，每月抽出一天的时间去干活。虽然现在用工具，像挖掘机来堆放也可以，但是这样一来嘛呢石就会摔碎很多，所以通过我们人工堆砌是最好的。其实这个也是我们作为藏族人去践行佛法的一种行为。

现在新寨这里我们外来石刻艺人占多数，但是我们来这里以后没有因为是外来人而受到排挤。我们也不能只收钱而不出力。我们在这儿受到同等的待遇。虽然当地人对我们的到来可能不会太欢迎，但是我来这以后，只要自己会刻嘛呢石就可以留在这里，我们的孩子跟当地的孩子一样可以在这里上学。

我们担任组长后，小组成员里即使有新寨当地的人也必须听从我们的安排，大家都会积极配合。假如要是谁迟到就罚100元，一天不来罚500元，大家也同意这样的规定。有些迟到的人我们也确实罚过，立下这样的规矩不是仅仅拿来吓唬他们。现在这个组织活动开展已经两三年了，大家也习惯了，而且是越来越团结。之前大家都互不相识，现在一个小组的人大家认识以后，平常见面也会打个招呼或者相互帮忙。这个活动不是几个人受益或仅仅是寺院受益的事情，最终受益者是我们这些石刻艺人，所以我们有这个义务来干这件事情。

个案3-8：三组组长，阿吾CDDJ，昌都人

我们是三组的组长（两男一女），是大家共同选举出来的。7个小组中我们组人数最多。我担任组长也已经2年多了。今年看样子也可能会让我们继续连任。刚开始大家相互不太熟，现在都2年多了就很了解。

为了更好地进行管理，我们采取一定的管理措施，干活时哪家的人要是没来就罚款，早上迟到的人罚50元，年底时罚款收到的钱我们用来买隆达（风马）、觉达（经幡）等，然后召集大家（多为男性）一起去普措达泽、文成公主庙等地去扬风马、挂经幡。去年是我自己家里去文成公主庙时拿去的。前年是我们小组成员一起去的。今年到目前为止还没有罚过谁，因为大家现在都很准时，而且也不旷工，干活的态度比以前好，也愿意服从安排。刚开始大家都不认识，纪律比较松弛，后来有了罚款措施以后大家都不太敢迟到或者旷工。目前我手里有450多元的罚金，但是罚金的用途我们不用跟他们做详细的说明，因为我们自己也不敢乱动用这些钱。大家对我这一点信任还是有的，因为这事关嘛呢（佛法）。

现在每月的藏历十六号，但凡有摊位的，每家都要派一名成员参加集体劳动，重新规整之前供放的嘛呢石经，小组组长负责管理。每位组长根据小组实际情况，制定小组管理制度，如对不参加或者迟到的组员采取惩罚等措施。除了一组和七组的组长是新寨当地人以外，其他小组的组长均由外来人担任。这个管理措施实施近三年以来，小组成员之间因为参加集体劳动而相互结识。各小组之间有时也因为嘛呢石经堆放整齐与否而存在竞争。像三组的组长所说，他们组的人数最多，且最团结。笔者有好几次跟大家一起劳动，看他们开小组会议，集体商讨对当天迟到的人员要怎么处理。有时因为占地多少而存

在争议，小组组长解决不了的问题请求寺院的拉聂来管理。

个案3－9：阿吾DW和他的搭档CL

到今年（2017）年底，阿吾DW和他的搭档CL已经在新寨担任拉聂3年了。大家都知道现在嘉那嘛呢由他们来管理。不管是新寨当地人还是外来石刻艺人对他们的工作都给予肯定。现在大家在嘛呢石经供放等问题上，都是事先询问寺院拉聂，然后按照不同石刻类型进行供放。

原本是一年一换，但是我们到今年年底已经在这管理了3年。在这之前换过4任寺院安排的拉聂。我们两个人来这时是外来石刻艺人人数迁移最多的时候（2014年）。当时这里还没有形成一个有效的管理制度，比较乱。我们就采取了一些管理措施。起初，存在一定的困难，我们与他们之间、他们相互之间都有口角之争，甚至有时也动过手。虽然我们身披袈裟行为有点过激，但是有时有些人就是对着干。像现在这样制度成文以后，大家开始相互协作，口角之争发生的也少了。大家都在按照我们的制度来办事，也是因为这个原因大家找寺管会主任们让我们继续在这里管理当拉聂。

与之前的新寨“吉哇”管理方式相比，寺院拉聂的管理更加严格有序。他们在嘛呢摊位的安排、供放的时间及供放的分类上都制定了相应的规章制度。

为了便于管理这些外来的石刻艺人并且稳定当地社会秩序，我们就把现在他们摆嘛呢石的摊位划分成6个小组，每组让他们自己小组的成员来选举3位组长来负责管理。然后从每家手里按占的摊位的大小（平方米）收相应的租金。收的这些租金都会用在嘛呢石的后期修缮工作上，像租车重新堆放嘛呢石或其他事项上。原来在北面新嘛呢石堆路边一排的摊位被霸道的几家人占用，其他人都占不上。后来要求从每家手里收摊位费，这些人占用几平方米可供自己嘛呢石摆放以外，其余的都腾给其他石刻人家，这样就解决了很多人的摊位问题。从原来仅被几家占用到现在有200多家占用。原先每月1平方米收1元的租金，他们提出意见觉得有点高，我们又降低到0.5元。有些家境特别差的人家，我们不收取他们摊位费。一般来讲，摊位越靠前（西面）越好，因为顺时转经过来到西面的头上，施主从那里请好嘛呢石经以后，就不再考虑其他的。三组请的人最多，可能是跟他们那边巷子较宽有一定的关系。

另外，在嘛呢石东面设立闸门，若有大型车辆通行供放嘛呢石，只允许在每月的藏历十五和三十号进入场内供放。但是，有些是特殊情况，如急需为病危或者死者请的嘛呢石，我们也会让他们出入。如果不设这样一个闸门，每天都会有车辆来往，加上这里人流量大，过廊上转经的很多都是老年人，会给这些老人带来不便和危险。这样一来整个嘛呢石转经路上就变得井然有序，社会治安得以稳定，并且转经路得以通畅、安全。

根据刻制石刻的类型，把佛经类集中供放在一处（北面“呢”的位置），把心咒类供放在一处（“呗”的位置）。把吉然公司刻的《大藏经》供方在“吽”的位置。每月开放供放的时间，我们两个人从早到晚要在现场指挥大家把嘛呢石供放到高处。可以说在“念东才吉”（藏历殊胜日）的这些天，尤其是在藏历十五和三十这两天，每日几乎有上百辆小三轮车供放嘛呢石。按照现在刻制的嘛呢石数量，如果不继续往高处堆放的话，要不了几年这里就没有地方供放。因此，我们现在是让大家供放得更高一点。但是这样需要有一定的人手从下面往上传递，而且又不得不踩在原先供放的嘛呢石上。所以这需要我们现场监督。经过这几年的努力，现在大家都愿意服从我们的安排。

目前，在管理上存在的困难：

新寨当地和外来人员管理上都有一定的不便。当地人觉得他们是这里的人，理应被特殊照顾，因为他们作为当地人要顾及自家的名誉，这就无形中约束了他们不良的行为举止。但是外来人员，尤其是在这儿短期刻嘛呢石的艺人是最难管制的，他们不用为他们的不良行为“买单”，不会因为遭到当地人的谴责而感到愧疚，从而在行为举止上会更为放任，有时跟我们也会出手相对。但是这样的管理体制步入正轨以后，各个小组成员之间也开始建立友好的感情。为了他们共同的“饭碗”，他们也服从我们的安排，并且相互督促。占摊位的石刻艺人现在都受到我们的管控，比较好办。最难办的是那些在自己家里刻，然后趁我们不在的时候，有时是晚上，供放一些“多瑙”到这里来。

坦白说，这个工作任务很重，而且又不好管理，免不了跟大家发生口角争执。有些不服从我们管制的外来人以我们为“敌”。现在借助机器刻制嘛呢石是以往数量的十几倍，如果不往更高的地方供放，今后将无处可放。现在我们条件有限，都需要人工搬运，而且不论男女，都必须站在嘛呢石上往上传递嘛呢石。虽有点不妥，但也没有别的办法。

可以说，我们对待新寨当地人和外来人都是一视同仁，但也不敢肯定百分之百，因为有时还会给当地人一些“面子”和“优待”，毕竟人家是这里土生土长的人。我们在这儿的时间里，希望自己是为今后嘉那嘛呢石能够发展得更好而做出努力。所以，我们不遗余力是为利益更多众生而奔波。

嘉那嘛呢石这里最大的特点就是所有的佛经和咒语类都是刻在白色的石头上，而且这些石头都是采自道丹勘察的多索拉山上。所以，现在寺院管理上，不允许大家供放其他地方的石头和黑石（青岩石）。但是有些信徒觉得这里非同一般，所以趁他们不注意，尤其是夜间，会偷偷地把其他石头供放在这里。现在这个问题也得到了一定的管制。大家都知道把其他石头供放在这里不但没有功德可言，反而会给大家招致疾病或者不祥。

每年藏历的“萨嘎达瓦”月，结古寺的200多名阿尼会前来新寨举行三次“闭关”仪式（共6天）。然后在石经城干3天的活，重新堆砌嘛呢石经。寺院拉聂除管理嘛呢石以外，在他们任职期间要举办寺院指定的各类法会，需要他们自己出面去迎请活佛、堪布及众僧尼。另外还会有一些施主出资让寺院在新寨举办法会，届时他们也会向寺院说明，邀请僧人来新寨举办法会。萨迦祈愿大法会之前，嘉那嘛呢石经堆处所有旗杆上的经幡要换新。因萨迦祈愿大法会工作量大，寺院会派更多的僧尼前来协助他们做准备工作。

CL 还告诉笔者，他们召集所有摊位的成员开会时，告知大家不管外来人还是当地人，都要共同努力营造一个良好的环境。并希望本地人以身作则。他们知道当地人心里有些不平衡，觉得理应被优待。之前新寨当地人被允许堆放在低处，要求外来人堆放到高处。这不仅加深了相互之间的隔阂，而且更加仇视寺院。这里刻嘛呢石的 80% 都是外来人。我们来这儿以后一视同仁，都要求往高处堆放，外来人的心理得到平衡。不同于以往，现在社会环境从整体上有了明显改观。CL 发现对外来人越排斥，他们就越对着干。但是当他们被同等对待时，能明显感觉到有想象不到的变化。他觉得在管理上，很有必要对大家都一视同仁，这样就比较好管理。即使有时当地人会为此有点“不满”，但是为顾大局，这是最好的办法。

总体来讲，大家现在都很配合寺院的工作。尤其在摊位小组成立以后，不分内外一视同仁，大家都很乐意相互协作。这样来看，外来人员和当地人之间的矛盾可以调和，而且相处也比较融洽。

（二）阿尼拉聂

在寺院管理的前 6 年中，每年都是派 6 名阿尼到新寨任拉聂一年。今年第 7 年，又多派了 2 名阿尼。只因新寨现在信徒请酥油灯的需求高，工作量大。8 名阿尼分派到南北两面的都康，每处各 4 名。萨迦祈愿大法会举办完以后阿尼拉聂就会换届。和之前的新寨村民当拉聂一样，她们要干零活，打扫卫生，给参加法会的僧人做饭等。不过最主要还是制作和清洗酥油灯。

个案 3－10：阿尼 QC 一组

早上天没亮五六点我们就要起床生火，往煨桑炉和“斯”坛子里放好火苗，因为很多信徒都是早早地来这里转经祈福烧香、祭祀，所以在他们到来之前我们都要做好准备。然后从早忙到晚。白天清洗信徒点的酥油灯，然后又制作新的酥油灯。有时一直忙到凌晨一两点才能休息。点酥油灯最多的是在“年东才吉”期间，那几天都是忙得不可开交。我们东面的 4 个人，3 个人负责 3 个都康，一个人负责照看路上的小店（主要出售煨桑和“斯”的用品，如藏香、松柏、糌粑等）。但不是固定在一个都康里，大家都会轮流交替。然后到年底把所有的收入全部交给寺院。我们在这儿干活的扎哇和阿尼一样，即使不在寺院也会照样每月给我们和寺院的僧人一样的生活费。扎哇和阿尼的生活费一样，都是结古寺寺管会统一管理。

相比而言，待在寺院里是稍微轻松自在，来这里以后要操心的事情很多。因为自己是这一边的主要负责人，身上的责任更大。为了能比前任做得更好，所以比较操心。同时，也需要付出更多的精力。身体状况不佳也要扛着，非到万不得已才休息几天。

寺院里的“秋莎”每年会先选举两位阿尼作为主要负责人，然后让两位阿尼自己选 3 名搭档到新寨任职。阿尼要么会找寺院里跟自己是亲戚关系的，要么找比较勤快、能干、听话的，要么找跟自己关系要好的阿尼来做搭档。这一年的工作虽然有点辛苦，但是大家都觉得这是自己应尽的义务，心甘情愿地为自己寺院效劳。

我们把一天点灯、购买其他供香、祭祀等用品的钱和供放在都康里的布施到晚上都存放到保险箱里。不用我们做特别明细的账目。另外制作酥油灯的油、糌粑这类的用品都需要从别人手里进货。在我们之前担任的阿尼们已经有几个固定的进货点，所以我们也就是从这家人手里进货。我们主要是把一年的钱数全部交给寺院即可，不用做特别的交代。但是我们都希望在各自任期内的收入能比上一任多一点，这样也是对我们付出努力的一种证明。

现在，在新寨村有 2 个扎哇拉聂和 8 个阿尼，10 个人分工很明确。但是平常需要时也是相互帮忙。拉康里举办什么仪式法会时阿尼们帮忙打扫卫生、做饭。都康或者小卖店里没有电或者干其他体力活时也叫阿吾 DW 他们来帮忙照看。阿尼们不用像早前新寨的老人们当拉聂那样乞求各路信徒多请几盏灯，只要她们能制作出酥油灯，就有信徒来请。尤其是在每月的藏历殊胜日时期，更是供不应求。酥油灯一般都是小的一盏 1 元，中等的 5 元、10 元，更大的 50 元、100 元不等。也可以把钱交给阿尼，让她们直接把酥油倒入铜锅里。相比其他一些旅游业发达的佛教圣地，这里的酥油灯价位较合理。每位阿尼都想在自己任职的这一年中通过努力来为寺院多集资一点钱，这样她们付出的努力也算没有白费。另外，每年寺院都会在这一年的收入中提取相应的金额给每个阿尼，算是对她们这一年付出辛勤劳动的一点奖励。

相比而言，结古寺的扎哇们，常会有信徒请到家里念经得到布施，但很少有人请阿尼到家里念经。除了寺院每月给的生活费以外，她们没有额外的收入来源，所以这点辛苦费对她们来讲也算是一笔可观的收入。像个案 3－10 阿尼 QC 讲述，如果可以，她们想去印度朝圣，这是她和其他几个阿尼一直以来的一个愿望。所以想借此机会努力干活，以求在结束任务后可以跟寺院多要点奖励，来实现她的愿望。

第四章　生计与信仰实践

通过上一章的内容，我们可以了解嘉那嘛呢在村民们的生活中占据着重要的地位。家庭作为社区最小的组织单位凝聚着家庭成员，而每个家庭又是通过“吉哇”组织维系形成一个村落共同体。

本章主要对嘛呢石刻制对村民的生计产生影响的原因和过程进行分析。早期的嘛呢石处在“低度的生产”阶段，并不足以维持一家人的生计，也不算是一种正式职业。村民们更多的是依靠农业、家庭养殖和手工业等生计方式，而刻制嘛呢石更多是为了实践信仰。但是当下石刻已成为新寨村的正式产业和生计来源。石刻的生产规模，匠人的生产方式、分工协作及生产人员等都发生了很大的变化。

第一节　村民的生计方式

笔者对新寨村民的经济生活主要从地震前和地震后两部分展开论述，以便进行简单的比较，进而了解新寨村经济生活所发生的变化。

一、4·14 玉树地震前

关于地震前村民的经济生活，笔者在这里选用了几个较有代表性的个案。通过这些个案，我们会发现没有比这些活生生的案例更能说明一个社会的发展是如何在悄无声息中慢慢地发生着转变。而对村民们来说，这种变化都是顺应时代的潮流，不足为奇，就像阿吉兹在定日调查所发现的那样，他们的社区在这一时期内所发生的事情是很平常的，没有什么值得以变革、选择及流动性等这类术语引起人们注意的地方。[①] 这或许跟地震以后的巨大变革有很大的关系，因为地震后发生的变化是村民们从未想象过的。

（一）农业和家庭养殖

传统的农业和家畜养殖是新寨当地村民们的主要生活方式。但是需要说明的是，早期社会分为拥有耕地和畜群的富裕家庭，即“促波”（ཕྱུག་པོ།）和一无所有的劳动者即“觉没”（འཇོར་མེད།）两种，后者依附于前者。耕地对生活在这里的人非常重要，阿吾 GW 讲道：

多瑞在这里创建嘉那嘛呢以后，住在这里的人开始学习石刻，有地的人种地，没地的人刻石养家。对于有耕地的家户来讲，耕地是他们家里最重要的财富，是拥有财富的一种象征。比如家中有亲人去世时，会把家里的九眼石、珊瑚甚至是房子卖掉拿去做法事，不到迫不得已不会把家里的农地转手。即使转手也会尽可能在各自的亲戚圈，如兄弟姐妹之间，而绝不出售给外人。事实上，以前耕地是买不到的。

通常情况下，农活是过完“罗萨”（ལོ་གསར།，新年）后开始着手准备，当地叫做“力果龙”（ལས་མགོ་ལང་།，春耕）。意思是过完年就要开始劳动，翻耕地、施肥。有时还需要在肥料里兑水以便发酵助长肥力。施完肥还要捡田地里的石头。有地的种地，没地的人家让他们的孩子去别人家里乞讨青稞。乞讨时他们有专门的说唱词，要唱给那些施主听，祈愿他们有个好收成。然后施主给那些穷人家的小孩一点青

① ［美］巴伯若・尼姆里・阿吉兹著，翟胜德译：《藏边人家——关于三代定日人的真实记述》，西藏人民出版社，1987 年，第 7 页。

稞。① 到收割季节时穷人可以捡麦穗。早期寺院有专门的占星师，负责掐算时间看什么时候耕地、耕地时要哪些属相的人来牵牛鼻，具体时辰等。然后大家按照占星师的说法去做。担任占星师的很多都是寺院堪布。以前寺院规定的这种制度叫做“加洛安尺”（རྒྱ་ལོ་ཛ་ཁྲིམས།，收割法），非常严格。寺院会专门派一名僧人来担任“斯瑞”，看护好庄稼。假如有村民家的牛羊跑到青稞地里，就会给予罚款。收割时又有寺院的僧人来“萨慈宅”（ས་ཚོད་བསྒྲིགས།，分配时间），② 看什么时间收割，时间精确到几点几分。

阿吾 GW 引用了一句当地谚语，“ལོ་དགོས་རྒྱ་ཨ་ཧས་ལམ་ཚོགས་མ། ཚོང་དགོས་རྒྱ་ཕ་གཞུ་གྲུ་གཞུ་ཡིན།”意思是一个人不上进时连个破烂都要不上，甚至连家父留下的耕地都卖不掉。说明人堕落时一无是处。他还回忆道：

中华人民共和国成立以前，3 斤青稞抵 1 斤酥油。所以当时的青稞是一切财富之源。以前没有机器，就用镰刀收割，然后把一捆捆青稞绑在柱子上用“扣吗”敲击，把青稞和杆子分开。家里人手不够时会雇人，主人会给他们一点青稞或者其他的东西作为报酬。铁匠、木匠等匠人，主要是靠他们各自的手艺来谋生。

以前不管是贵族还是平民或者贫民，只要农忙时节结束就有大把的闲暇时间，所以大家在一起玩游戏的时间很多。早期即使生活条件一般，但是幸福指数很高。每天嘻嘻哈哈，不同的季节有不同的游戏可玩。冬季时可以踢毽子、玩“贴黑”、滑冰（把冻僵的牛粪作为滑板）。夏天玩“折各日布”“恰节”等等。

---

① 这种社会习俗应该遍及世界各地。莫斯在《礼物》一书中也提到了俄罗斯的“科利亚达”节，孩子们戴着面具，挨家挨户地要鸡蛋、要面粉，谁都不能拒绝他们。详见马塞尔·莫斯著，汲喆译：《礼物——古式社会中交换的形式与理由》，商务印书馆，2016 年，第 27—28 页。

② 以前收割时，寺院会算好时间，安排每个扎武部落管辖下的村落在何时进行。扎武百户管辖的 6 个地方（曲麻、巴杂、新寨、刚以、都康、西杭）各两天，因此叫做“萨次尼玛吉尼”。

早期，并不是生活在新寨的村民都有地可耕。人们通常把那些有耕地和家畜的家户叫做“促波”（ཕྱུག་པོ།，富人）或者“萨道”（ས་བདག，地主）。而那些没有农地的叫“觉没”（འབྱོར་མེད།，没有财富的人），靠乞讨或者其他方式要饭的叫“仲布”（སྤྲུ་པོ།，穷人）。“促波”有农地，生计上主要靠农业。

村里最年长且身体健朗的 CZM 奶奶说，以前村里的老人讲早期的历史时她都不以为然，觉得他们都是“么西细度”（མི་ཤེས་ཤེས་མདོག，不懂装懂），现在让她讲述过去的历史时才意识到自己那时很“无知”。笔者找奶奶了解情况时①，94 岁高龄的她思维清晰。她曾经跟着 4 个“布姆布如”（བུ་མོ་བུ་རོགས།，女闺蜜）② 徒步到拉萨朝圣，所到之处、所见之物都记忆犹新。笔者跟着奶奶的口述也经历了一次身临其境般的“朝圣”。

个案 4－1：阿依 CZM，94 岁，早期“即拾”（རྗེས་འཐུ།）生活经历

在新寨“促波”们有农地，生活来源主要是靠种地，除他们之外，其他人家都是靠刻嘛呢石。像我们这样没有农地的人只能是干“即拾”（རྗེས་འཐུ།，拣麦穗，多为女性）活，用现在的话说就是“拉撒”（གླ་ཟ།，打工）。到秋收时靠给富农收割、打麦，然后给的薪水就是我们自己从田地里捡到的“特布”（ཐོས་བུ།，麦穗头），捡到多少就全归我们自己所有，不过要干完所有活。有时捡到三四袋，收成好的时候最多能捡到五六袋。收割时“店佣”（སྟོན་གཡོག，秋季帮佣，多为男性）人手多，大家都手忙脚乱，掉在田地里的“特布”也多，我们暗暗自喜巴不得这样，因为这样一来我们能多捡到一点。像“店佣”“即拾”都是以前穷人干的事情，就是给富农人家在秋收时干活，收割、打碾，再把青稞装进袋子。干完后给的薪水主要都是青

① 笔者总共见过奶奶五六次，前几次是有目的地找她访谈，后几次不再是为访谈而找她，而是自己有意要去看望这位年迈的老人。每次去心想应该不会记得太清，但是一见面立马能认出笔者来。

② 分别为洞那仓的女儿、松纹仓（结古曲哈仓“玛巴”的妹妹）的女儿、伊凯仓的女儿。如今只有她一个人健在。

稞。秋收以后，我们还会给那些“促波”刻嘛呢石。

秋季当“即拾”给富农干活能得到青稞，估计要干1个月左右。每天会给我们4顿茶餐，有时晚上给我们准备肉汤或者肉肠，隔天又会给我们煮面食，总之能吃饱肚子。以前村里专门有两家“作子”（ཛི་བོ།，牧牛人）和一家“然子”（ར་ཛི།，牧羊人）。有牛的家户每天轮流给他们提供早饭和晚饭，早饭会给一盘糌粑另外加点酥油，晚饭就会给面或者肉肠。等到秋季时结算一年的薪水。每家每头牛要称2斗青稞，给放羊的人也要称青稞（但是记不清具体的斤数）。富人家有养马的，也要雇人夏天把马放到山上喂草，给那些“搭子”（རྟ་ཛི།，牧马人）相应的薪水，如糌粑、酥油和肉等食品，或者给“杂巴”（羊皮袄）。一年的年薪会给缝制好的牛毛袋子。这些都是穷人接任的活，而且给的薪水也不差。

以上这些是老人们对五六十年代生活的回忆，到了人们公社时期，阿吾BG回忆说：

人民公社时期，每天都干活挣工分，然后年底按工分结算。看能拿多少，又需要补多少。一年下来每家能拿个280—300斤的青稞，作为一年的口粮。种地是家里的主要收入来源，起初还去打工修路，每天大工的工钱2.5元左右，小工的工钱1.7—1.8元。

土地包产到户时，原本家里9口人，最后得到了7个人的份额，那时老大和老二都已经上民师了（当时，上州民师等于是拿到了铁饭碗）。加起来一共分到21亩地，2头牛。孩子们上学以后就全靠我们夫妻俩操持家务，干活养家。家里的2头牛能勉强犁地。有些家户甚至连一头牛也没有，只能靠租借或者是亲戚间相互帮忙。后来家里有了拖拉机就方便了很多。犁地、拉点沙石、自己盖房子。每年种着7—10亩的地。每亩至少能产250斤青稞。1年就有2500斤左右的青稞。有些卖给昌都人，以前有很多昌都的牧民来这里收购青稞。100斤青稞能卖个30—35元。那个时候的钱比现在难挣，而且钱很“值钱”。除非急用钱，否则不会卖掉青稞。那时花销最大的也就是给孩子们交学费。

按照当时的政策，土地包产到户时每人可得3亩地，但前提必须是农村户口，且没有正式的工作。村民们除了农业收入以外，还兼营家庭养殖。玉树藏族自治州的畜禽品种主要有藏系绵羊、山羊、犏牛、黄牛、马、驴、鸡等。① 新寨村民家畜主要是黄牛，部分村民家还有马。但都是小规模的家庭养殖，每家最多也不超过10头牛。20世纪90年代初，张叔从河南来到新寨，他记得当时（见个案4－19）每天早晚都能看见村民赶着成群的牛出没在村子里。

个案4－2：阿佳BL家的生活经历，5个孩子

我的老伴当过好几次“吉哇”（现已去世）。我自己是忙于刻嘛呢石、照看孩子和家畜等，都记不清楚他跟谁一起担任过“吉哇”。

记得以前秋收以后收获的青稞有些交换牛羊肉、酥油，有些跟当地开商店的人换糖果、水果、挂面等。那时青稞收成好，但是没钱，我们就拿青稞换这些东西。

家里以前养过牛、马，产奶多的时候有五六桶酸奶，然后就拿着这五六桶酸奶徒步走到镇上去卖。有时路上下雨都没个可以躲雨的地方，全身被雨淋透。起初一桶能卖个12—13元，后来涨到15元。当时也就是现在这个时间②开始拿去结古卖，可以一直卖到7月份。卖的这些钱用来买制作酥油的机器等家用品。在这之后产的牛奶都用来制作自家的酥油。因为7月份以后“白云牧场”（当地一公家企业）的酸奶会提供到结古，所以我们自制的酸奶就卖不出去了，索性就用来制作酥油。那时家里买了个制作酥油用的机器，花了700多块钱，制作好的酥油贮藏起来，以备冬天自家用或者卖给别人。制作完酥油以后剩下的“达瓦”还可以用来制作“曲哇”（奶渣）。一块酥油差不多5斤重，当时1斤能卖15元左右，后来又涨到20—25元。再到

① 玉树藏族自治州地方志编纂委员会编:《玉树州志》,三秦出版社,2005年,第254页。

② 访谈时间为2017年3月24日，那天村民们参加集体劳动，打扫环境卫生。

后来家里的几头牛自己照看不过来，最后剩下的2头牛不知去了哪里，去公安局报了案也无济于事，就那样不了了之了。

如今，相比以往阿佳BL家里的生活条件有了很大的改善。家里的收入除了两个孩子（大女儿和小女儿住家里）的工资以外，还有一笔可观的房租费。租房的都是些供孩子上学、刻石、转经的外地人。

（二）传统手工艺

新寨村的绝大多数村民都是以农业为主、养家畜为副业。除此之外，还有一些村民是通过从事其他手艺活来维持生计，像裁缝、铁匠等，也是当地人的一种生计方式。其中有五六家缝制藏式腰带的老人，他们手艺精湛，是结古市民都公认的，且顾客也较多。

个案4-3：阿吾LD，73岁，一生以裁缝为业

家里原本有10个兄妹。现在健在的有5个，三男两女。我们兄妹几个都各自成立了家庭生活在新寨，有1个哥哥在拉萨。我们跟在拉萨的哥哥还相互来往，他现在生活挺好的，3个孩子都有工作。我自己有两个女儿，她们都找到了工作，大女儿住在结古，平常节假日回家看望我们，小女儿跟我住在家里。我的老伴（张凯仓的女儿）前两年去世了。

为了养家糊口，我是自己学缝制藏式腰带，挣点小钱。我们夫妻俩在家缝制腰带，有时我也去别人家里缝藏袍，1天的工钱2.7元左右。然后靠这些收入供两个女儿上学。新寨当地人还有结古人都认可我制作的腰带，所以回头客比较多，时间久了大家都相互认识，他们也给我介绍新的顾客。我那会都是纯手工制作，皮革自己要染色，一条最多能卖个30—40元。后来生活条件好转，有了缝纫机以后缝的多了，价格也在一年一年地往上涨。

人民公社时期在社里干活时，我们去电厂干活挖水池，一天的工钱是5毛钱。后来又干大工活砌墙盖房子，一天的工钱是5元。那时酥油1斤5.7元、5.8元左右，羊肉1斤10元，面片一碗8毛钱。那时的钱有“分量”。

阿吾 DB 跟阿吾 LD 一样以裁缝为业，他和一位名叫 ML 的老人（现已过世）因为有这一技之长，第一任“吉哇”任职时要他们俩帮忙给供奉在佛堂里的唐卡做边（用的材料是绸缎）。有时他还把自己缝制好的腰带拿到结古去卖，远一点的地方还去过治多的牧区。可以卖十几块钱，或者跟牧民交换牛羊肉、酥油等。关系熟的“卓巴”有时作为礼物会送点牛羊肉给他。他把裁缝手艺传授给他的儿子，以前也跟他一起缝制腰带，现在儿子成家后，生活条件不那么拮据就不再缝了。

新寨除了裁缝外，还有一些家户以打铁炉作为家庭的生计来源。

个案 4－4：阿吾 MD，跟舅舅学打炉子

以前我跟我的两个舅舅干铁匠活打炉子。我们把打好的炉子拿到结古镇上去卖，母亲在那里看守摊位。我的一个舅舅（现已去世）以前在结古公社是干铁匠活的，我从他那里学的手艺。后来我们舅甥三个人合作一起打炉子。那时一个炉子能卖 300 多元。

改革开放以后我们三个人干这个活，将近打了 11 年的炉子。有时在我家干，有时在一个舅舅家里干，不过多半都是在大舅家里干。因为他家院子大，一些制作时用的架子在他家里。每年差不多从 9 月份开始干，一直干到过年前，这 4 个月正值冬季，买炉子的人比较多。其他的时间里买的人不多，我们又各自干点别的活。我外出拉活的时候，妻子和孩子们就留在家里刻嘛呢石。地震前四五年市场上开始卖那种铜质的炉子，质量好。我们打的炉子用的是薄铁皮，所以铁皮炉子销量开始减少，就没有再继续干下去。

在新寨，村民们认为不管是从事何种职业，只要是靠自己双手劳动创造财富就是正当的，包括在转经路上乞讨的乞丐，都不分贵贱。而在等级意识极强的传统西藏社会，却不是如此。石泰安在《西藏的文明》中记载，受佛教的影响有几种职业，如渔民、屠夫和铁匠、说唱艺人（音乐家、演员、流浪说唱艺人）、化缘僧都受人歧视。① 除此之外，阿吉兹在定日社会研究中也提到，每一个社会成员因出身不同，生下来就分为4个等级。② 其中，平民（མི་སེར།）阶层又分为3种类型。③ 各个等级之间存在明显的等级意识，尤其对处在最底层ཡ་བ།④ 的歧视极为明显，都不与他们“共饮同一个杯子”。⑤

（三）经商

在藏族人中，康巴人擅长经商。⑥ 笔者在拉萨田野调查期间也发现，定居生活在拉萨的康巴人绝大多数都是以经商为主。然而在新寨，早期当地的村民真正有“匆巴”（商人）头衔的家户并不多。只有下面3个个案是村里人都比较公认，而且是村里最早从商发家致富的。

个案4－5：阿吾SY，70岁，重商又重知识

20世纪50年代以前，我的父母辈主要是靠刻石养家，但之后就没有人再从事石刻。地震前靠种地、开小卖部，另外，自己还在结古创建了一家砖瓦厂。地震以后就没有继续再办厂，转而开了家庭旅馆。年纪大了，不用在来回跑折腾。现在家庭旅馆生意不错，尤其在冬季，很多结古周边的信徒举家来到新寨朝圣转经，届时房间都供不应求。

现在，在新寨开家庭旅馆的除了阿吾SY家以外，另外还有几

---

① ［法］石泰安著，耿昇译，王尧审订：《西藏的文明》，中国藏学出版社，2012年，第83页。

② 即ངག་པ།、གེར་པ།、མི་སེར།、ཡ་བ།

③ 即རྫོང་པ།、ཚོང་པ།和དུད་ཆུང་། 参见Barbbara Nimri Aziz, *Tibetan Frontier Family——Reflections of Three Generations from D'ing-ri.* New Delhi, 1978, pp. 52-74.

④ 笔者在《藏汉大辞典》中找到的是ཡ་བོ།一词，指屠夫、猎户、卖野味者、游荡者。

⑤ Barbbara Nimri Aziz, *Tibetan Frontier Family——Reflections of Three Generations from D'ing-ri.* New Delhi, 1978, p. 58. 在藏族人的观念中，共用同一杯子表示双方感情友好。

⑥ 西藏历史上赫赫有名的“邦达仓”家族就是最好的例证（西藏昌都芒康县人）。他们是近代在国内外最具影响力、最著名的商号。可参见美郎宗贞：《近代西藏巨商“邦达昌”之邦达·多吉的政治生涯与商业历程》，西藏人民出版社，2003年。

家，都与他们家前后左右相邻，这几家的地段算是新寨村的“黄金地段”。阿吾 SY 家的房屋类似拉萨民居的建筑风格，是四合院式的三层藏式楼房，位于嘉那嘛呢东面转经路与原村子中间老路的十字路口相交处，房子的东南两面都是路，东面正好面朝转经路，所以很多外来的信徒都选择住他家的宾馆，因为住在这里转经比较方便。一层西面（店门朝转经路）有几家铺面，每月房租 2000 元左右。整个一层东面和二层楼都是作为宾馆用的房，三楼住自家人。

阿吾 SY 这辈子除了生意做得很成功以外，最成功的还是他对 4 个子女（两男两女）的教育。这也是他在别人面前最骄傲的事情。四个子女中大女儿出家为尼，且在寺院担任经师一职，另外三个孩子都是在国外获得的学位。但是，他个人认为“做生意”才是硬道理。

另外，阿吾 SY 家门口还是个“新闻”发布中心。因为他们家和对面的阿吾 DC 家门前都各放置着一条长木凳，供转经的老人歇脚，平常更多的是新寨当地人常来聚集的地点。每天不管是早上还是下午，大家都会不约而同地来这里相聚，男的女的都有，有些还是老夫妻。他们的言谈内容会涉及天南地北，上到国家政策，下到自家及身边的琐事，无话不谈。有时会因为一个话题而形成两派，相互展开辩论，挑逗对方，引起大家的一阵欢笑。相比学校的辩论赛，这些老人的谈话更富有人生哲理和寓意。除此之外，他们之间也会相互关心，有些人消失一段时间不露面，大家就会问是生病了还是家里有什么事情，以示他们对彼此的关心。

在新寨，这样的“新闻”发布中心主要有两处，除了上面提到的这一处以外，另一处是在“勒茨曲果”下面阿吾 GW 家门前。这里相聚的老人没有西面那么多。只有住在附近的三四位老人（男性）和一位住在“孔莎”若哇爱听故事的阿吾 LD。他们都曾当过新寨“吉哇”，“匆巴”阿吾 PC 是其中一员。

个案 4-6：阿吾 PC，从事“桑”（水獭皮）生意

阿吾 PC 是帕秀仓的后代。有关帕秀仓的历史，笔者在上文婚姻一节中提到他的姑姑与一位阿訇有过一段“牵强”的婚史。为此，帕秀仓吃了不少苦头。这段婚姻风波以后，家族成员都过着衣食无忧的生活。到他这儿，他娶了一位早期从昌都迁徙至结古的妇女为妻，并做起了生意。他有 9 个儿子，有一个因为生病去世，使他遭受了沉重的打击。还有一个儿子在结古寺出家为僧，在结古寺闭关中心闭关十年有余。其他的都与他生活在新寨。他讲述了一次难忘的生意经历。

我之前做点水獭皮的生意。一张水獭皮当时卖 3500 元左右。认识的人来我这买，我多少会便宜一两百块钱。后来有一个早期从杂多县搬迁到这里的人来找我买。我们也算是比较熟悉。两个人相互讨价还价，最后以 3400 元一张达成交易。他从我那里拿了 3 张水獭皮，给了我一半的钱，另一半的钱要我先赊账给他，说他来年挖完虫草就还清。如果那时还没有还清，就让我从他的牧场里随意挑选一头牛当冬肉。为以防万一我就让他立字据，因为熟人之间怕到时因为金钱的事情而闹翻脸对谁都不好，就让他拿走了。等第二年到了 10 月份没有见他人影，我就自己找到他家要钱。他说虫草长势不好，他也不愿让我从他的牧场里牵走一头牛。冬季准备冬肉时，我的妻子要我去他家牵一头牛，我觉得大家都是藏族人，没必要这样做，就又过了 1 年。

到第三年时，他把从我手里拿走的三张水獭皮拿到我家里说他不买了，要我把之前他给我的那点钱退给他。我就跟他吵了起来，我说还钱不可能，并告诉他去哪儿告我都行，我们白纸黑字写的字据还在我手里。最后他把水獭皮放在我家里就走了。

我自己在生意场上有一次损失 5 万多元，也没有怨天尤人。但是他这样的做法让我很生气。最后，他的钱我也没有还他，他也没再找过我。

与生意场上能言善辩的商人不同，村民们眼里的阿吾 PC，为人老实本分，曾经还担任过“吉哇”。除了以上两则个案外，住在新寨仲巴的阿吾 CW 也是村里较有名气的一位“匆巴”。

个案4-7：阿吾CW，74岁，早期经商

我家并没有以刻石为生。我成家后开始做点小本买卖。先是开了小卖部，那时在新寨没几家开小卖部的。后来又做起了其他小本生意。如今，孩子们都学业有成，找到了工作，家里经济条件也比较殷实，加上自己年纪大了，就没有继续再做生意。

上述个案中的三位主人公，不仅是村里最先从事商业的“匆巴”，而且也是最先担任“吉哇”的成员。相比其他村民，现在他们几家的生活条件比其他村民家庭都要好。

（四）藏医世家

村民们讲，新寨有“促波”（富人）拉杰和“仲波”（穷人）拉杰两种之分。而其中几位非常有成就的，像尕桑、新寨哲古①，还有益西多杰都是医术高明的“拉杰”，也是村民们口中的“仲波”拉杰。他们都是为利益众生而行医。如今，能代表他们这批“仲波”拉杰的是阿雄ZGL，是益西多杰的弟子。

个案4-8：阿雄②ZGL，73岁

如果要谈毕生的经历那是说不完的故事。我是一生行医，结古、新寨、杂美（东风村）这些地方的人没有不认识我的，我是旧时代的人。来这里找我看病的，除了上面提到的三个地方的人以外，还有很多前来嘉那嘛呢朝圣的人。像从台湾、北京、云南、西藏、甘肃等地来的藏族人，哪里来的都有，邻近玉树的就更不用说。但是因为语

① 据村民说，新寨仓的一个儿子被认定为夏河某一寺院的哲古（活佛）。新寨仓和塔哈仓两家赶着上百头牛驮着货物去西宁进行贸易，以前这种贸易往来叫做“加令杰”。然而到中途被某一部落的人全部抢去。而这一部落正好是新寨哲古认识的，就让他们物归原主。可最后这个部落的头人没有把东西还回去。虽然这次造成的经济损失巨大，但好在新寨仓实力雄厚，家业没有彻底被击垮。但是塔哈仓家族势力从此一蹶不振。对此，新寨哲古感到很失望，最后离开自己住持的寺院回到了新寨。从此，在新寨修行、行医，一直到圆寂。

② 原意是舅舅，但这里并无此意。在结古，大家一般都把出家人，且较年长的僧人叫“阿雄”，以示敬重。

言问题，除了康方言以外，其他我都比较难听懂，最多也就了解是来自哪里，没办法进行更多的沟通交流。大家都是因为生病，对我有所耳闻，才从大老远的地方来到我这里，所以，我对每一位病人都认真问诊。有些常来的病人，他们的病况我都非常清楚。有些病人病情好转以后也会来看望我，不过为数不多。看着他们从病痛中走出来，我感到很欣慰。因为行医救治病人（包括看不起病的穷人）是我行医的一个初衷和目的。救济穷人和病人，使他们脱离病痛的缠绕，我一直以来都抱着这样的心态来行医。

说到行医，最初传授给我医术的是博巴仓的益西多杰老师。他是地地道道的新寨人，世代行医。我的老师是个阿聂①（瑜伽师）。现在在我身边打下手的就是我老师的女儿。他的儿子也跟我学医，是当卡寺的僧人。

我最早是在当卡寺当“巴德”，1958 年时发生叛乱，大家都逃走离开了新寨，我的老师在 1960 年回到了这里。人民公社时，老师担任了大队的“念令”医生，他的儿子 TJ 制作藏药。因为我和 TJ 从小就是好朋友，我就跟着他一起帮忙制藏药。制作藏药我干了 20 多年。老师手把手地教我，传授藏医知识给我。我一直是延续老师的行医方式和早前的行医思想，就是给别人看病从不定价，目的是利益众生。医药费可以给也可以不给，给多少完全取决于病人。我从病人手里获取的医药费全部都用来采集、购买新药品。

我的老师过世后，我自己行医时配制的藏药是受过结古寺大成就者仁青江才的加持，因此，我对我这位上师也是心生敬仰。

从 1960 年开始，跟着我的老师从配药学起一直到今天已经是 60 个年头了。我那时才十六七岁，今年已经 73 岁了。我先从制药、配药学起，把脉是最基础的，还要熟记许多藏医理论知识于心，理论知识与实践相结合，一步一步学起。制药的原料能从山上采就从山上采，没有的就要买，另外有些是可以自己种植的，就种在自家院子里。

---

① 早前然吾热哇有个阿聂贡巴，阿聂一般都是下身穿白色裙的僧人，可以结婚生子。

阿雄 ZGL 并不是土生土长的新寨人，他出生在小苏莽（玉树县下辖的一个乡），差不多在他 7 岁时来到结古，然后就留了下来。他先是在结古寺待了很多年，后来才来到新寨和他的朋友一起学医制药，从此就一直宅在屋子里很少外出。如今他年岁已高，加上腿脚不便，足不出户已多年。他讲道，因为宅在屋里行医多年，都不知道现在外面发生了怎样的变化。他就诊时间是早上 9 点至 12 点，下午就自己看经书、念经。

每天等候在拉杰家门口看病的人有很多。为了避免大家白跑一趟，在大门上贴着告示："早上 9：00—12：00 看病，下午不看病"。很多病人看着家境都一般，操持着非本地的口音，等候在拉杰家的院子里。每次新寨拉杰都是给大家开半个月左右的藏药。若是远道而来的，就会多抓点药给他们。也有一些病人是因为在新寨拉杰这里看病而留在新寨生活的。上文中个案 2－4 就是其中一例。

二、4·14 玉树地震后

灾后重建后，新寨村民的生活发生了很大的变化。农业、家庭养殖业、手工艺等谋生方式逐渐退出历史舞台，尤其是农业，村里没有一家再种植青稞。养牛和缝制腰带的也只有两三家。相对来讲，刻石为生的较多。但是与外来人相比，也只是少数。唯有藏医世家的后代还在奉行家族的使命而继续行医。发生这种转变的原因可以归结为以下三点：

（一）子女工资收入

村民不再从事原有的生计方式，主要原因是子女的工资收入替代了原有的生计来源。1979 年新寨小学建立以后，为村民的孩子创造了受教育的良机。也改变了很多人的命运。笔者访谈过的新寨当地人中，只有极个别的家庭，因为家庭情况特殊让孩子辍学或者子女自己不愿上学，其他都被父母供去上学。即使家庭条件一般，村民们都试图努力供孩子上学。从上文中诸多的个案中也能发现这一点。此外，笔者在田野调查期间发现，如今生活在新寨的大都是新寨当地的老人和大量的外来人员，而他们的子女很多都购置房屋生活在结古或者在其他各县参加工作。对他们的子女而言，如今自备交通工具加之交通便利，回家看望父母也是几十分钟或者几个小时的事情。

村里但凡是大学毕业的学生，都希望参加国家公务员或事业单位考试来谋一份稳定的工作，这是父母和他们的子女共同的期望。那些没有上过学或中途辍学的孩子，包括迁居新寨多年的外来人子女，也想在外头（州上或内地）找点体面的工作。对此，村委会书记讲，现在的年轻人宁愿出去干小工的活，也不愿意留在家里刻石。觉得说“上班”要比留在家刻嘛呢石强，别人听着也有“面子”。他还算了一笔账，说嘛呢石只要刻出来，就不用担心没人来请，刻一部《解脱经》需要一个星期左右，五六千块钱，除去买石头、电费等费用，剩下的相当于自己在外面打工一个月的收入，其余二十几天干点别的事情或者在家休息都可以。但年轻人都不愿学着刻，不肯吃这份苦，而且还觉得刻嘛呢很“丢脸”，认为是苦力活。如今，子女有正式工作的或打工挣钱的，但凡与父母同住，各自的工资收入都会成为家庭总收入的一部分。因此，子女工资的收入很大程度上解决了家庭的生计问题。对于父母来讲，原来靠自己双手辛勤劳动来养家糊口，供孩子上学的苦日子也算是熬出了头。

（二）租金收入

今天，在嘉那嘛呢石的“光环”下，新寨处处都是商机，已经形成一个大型的宗教市场，并带动了其他商业活动的开展，各种临时的小摊贩到处都是。

新寨的租金收入可分为两类，一类是门面出租，一类是房屋或者院落出租。笔者对“过廊”外与嘛呢石经堆最近的25家[1]门面租金收入（月）进行了统计，如表4-1所示：

---

① 这25家均为两层楼住户，楼上住人楼下设为门面房，一楼门面房面朝“过廊”，二楼的房子是窗户朝“过廊”，而房门朝院内，入户门夹在门面中间。每间门面大小在20—40平方米。北面西坝永茨山脚下的住户与嘛呢石经堆“过廊”外边的一排嘛呢石摊位之间还有一块空地。平常转经时都是从“过廊”或者嘛呢摊位外边顺时针绕行。

嘛呢石堆附近商铺收入情况表

表 4 – 1

方位	住户	门面	租金（元）
东面	5	21	1000—2000
西面	7	31	2000—3000
南面偏东	8	32	1500—2500
南面偏西	5	17	1500—3000
总计	25	101	200000

如表 4 – 1 所示，嘛呢石经堆的东、西、南三面一共 25 户人家、101 间门面房。其中东面有 5 家，西面有 7 家；南面中间一大块地因建嘉那嘛呢广场而被占用，广场左右两侧有 13 家住户。① 计算平均每家有 4 间门面房，每月每间门面房收入为 2000 元。照此计算，这 25 家每月有 8000 元的租金，一年下来有 96000 元的收入。这笔收入相当于在结古上班的两名普通干部的工资收入，② 比那些在政府部门当临时工的工资收入都高。③

笔者对这 25 家的 101 间门面房，根据营业类别也进行了统计和大致的分类：饭店 24 家、蔬菜水果店 3 家、馍馍店 5 家、宗教用品店 6 家、服装店 12 家、药店 5 家、书店 1 家、小卖部（综合超市）27 家、糌粑磨坊 1 家、五金杂货店 5 家、藏式古董饰品店 6 家、化妆品店 1 家、乳制品店 2 家、金银首饰店 1 家、肉店（冻肉）1 家、影像店 1 家。其中有 12 家是汉族商人，分别来自河南、甘肃（蔬菜水果）、山东（五金杂货）、青海西宁（餐馆）；有 3 家回族商人（馍馍、糌粑），另外还有 8 家是来自青海的安多商人（藏餐馆、馍馍店）。

---

① 偏西有 5 户，偏东有 8 户。这些住户分布数量实则上反映了嘉那嘛呢石堆的空间大小，东西为嘛呢石经堆两边的宽度、南面为嘛呢石经堆的长度，可以发现呈长方形。

② 玉树工资分为西三县和东三县，其中西三县的工资要比东三县高。结古（玉树市）在东三县划分范围内。

③ 在当地一般的临时工月工资在 2500—3000 元。

相比而言，西面和南面偏西处的租金要比东面和南面偏东的高，其原因是前面两处的铺面要比后面两处离嘛呢石经堆近，而且在这两处之间有一条巷道是从公交站下车后直接进入村子的一个出入口。因此，处在这两处的商铺生意要比其他任何地方都好。那些临时叫卖乳制品的妇女也多集中在这里。

在新寨，除了在“过廊”外围的这25家开的门面房以外，穿过村子中间的街道两旁的住户也有门面房，但是他们的门面房租金收入相对较低。平均下来每间门面房租金在1000—1500元，离嘛呢石经堆越远门面房收入就越低，且出租的概率也不太高，像在嘉那林卡和达果路处的一些门面房都是关闭状况（图4-1）。

图4-1　嘉那林卡处“无人问津”的门面房

另外，笔者对新寨仲巴、嘉那林卡、乃果通和措赤科没有门面房的住户也进行了观察，发现这些人家主要是以出租房屋或院落给外来石刻艺人住，租金一般在400—600元之间。

这些租金情况，从外来石刻艺人个案中我们也可以发现。一位当地村民（现租铺面在嘛呢石经堆西边开小卖部，他自己家在东边的新寨仲巴处）告诉笔者，地震之前，400—600 元的租金是新寨门面房的价位，而且以前村里可出租的门面没几家。那些出租院落或者房屋给外来人员看病、转经的，每月租金也只有 100 来块钱。而地震以后，住在嘛呢石堆四周的家户都盖起了门面房，租金也比之前翻了几番。尤其在灾后重建 3 年中，大量外来人（包括重建的工人）涌入新寨，他的小卖部收入每天在 1000 元上下。但是，现在生意没那会儿那么好。总之，嘉那嘛呢通巷是目前新寨的黄金地段，这块地段的租金收入不管是门面还是房屋出租都要比其他地方高。

（三）政府惠农政策

如今，政府惠农政策的救济补贴也是村里一些困难家庭生活的主要收入来源。笔者在新寨社区办公点外面宣传栏墙上发现，专门有一栏“玉树市国家惠农政策情况流程图”写明惠农工作情况。这一部分包括 10 个部门①所进行的救助政策。其中贫困户最主要的收入还是来自扶贫局和民政局。扶贫分 6 个等级，扶贫金为 2000—6400 元不等。共扶贫 43 户 192 人，其中 172 人享受每个季度 6400 元、4 人享受 6000 元、16 人享受 3000 元的扶贫基金。民政局对村里 154 户 609 人低保户按季度给每人发放 2016—2500 元，五保户 23 户 23 人每人每个季度发放 3000 元，一级贫困户 8 户 23 人发放 400 元。可见，当前政府惠农政策的补贴对村民来讲也是经济生活中一笔重要的收入来源。村民们对国家当前的良好政策表示很满意。

第二节　围墙内的生产

生产是人的根本，其地点的选择与产品生成是人们最基本的物质

① 分别是扶贫局、民政局、残联、林业局、卫计局、人社局、住建局、农牧局、教育局、发改局。

活动，它承载了整个文化结构。① 新寨村民从事石刻，具有得天独厚的条件。昔日多瑞加持开光的采石点“多索拉”，就在村子河对岸的山沟里，这极大的便利了新寨村民开采石头。只是早期因为扎曲河在夏季下暴雨会上涨，时常冲垮村民搭建的桥梁。每冲垮一次，“吉哇”就会组织村里老老少少重新搭建桥梁。这些都留存在村民的记忆中，大家现在回想起来这些往事都是满满的集体成就感。

藏族传统村落（农区）的房屋结构以独家独院为主。但也不同于西藏拉萨“天井式”的房屋建筑。新寨村民的住房与院落是两个独立的空间单位，而且都是院落靠前，紧随其后的才是房屋，畜棚搭在院落的某个角落，构成一个整体。调查期间笔者发现，新寨当地村民家的院子面积普遍较大，后来得知很多村民都是把房子盖在自己的农地上，占地面积大也就不足为奇了。这与在新寨购置房子的外来人院落面积形成鲜明的对比，外来人家的房屋占地面积普遍较小，尤其晚近来新寨购置房屋的更是如此。村里但凡是有主的土地都会用围墙围起来，或是盖房住人，或是暂时留置空地出租。嘛呢石经就是在这样仅一墙之隔的院落内进行生产。每个石刻之家的院落就构成了一个小型的石刻作坊。

爬到村子的前山或者后山上俯瞰整个村落，映入眼帘的图景是一幅偌大的白色嘛呢石经堆镶嵌在整个村子中心，村民们的房屋井然有序地排列在嘛呢石经堆的四周。村民的院落、家门口的巷道里都被或白或红的石头点缀着，一个个小型的石刻工作坊尽收眼底。如此一来，整个村子就构成了一个大型的嘛呢石经生产基地。如今，村子的大街小巷到处都充斥着嘈杂的机器声音和石刻艺人的身影。关于这幅图景背后的故事，好比马林诺夫斯基在其库拉交换研究中对独木舟所做的阐述，它可以被描述、拍照，甚至整个舟都可以搬到博物馆里面去展览，但是却无法理解这个独木舟的民族志学的现实性。② 同理，

① ［美］马歇尔·萨林斯著，张经纬、郑少雄、张帆译：《石器时代的经济学》，生活·读书·新知三联书店，2009 年，第 3 页。

② ［英］布罗尼斯拉夫·马林诺夫斯基著，张云江译：《西太平洋上的航海者》，中国社会科学出版社，2009 年，第 65 页。

我们可以把这幅栩栩如生的藏族石刻村落的图景如实地制作成模型搬到博物馆，但却无法理解村民石刻作为主要经济生活方式的民族志内涵。因此，我们要做的是对这幅图景背后的故事进行“深描”。

一、作为一种职业的石刻

在讨论新寨村民生产嘛呢石的情况之前，有必要对传统藏族社会中石刻职业的社会背景做一番交代，以便了解二者之间存在的差异。而恰恰是这种差异的存在，使所有在新寨刻嘛呢石的人从不觉得这是一个身份上有异于他人的工作而受人“歧视”或“不受待见”。

（一）传统社会中的石刻生产者

“多郭”（རྡོ་རྐོ།），是藏语对从事石刻人员的称谓。这一称谓在界定职业的同时，也间接地反映了其在现实生活中的社会地位。传统社会中，从事石刻的人员一般都家境贫穷，且社会地位也处在“底边阶级”①。诸多的文献典籍中，对其制造出来的作品所给予的关注和记载远远胜过其个人的人生史。乔健先生对处在底层的乐户进行研究时也说，过去对他们的研究极少见，但他们毕竟是传统中国社会的一部分，而且是基础部分。不了解他们，如何能了解传统中国社会与文化的全貌？② 传统藏族社会中的石刻艺人，与乔健先生笔下的山西乐户，颇为相似。因此，对这些处在底层的艺人进行关注着实必要。

传统藏族社会中“多廓”的处境在《任乃强藏学文集》中有这样一段描述：

西康石工，只有镌刻经文佛像与石块、岩壁之人。康人视为贱业，摈不得居家室之内。操此业者，常于高寒无人户之沟谷间，用乱石叠砌石窟，屈处其中。镌刻石片石砾为经文、佛像或陀罗尼，持向附近民家献之、藉易食粮为代价。亦有村民发愿建嘛呢堆者，出资雇

---

① 乔健、刘贯文、李天生：《乐户：田野调查与历史追踪》，江西人民出版社，1995年，第1页。

② 乔健、刘贯文、李天生：《乐户：田野调查与历史追踪》，江西人民出版社，1995年，第1页。

其镌石。要未有敬重之者，民国十八年（1929），余赴道孚，在塔尼坝野宿，遥望前方溪边有矮屋连椽，约十余家，以为村落，迫而观之，皆此辈也。

余尝见番人镌刻经文佛像，其工甚巧，不涂墨底，但以意随手镌之，自能行列整齐，笔画端秀，与经书无异。经典又为番民极崇敬之物。不识因何贱视之石工也。①

任乃强先生发现，在西康石工被人“贱视”，而诡异的是其镌刻的经文佛像又极为被人崇敬。对于这个疑问任先生没有给出明确的解释，但是可以发现他的观察细致且敏锐。事实上，身为藏族人起初笔者自己对这问题也无从知晓。因为相关文献中也没有明确记载石刻艺人的详细情况，② 后来在有关藏族社会制度中才初见端倪。其中星全成、马连龙在《藏族社会制度研究》一书里就明确记载：

青海玉树地区规定，打死千百户头人，赔命价100—60锭银（一锭银为50两）；打死百长、干保、居本等人，命价分别为70头牛、45头牛和38头牛；打死一般属民，赔命价5—6头牛或1锭银子，或400块大洋并罚刻嘛尼等。③

由此可知，传统社会里刻嘛呢石是对罪犯（如文中提到的杀人犯）采取的一种惩治措施。这些犯有罪过的人，通过雕刻嘛呢石，在精神上趋向佛的世界，获得心灵的安抚和精神的慰藉，减少或消除心中的痛苦、恐惧和悲观情绪，从而获得心理平衡，释放内心的压力或负罪感。④ 早期藏族社会中像这样采取惩戒的办法使人改邪归正的

① 任乃强：《任乃强藏学文集》（上），中国藏学出版社，2009年，第220页。

② 笔者了解到，像玉树州囊谦县的甲嘛嘛呢，当地的说法是由以前犯了罪的罪人刻制堆砌而成，但是未能获取相关的文献记载。

③ 星全成、马连龙：《藏族社会制度研究》，青海民族出版社，2000年，第61页。

④ 付平摄，杨敬华文：《嘛呢石》，青海人民出版社，2012年，第48页。

故事有很多，其中米拉日巴的故事①就是最为典型的案例。因此，可确定早期从事石刻职业的石刻艺人社会地位低下当属无疑。② 而在新寨从事石刻的人境遇是否也是如此？

（二）新寨村的石刻生产者

在多瑞“囊它”中记载，嘉那嘛呢创建之初，新寨村还没有人会刻制嘛呢石。第一世嘉那活佛召集来自“阿仲绒巴”“扎绒”“玉树娘措”以及来自昌都地区的石刻艺人先后来到新寨，在培养当地石刻艺人的同时，雕刻佛经、佛像，为创建嘉那嘛呢石作出了杰出的贡献。③ 从昌都请来的两名石刻艺人，即白玛才旺和噶玛佩才，刻制了《佛说大乘庄严宝经》、十方佛陀等，特别是前者还雕刻了十一面观音佛像。④ 由此可知，当时新寨具有石刻技能的人甚少。但是嘉那嘛呢奠基以后，村民铭记多瑞教导，选择了刻石的谋生之路。

> 村民 GY：以前也不见得新寨家家户户都刻嘛呢石，但是可以说都是靠嘉那嘛呢为生。多瑞曾经说过：不论贫穷或富贵都要收“朵元”。因此，以前新寨有头戴五颗蜜蜡的富家女也在转经路上乞求信徒“请”嘛呢石。不是说我们新寨人穷困潦倒沦落街头才从事石刻，更多的是为了实现多瑞的“夙愿”。

另外，在《玉树调查记》中提道：

> 新塞（寨）庄西路右，有摩尼堆，石片为之，周围七百二十步，石上皆镌番文六字箴（真）言。番俗，人死则捐银刻摩尼以为功德，出银自一秤至十数秤不等。庄有工头，承包刻石，居民多以镌摩尼为

---

① 可参见桑杰坚赞著，刘立千译：《米拉日巴传》，四川民族出版社，1985 年。

② 苏发祥、琼英：《命以镌石——拉萨嘛呢石刻艺人的日常生活史调查》，《西南民族大学学报》（人文社会科学版）2017 年第 6 期，第 19—23 页。

③ 桑丁才仁：《嘉那·道丹松曲帕旺及嘉那嘛呢文化概论》，民族出版社，2012 年，第 100—101 页。

④ 昂旺·洛周仁青著，桑丁才仁译：《嘉那·道丹松曲帕旺传记三信大海信月》，载桑丁才仁：《嘉那·道丹松曲帕旺及嘉那嘛呢文化概论》，民族出版社，2012 年，第 116 页。

业，每日人得工银半圆至一圆。藏洋一元，值内地银三钱两分。[①]

以上从局内人（当地村民）和局外人（周希武）两种视角来看，都未表明从事石刻是一种“贱业”。尤其在早期，新寨村的富人也在其行列。这就足以说明，在新寨刻制嘛呢石有别于传统社会中嘛呢石生产者的身份，像以前这是只有社会地位低下或者犯有罪业的人才从事的行业。因此，新寨村的石刻具有其自身的文化意义。另外，从石刻生产者的性别来看，并没有像早期唐卡绘制那样有“传内不传外、传男不传女”的说法，[②] 男女皆可以从事（见下面第三节中详细论述）。石刻也不像其他手艺活要从师多年，会描摹以后全靠自己练习。有点藏文基础（会读会写）的人，更是用不了多长时间就可以掌握技能。严格意义上来讲，新寨村民更多的是靠自己“模仿”来传承手艺。因此，师徒关系的观念显得很淡薄，不像其他民间艺人，如乐户演奏的曲目及吹奏都是师承而来，师徒关系胜于父子关系。[③] 另外，从邻村的人对当地村民的称谓上来看，新寨没有哪一个人或哪一家叫“多郭”或者“多郭仓”。倒是有一家名叫“依郭仓”（见个案4－12）的家户，那也是因为他们一家人在村里刻经文刻得好而出了名，由于这个原因，每年在他们家请经文的施主都要排队等候。

综上所述，嘉那嘛呢石刻生产者与传统社会中从事石刻的“多郭”有着显著的差异。在新寨，嘛呢石经不是几个人刻，也不是只有几家人刻，而是一种集体“作业”，是全村人共同的一种生计方式。从事石刻的都是当地村民，早期不论贫富与贵贱，刻石是当地的一种习俗。

---

① 周希武编著，吴均校释：《玉树调查记》，青海人民出版社，1986年，第177页。

② 李元元：《经堂与市场之间：青海黄南藏族自治州唐卡文化产业与民族社区发展研究》，民族出版社，2018年，第52—55页。

③ 乔健、刘贯文、李天生：《乐户：田野调查与历史追踪》，江西人民出版社，1995年，第20页。

二、以家庭为单位

在新寨，嘛呢石生产以家庭为生产单位。但在前面（人口数量一节）提到，共同生活在一个围墙内的可能不止一个家庭。因此，在同一个围墙内有几个家庭就意味着有几个生产单位。“家庭——最初，最少由一个男人和他的妻子，也即一个成年男性和一个成年女性组成。因此家庭从一开始就结合了生产的两个最基本社会元素。”① 在所有以家庭为单位的石刻生产中，家户内部的关系，比如夫妻关系、父母与子女的关系构成了社会生产的主要关系，② 而这种生产关系同时也决定了家庭内部的两种分工模式。

“历史上，中国女性是和私密的家庭领域联系在一起，而男性和整个世界相联系。”③ 这句话较为贴切地说明了早期新寨家庭中夫妻之间的分工状况。在一个家庭中与外界取得联系交换嘛呢石的都是作为一家之主的父亲的职责。而他的妻子，则留在家里照顾家庭。妻子不仅要负责照看小孩和牲畜，还要在家刻嘛呢石，一身三任。在早期交通不便的情况下，父亲外出时间更是漫长，一去就是好几个月。有时他们是只身前往路途遥远的牧区，有时是跟自己的亲戚或者邻居一起结伴而行。而这段时间，家里的事情都靠母亲一人打理。新寨当地的老人都有这样的历史记忆。

个案 4－9：SNWJ 老人外出交换嘛呢石，妻子在家刻嘛呢石

我们夫妻俩没有孩子，我现在 78 岁，老伴去世多年了。家里主要的生计来源是种地，石刻为副业。家里都是我的妻子刻嘛呢，我没有刻过。我自己干点裁缝活，制作腰带。那时的腰带都是纯手工制

---

① ［美］马歇尔·萨林斯著，张经纬、郑少雄、张帆译：《石器时代的经济学》，生活·读书·新知三联书店，2009 年，第 91 页。

② ［美］马歇尔·萨林斯著，张经纬、郑少雄、张帆译：《石器时代的经济学》，生活·读书·新知三联书店，2009 年，第 91 页。

③ ［美］程为坤著，杨可译：《劳作的女人——20 世纪初北京的城市空间和底层女性的日常生活》，生活·读书·新知三联书店，2015 年，第 18 页。

作，一条腰带能卖个15—20元。要是能卖20元已经是很不错了。家里的青稞足够时，还会拿出一点去粮食局换点面粉。有时我也带上自己缝制的腰带去玉西“肖布”那里换点食物，有时他们也会带些牛羊肉来家里住。早期都是这样生活的。“罗萨”前他们也会来这里购置年货，或者专门来转经、购买些生活必需品。顺便来验收我们刻的嘛呢石。

这种追忆大多是六七十岁的老人，因为这是他们自己以及他们的父母辈有过的亲身经历。而这之后，村民的生活条件好转，就很少外出进行交换了。

个案4-10：儿时的记忆以及自己成家后家庭内部的分工

我记得在我很小时，到了秋季父亲会离家去往“玉西”，等到快过冬时才赶着些牛羊回来，这些牛羊是父亲拿嘛呢石从肖布们手里换来的。

我从二十五六岁开始刻石，一直刻到四十五六岁，后来生病就没能再刻。我们夫妻俩有4个孩子，现在都有工作。以前，为了生计也为了挣学费，就不得不叫他们帮忙干。我们家主要是我刻，家里有一匹马，我家老头去“多索拉”采石，然后驮在马背上拉回家里。孩子们上学时我一个人在家刻，刻好的嘛呢石让孩子们在放学后或者假期里涂色，有时也让他们跟着父亲去采石。老头子还负责做饭。对这样的分工，老头总是说他的劳动成果是“看不见”的，而我们的劳动成果是“看得见”的。家里的老大会刻，所以她的同学都说“你们新寨人会刻石头，难怪藏文字写得这么好”。

这样的个案还有很多，在新寨当地的家庭中，父亲负责与外界打交道收“朵元”（石刻收入，见下文论述），或者干点别的零活，而在家宅内刻嘛呢石的主要都是母亲。孩子们在节假日期间帮父母采石、刻石或者给嘛呢石涂色。事实上，以前给嘛呢石涂色要比刻嘛呢石还费劲。村里的一位大哥回忆起他孩童时期涂色的那段时光，真的是绞尽脑汁逃避家里人交给他的这个“艰巨”任务。

个案 4－11：阿吾 BD，38 岁，阿吾 GY 的二子

我们小的时候，比起父辈条件稍微好一点，不至于自己去背石头，家里有一头牛和一匹马，主要靠它们来驮石头。天还没亮，父亲就带着我们去采石场采石，也不知道那时是怎么看清道路的。我牵紧马头，父亲把石头驮在马背上，等快到家时天才有亮意。我们上学时就不用刻嘛呢石，但是在星期六天完成作业以后，父亲交给我们任务，要刻多少个“博麻”嘛呢或者要涂好多少嘛呢石的颜色。涂色要比刻嘛呢石还费时间，所以我就不愿干。尤其在冬天，为了偷懒就跟父亲撒谎说石头冻住了，上不了色。那会有些条件好的人家专门盖一间小屋，里面架炉子，把石头放在炉子的周围，以免石头冻住，涂不了色。为了不耽误给刻好的嘛呢石涂色，这些条件好的人家就这样做。

像个案 4－9 中讲的那样，昔日新寨很多家庭中刻嘛呢石的，都是家庭妇女和她们的子女。但也有一些人家父亲也刻石，且手艺精湛是村里公认的。他们的子女跟着父亲学习石刻手艺。

个案 4－12：随父学艺，受益一生

阿佳 LM，45 岁。家里兄妹 6 个人，她和她一个妹妹上过几年小学，家里经济条件有限就留在家里刻石。另外 3 个妹妹都去上学了，现在都有工作，有一个还在国外拿到了硕士学位。可以说她从小到现在都是刻石为生。2016 年，她获得州级嘛呢石刻非遗传承人的称号。并于 2017 年 10 月前往清华大学参加为期 1 个月的由文化部、教育部发起的“中国非遗传承人群研修研习培训计划”。她受中国西藏网记者采访，讲述了石刻经历，并刊登在中国西藏网。①

① 苏彦文：《嘉那玛尼脚下刻石人：刻在石头上的信仰、传承和希望》，中国西藏网，2017 年 11 月 24 日。

我的父亲石刻手艺很好，主要刻经文，因此，大家都管我们家叫“依郭仓”。在我还没有结婚成家前，每年最多在新年之际休息十几天就已经是很不错了。因为刻得好，所以大家都找我们家来请“它多”（《解脱经》），排着队在我们家请，有些是等了一两年。大家都希望在萨迦祈愿大法会之际能刻好并进行供放。因此，日程排得很满，很少有空闲时间。有时晚上还要“加班”。因为刻得太多可以说每个元音都熟记于心，校对诵读的时候都知道哪里有出错。那时一部“它多”1100 元左右，后来涨到 1500 元左右。

父亲的告诫是，现在刻嘛呢石是作为自己的生活来源，但是从另一方面来讲也等于是为自己的来世铺路。所以一定要刻好，还要仔细校对。现在看来父亲说的这些话真的是很有道理，以前小的时候不懂这些，觉得好辛苦。自己明明刻得很不错还被父亲各种训斥，觉得他唠叨。但是现在自己为人母，自己养家时才明白父亲的用心良苦。我从十二三岁开始跟着父亲学石刻，到今天我已经 45 岁了。旧嘛呢石经堆里的经文可以说很多都是我们家刻制的。哪些是我们家刻的经文我们一看就知道。

如今她自己组建团队成立公司，把嘛呢石制作成工艺品进行销售颇受欢迎（图 4－2）。

我把嘛呢石制作成工艺品，是因为结古当地一位做生意的老板常去内地。他想拿一件既有地方特色，又在内地买不到的礼物给他的生意场上的合作伙伴，所以他想到了这个。但是平常我们新寨刻的“博麻”嘛呢石有点大，携带起来也不方便，他就要我刻在小小的石头上，便于他携带。他的合作伙伴很喜欢，所以他就要的多。后来我自己成家以后就干脆成立这样一个公司，召集的工人都是我身边的亲戚朋友。现在除了我和我的妹妹以外，家里就没有谁再刻石。我哥哥出家以后也没有再刻。

图 4－2　嘛呢石工艺品

今后她还希望继续让孩子们学习石刻手艺。

以后即使我的子女用不着以刻石为生，但是我还是要把石刻的这个手艺传授给他们。曾经父亲也跟我们讲，不仅要学石刻手艺，还要学好刻好。有了这个手艺如果自己想刻了就可以随时拿起工具刻。我生 5 个孩子的那段时间没有刻石耽误了十几年。现在他们都长大了，我也开始重新拾起工具来刻，只是现在不再是传统手刻而是借助机器。以前手刻的时候真的很慢，即使刻得再好，也没有像现在这么耐看、这么有深度。

可以发现，石刻生产都是以家庭为单位。父亲与母亲、父母与子女之间分工明确。父亲负责外出收“朵元”，母亲在家刻石，子女接受教育。各自完成己任的同时，彼此之间又相互协作。

三、“哇乐”：新寨的宝

早期从“多索拉”采好石头搬运到村民家里是一件艰辛的事。因为那时生产和运输工具都远不及现在这么发达。20 世纪 50 年代以前，牛和马是玉树交通运输的全部载体。外出远行的除步行赶路外一般以马代步，至于商贾往来驮运货物，牧人迁窝搬家，农区送粪运粮等，皆靠牛驮马背。① 富人家都有马或者牦牛来驮运石头。但是穷人家没有这些运输工具，就只能靠人背。村里在老人们回忆，他们的父辈没有“哇乐”（བ་གླང་，黄牛），石头都是靠人背。尤其在冬季，村民们想的办法是晚上在湿牛粪②里夹条绳子粘在石头上，等到次日清晨，牛粪和绳子一同冻在石头上，再用绳子把石头从山上拉到山脚下。当地流传着一则谚语，起初是结古人和新寨人之间相互用来调侃对方的。结古人对新寨人说：

ཨ་སྣ་སེང་ཟེ་མདའ་མ་བ་གླང་གཡང་གླང་མེད་རྒྱུ་ན། དཔེ་རྡོ་སྐེ་རྡོ་ཁྱེད་ས་འགི།

新寨人如果没有黄牛（宝牛），就会把石头挂在脖子上；

རྡོ་གསོ་གཡང་གསོ་མེད་རྒྱུ་ན། བཟའ་ཚང་མི་དགེ་ཤི་ས་འགི།

如果没有多索拉（宝山），一家人就会挨饿而死。

还有：

“རྐང་པ་གཉིས་དེ་ཟངས་མ་སྦུབས་ཁུང་འདྲ། རྐེད་པ་དེ་རྡོ་བཞག་ས་ཡིན།”

两条腿就像铜质的烟筒，腰是用来放置石头的。

可见，当时都是要靠人工背运。村里的老人回忆，最初开采石头时，村里的男性成员都会上山帮忙封路，以免驮运石头时牲畜（牦牛、黄牛等）受到惊吓而逃跑。早期牛对新寨人极其重要，就像埃文思·普理查德在《努尔人》中写的，牛是当地人的核心，围绕这个核心，他们的日常生活得以组织起来，牛还是一种媒介，通过这个

① 《玉树藏族自治州概况》编写组编写：《玉树藏族自治州概况》，民族出版社，2008 年，第 25 页。

② 可以观看青海果洛藏族自治州久治县白玉乡牧民兰则拍摄的纪录片《牛粪》。反映了牛粪在藏族人（牧区）生活中的用途，它是藏族人生活中的一个重要组成元素。

媒介，当地人的社会关系得以表达。①

改革开放后，村民的生产生活有了起色，条件不错的人家里有“哇乐”驮运，从“多索拉”采石运输到各家院落不再费劲。之后有了马车、手推车、拖拉机，再到今天用的都是小三轮车。运输条件是一年比一年便利快捷。以前规定好每家采石的具体时间，村里每家都会按照规定的时间轮流开采。现在不同了，去“多索拉”拉石头要花钱买，因为有几户商家已经把石头开采好了。按照石头大小不同，每车价位 200 元、300 元、500 元不等。采购的石头越大其价位也就越高。

四、石刻数量、种类与大小

（一）石刻数量

在第五世嘉那活佛的希冀下由堪布钦饶罗丁（喇嘛昂噶）执笔的《圣地嘉那嘛呢目录志宝灯》（以下简称《目录》），于藏历第十六饶迴木马年“曲赤达瓦”（1954 年 1 月）在“巴丁顿珠岭”（结古寺）佛学院落笔，随后又在洞那修行洞排版、校对成稿。这本手抄本《目录》成书时间正好与第一世嘉那活佛创建嘉那嘛呢相隔 240 年。内容主要是第一世嘉那活佛生平事迹、嘛呢数量及石刻功德的概况。该《目录》中对早期嘛呢的类型及数量的记载如下：

自藏历第十二饶迴木羊年（1715）嘛呢石奠基后，至藏历第十五饶迴火兔年（1867），之间相隔 153 年。这 153 年里嘛呢石刻数量的《目录》每年都会进行更新。

1867 年新建《目录》中记载：每年嘛呢石数量都有 1 亿左右，与之前《目录》中记载的嘛呢石数量累计起来达到 15 亿 3000 万。自《目录》创建以来，每年嘛呢石数量不少于 80 万。除此之外，还有 1 亿 2200 万。道丹大转经筒嘛呢 1 亿、密咒大转经筒……

① ［英］E. E. 埃文思·普理查德著，褚建芳译：《努尔人——对一个尼罗特人群生活方式和政治制度的描述》，商务印书馆，2014 年，第 59 页。

在此之后，第五世嘉那活佛于水兔年对嘛呢石数量进行统计。按照每年嘛呢石刻数量为130万之规模壮大的速度计算，过去36年里共有4680万。与之前的嘛呢石数量累计起来达到了15亿7680万。①

（二）石刻种类

在藏族人的传统观念中，石头是地球上唯一不浸湿、不生锈、不腐烂、摧不破、捣不毁，并象征永存的坚硬物质。如果把佛经镌刻在石头之上，佛法将会同大自然一起永久留存，并为世间一切有情众生带来和平、安宁和福祉。②“嘛呢”是六字真言，即嗡嘛呢叭咪吽的简称。因其刻在石头上故称之为“嘛呢石”。现实生活中，但凡是刻在石头上的佛教符号大家都习惯称之为“嘛呢石”。事实上，石刻的内容或类型是多样的，就新寨村的石刻种类而言，更求多杰在其硕士论文中做了较为细致的梳理，如表4－2所示：

石刻种类③

表4－2

咒语类	度母、绿度母、白度母、四臂观音、莲花生大师、文殊菩萨、药师如来、释迦牟尼、无量光佛、马头明王
经文类	绿度母、白度母、四臂观音、解脱经、普贤行愿品、长寿经、白字经、皈依经、忏悔经、明松
佛像类	释迦牟尼、无量光佛、弥勒佛、莲花生大师
菩萨类	度母、绿度母、白度母、四臂观音、千手千眼观音、十一面观音、文殊菩萨
护法类	马头明王、吉祥天女、六臂护法
金刚类	欢喜金刚、胜乐金刚、密集金刚、时轮金刚、金刚萨埵
其 他	大鹏鸟、佛塔、十相自在图、卡加、嘉那活佛手印足印

① ངག་དབང་བརྩམས། 《གནས་མཆོག་རྒྱ་ནག་མ་ཧིའི་དཀར་ཆག་རིན་ཆེན་སྒྲོན་མེ་ཞེས་བྱ་བ་བཞུགས་སོ།》 བྲིས་མ། ཤོག་ངོས་193ནས་199བར་གསལ།

② 尕藏加：《藏区宗教文化生态》，社会科学文献出版社，2010年，第51页。

③ 更求多杰：《玉树嘉那嘛呢石研究》，中央民族大学硕士学位论文，2008年，第25—38页。

表4－2中，对石刻类型划分为七大类。相比其他石刻分布地方，① 新寨生产的石刻类型较丰富。事实上，石刻的种类不仅限于这些。就像笔者在田野调查期间从外来艺人口中所获得的答复那样，凡是佛陀的教诲以及有关佛教的符号，只要有可以供他们参考的，他们样样都能刻制在石头上。

在新寨，大家普遍把这些石刻类型归结为三大类，即“嘛呢”（མ་ཎི།，咒语类）、“易格”（ཡི་གེ།，经文）和“拉各”（ལྷ་སྐུ།，佛像）三种。目前，从信徒的需求情况来看，“嘛呢”（六字真言）和“它多”（ཐར་མདོ།《解脱经》）需求量最大。此外，需要注意的是，在所有这类石刻中，唯独“卡加”（ཁ་བརྒྱ།，图4－3）② 和“十相自在图”

图4－3　路边堆放的“卡加”

---

① 分6个地区：卫藏地区类型、藏东昌都和那曲东部地区类型、藏北羌塘草原地区类型、西部阿里地区类型、青海地区类型。参见刘志群：《雪域人之灵与神之魅》，西藏人民出版社，2006年，第258—261页。

② 卡加，“卡”字面意思为“嘴”，“加”，字面意思为一百，就是把100个“卡”刻在石头上，一般都供放在路人较多的十字路口、桥梁等地方。

（རྣམ་བཅུ་དབང་ལྡན།）① 不能供放在嘛呢石经堆上，其他均可供放。藏族人深信，当一个人名声大振或由于其他原因成为舆论的焦点时，伴随而来的是各种各样的评论（好的坏的），而不好的评论会招致一些危害、不祥或者疾病等。“卡加”有抵御这类危害入侵的功能。因此，藏族人一般都把它请来放在河边、桥梁上或者十字路口处，以此借助各种神圣的“力量”来抵御这类危害。

“十相自在图”分为两种，一种是专门请来放在亡者的床前。另一种是作为房屋的一部分，镶嵌在正门上方、外墙上或者放置在屋顶上，该标志符号在藏族居住地区最为常见。不过，放置时也讲究风水。可见，“十相自在图”的功能也是抵制外来的攻击。

地震以后，石刻内容与以前相比没有太大的变化。但是石刻的样式多样化，如把“六字真言”等心咒刻在一个圆柱体、圆石盘上等等，也开始出现了石刻佛像。以前新寨当地没有会刻制佛像的艺人（上文中提过嘉那嘛呢石创建初期也是由昌都石刻艺人雕刻佛像），会刻佛像的都是从外地迁徙至新寨的外来石刻艺人，且以前刻制的远不及现在这般大。刻制佛像成了今天新寨的一大特点。地震后，尤其是在2013—2017年共刻制佛像30多尊，大小都在4米×1.5米左右（图4－4）。

今天，在嘉那石经城供放的30多尊石刻佛像中，除了极个别外都是由GQ一家人（囊谦人）所刻制，包括兄弟、侄儿等雕刻的。刻一尊佛像一般耗时两三个月，而且需五六人共同协作完成。之前佛像要上色，用的时间会更长，但是随着他们雕刻佛像次数增多，发现在“多索拉”开采的石头有一大特点，就是打磨后石头甚似玉石。因此，他们决定为了突显石头这一特征，雕刻好佛像以后就不再上色。

---

① 十相自在图，是10个符号象征的须弥山和人的身体的各部位，这10个符号，包括3个图形和7个梵文字母。十相自在分别是：寿命自在、心自在、愿自在、业自在、受生自在、资具自在、解自在、神力自在、法自在、智自在。令东、南、西、北、东南、西南、西北、东北、上下等十方与年、月、日、时等时辰所组合的时空宇宙世界一切自在。令具信者免除刀兵、疾疫、饥馑及水、火、风等灾难，使所在之处吉祥圆满、眷属和睦、身心安康、去处通达、所求如愿。

图 4－4　石刻佛像

现在，供奉在嘉那嘛呢石经堆中的佛像有些上了色，而有些没有。

个案 4－13：刻佛像，找拉索（ལྷ་བཟོ།）GQ

以前，我们都是画唐卡的。大家学画唐卡用了很多年。后来我们在老家囊谦的路口山崖上刻了一尊佛像，大家就纷纷来找我们刻佛像。就这样开始走上了石刻佛像之路。石刻佛像不同于画唐卡，在石头上一旦雕刻错了就完了，它不像画在纸上的佛像错了还可以擦掉再画。因此，需要专心致志，不能心不在焉。但这并不意味着画唐卡就可以不专心，画唐卡和雕刻佛像都一样要用“心”。用“心”刻或者画的东西就是比没用“心”的更具有“灵性”。毕竟这也是一个修行的过程。刻得好不仅满足了施主的愿望，同时也满足了自己的愿望，双方都有功德可言。如果刻得不好又拿别人的钱，那我们自己心里也不踏实。

现在，我们就只负责雕刻，从采石场把石头拉到我们工作的地方，刻好以后再雇车供放等这些活都由施主自己负责。雕刻佛像的石头一般都是5米×3米大小的石头，所以买石头来回雇车可能要五六万的费用。一般我们刻一尊佛像价位在5—7万元，看石头大小定价位。很多从我们手里“请”的人都是以家族名义“请”的，所有的这些费用也是他们家族成员分担。具体怎么分担，我们也不清楚。雕刻好以后，很多施主都希望在佛像的右下角标注时间及家族名。我自己觉得这没有什么不好，今后他们的子孙看到以后也会有家族的荣誉感。除了拿钱雕刻佛像以外，我们自己也无偿地刻了三尊佛像供放在囊谦、巴格嘛呢等地，以供大家转经祈福。现在我们刻的这尊佛像也是无偿的，是我们的家族成员共同分担所有费用。我们几个人负责雕刻，然后供放在嘉那嘛呢石经城。

（三）石刻大小

嘛呢石的大小一般没有统一的标准，都是刻在不规则的石头片或石块上。早期在没有机器之前，听村里的老人讲，刻的最大嘛呢石叫做“国布”（མགོ་འབོད། 大小在35厘米×50厘米左右），没有比“国布”再大的嘛呢石，只因那时没有条件开采更大的石头，加之运输也不方便。采到“国布”大小的石头都会百般珍惜利用，而且都是手艺精湛的艺人在上面刻“六字真言”或者佛像。也有刻100个“六字真言”在这上面，每句“六字真言”的第一个字或者最后一个字上涂点红色，以便最后做计算，这种刻出来的嘛呢叫做“呗读”。最小的嘛呢石就是新寨当地村民每天供放的“粗亿”（ཕྱོགས་བཞི།）①，跟大人的手掌一般大或者再稍大一点。

① 字面意思为“四方”，就是在石经堆东南西北四个方向各放一块，以求众生平安。供放“粗亿”的嘛呢石一般都刻在巴掌大的石头上，且是“哇玛”刻法。这是新寨所有村民的一个习俗，但凡家里有人出门远行、子女升学、结婚、丧葬等重大事情时供放。村里也有很多人家是每天坚持供放。

随着开采工具的发展（徒手、铁锹、钻头、开采器），嘛呢石的大小也在不断地发生变化。如今，采石场专门有几家大商户购置大型的采石器来开采，村民只需到山上按照各自的需求购置卖家开采出来的石头，自己挑选，自己装车。如果不想花钱买石头，还可以往山沟高处去自己开采再拉回家。现在想刻制佛像的施主都是先从卖家手里买石头，然后雇车拉到新寨，再请拉索雕刻，直到最后完成供放，前后费用加起来价位已超四位数。

综观石刻的数量、种类及大小，早期新寨村民生产的嘛呢石可以说是处在一个“低度的生产”阶段①。这与萨林斯在论述原始社会家户生产模式中对低度生产三种维度的解读相符。一是资源低度利用。② 早期村民不管是开采石头还是刻制嘛呢石，都没有现代化机器辅助。二是劳动力低度使用。③ 早期家庭分工，父亲外出、孩子上学，仅有的劳力就是家庭妇女。而这些妇女都没有上过学，目不识丁，仅会刻制简单的心咒类；三是需求短缺。④ 早期新寨并非所有的家户都有石刻活可以干（见第五章第三节“肖布”内容）。但是在地震以后，随着机器的出现以及大量外来石刻艺人的增多，嘛呢石生产发展到一个“高度的生产”阶段。⑤ 石刻的种类呈现多样化，且以刻制经文为主。石刻生产的数量也远远超过地震前仅有新寨当地人刻制的数量。

五、“博麻”嘛呢：新寨传统刻法

在新寨，石刻分“博麻”（འབུར་མ།，阳刻）和“哇麻”（འོབས་མ།，

① ［美］马歇尔·萨林斯著，张经纬、郑少雄、张帆译：《石器时代的经济学》，生活·读书·新知三联书店，2009 年，第 48 页。

② ［美］马歇尔·萨林斯著，张经纬、郑少雄、张帆译：《石器时代的经济学》，生活·读书·新知三联书店，2009 年，第 49 页。

③ ［美］马歇尔·萨林斯著，张经纬、郑少雄、张帆译：《石器时代的经济学》，生活·读书·新知三联书店，2009 年，第 59 页。

④ ［美］马歇尔·萨林斯著，张经纬、郑少雄、张帆译：《石器时代的经济学》，生活·读书·新知三联书店，2009 年，第 78 页。

⑤ ［美］马歇尔·萨林斯著，张经纬、郑少雄、张帆译：《石器时代的经济学》，生活·读书·新知三联书店，2009 年，第 116 页。

阴刻）两种刻法。通常情况下，心咒类以“博麻”刻法为主，经文类以“哇麻”刻法为主。对新寨当地人来讲，最传统的刻法就是“博麻”，因为早期新寨妇女没有上过学，仅会刻简单心咒类。但事实上，刻“博麻”嘛呢也不简单（图4－5）。

图4－5　“博麻”嘛呢

一般来讲，一块“博麻”嘛呢刻制程序为：

第一步：正面刻心咒（阳刻，6—23个字）；

第二步：背面刻制“贝杂萨埵”（阴刻）；

第三步：涂色，分中间凸出的字母和外围空白的地方。

仅以村民刻制最多的心咒“六字真言”为例。正面刻“嗡嘛呢叭咪吽”六字，背面刻“贝杂萨埵”，刻好后对应相应的字母要涂不同的颜色。这是因为每个字母有着不同的象征意义和功能，如表4－3所示：

六字真言色彩及象征意义

表4－3

六字真言	色彩	象征
嗡	白色	天神
嘛	青色	非天
呢	黄色	人
叭	绿色	畜生
咪	红色	饿鬼
吽	黑色	地狱

可以发现“六字真言”中的六字分别对应白色、青色、黄色等不同色彩，象征着“六道轮回”中的六道。除了给六个字母涂不同的颜色以外，还要把六字外围（四边）的空白处涂成红色，当地叫做“造”（གཙག）。相比而言，涂色要比刻制更花费时间和精力。村里的阿吾 GY 的石刻手艺在他们那一辈人中算是佼佼者，他在给自己子女传授石刻手艺时要求很严格。

个案4－14：阿佳 BM，46岁

我差不多14岁左右就开始跟着父亲学石刻，成家以后还是以刻石为生，家里也就只有我一个人还在刻嘛呢石。没有成家前，家里主要是我父亲刻，母亲还有我们兄妹几个人涂色。父亲时常会告诫我们说：“给嘛呢六字上色等于是给佛祖披袈裟，袈裟披不好，今后自己转世后的长相有可能五官不全或者身体上有缺陷。哪怕是外围的‘造’涂不好也注定今后转世成人，没有像样的衣服穿。现在给嘛呢涂的颜色什么样，今后自己的脸面也就是什么样。”我们那会儿不懂事，被父亲这样唠叨时很反感。有时我们刻不好会被父亲臭骂一顿，并且气得用手锤给砸碎。我们顶嘴说，用不着他来教手艺。但是长大后才知道“忠言逆耳利于行”，父亲的话全都记在心里，刻嘛呢或者涂色时都会很小心，且认真对待。

听村里的人讲，早期颜料是粉末状，都是从拉萨买回来。为了使嘛呢石颜色能保持长久，村民还会在颜料里兑点牛奶。大家对嘛呢石颜色赋予的寓意是“佛祖的装束”。“吉哇”验收嘛呢石时要求必须是“博麻”嘛呢。村民坚持传统的“博麻”刻制，原因也在于此。可以发现，在他们的（石刻）作业中，真正起作用的力量是对习俗与传统的服从，正是这种力量把所有村民联系在一起并加以约束。①

在众多外来石刻艺人聚集的今天，新寨传统的“博麻”刻法几乎被“哇麻”替代。刻制心咒类同刻制经文一样被“哇玛”刻法代之。新寨老人指出，“哇玛”都是当地村民平常供放“粗依”或者婴儿夭折才时刻制的。其他心咒类必须全部都是“博麻”刻法。但是现在外来石刻艺人比新寨常住人口还多，制止他们的这种做法绝非易事。在新寨众多的石刻艺人中，仅有几位老人依旧在坚守这种传统手刻方式（见下文个案4－27、个案4－28）。

出现这种现象的原因是“哇麻”刻制比“博麻”简单，且涂色也便捷。不同的是现在比以前多了一道打磨的工序。打磨出来的石头，整个面上涂一层绛红色，然后再用机器刻。刻制出来的文字确实是比没有打磨的石头上刻出来的文字耐看、精致、漂亮。而且现在颜料全都被广告色替代。如果想让嘛呢石的色泽光亮耐久，也有石刻艺人在广告色里兑点汽油。凡是经过打磨后刻制的嘛呢石价位也高。如此一来，如今新寨除了给刻嘛呢石的人提供就业机会以外，又给那些目不识丁的人创造了就业平台——打磨工。阿吾GTCR就是其中的一位。

个案4－15：阿吾GTCR，石渠县人，45岁

我到新寨才几个月，不会刻石，所以就只能干点打磨的事情。打磨一车（小三轮）石头，工钱差不多900元。花费多长时间不好说，要是勤快一点，八九天就能打磨好，或者人手多的时候四五天就能打

---

① ［英］布罗尼斯拉夫·马林诺夫斯基著，张云江译：《西太平洋航海者》，中国社会科学出版社，2009年，第111页。

磨完。

我之前来过新寨，知道这里有人干这活儿，今后可以的话我也想学石刻。现在主要是想让我的两个侄儿学刻石。两个侄儿，一个上了小学六年级，所以学刻石应该不难。我们石渠县来这刻石的人很少，因为在老家有巴格嘛呢，去那刻嘛呢石的人比较多。不过那里都是黑色（青岩）的石头。在那刻石都是按月发工资，有专人在那里看管。

我以前是个铁匠，我打铁炉子打了十几年，换得70多头牛，后来就没再打，转而做生意。做点买卖马匹、车辆之类的事。后来有一次在生意上失利，亏了30多万，妻子也跟我离了婚。两个孩子跟了他们的妈妈。我成了穷光蛋，所以就来这里干这个活谋生。现在住在一个家庭旅馆，每月租金500元。藏历新年时两个侄儿会回老家过年，初十再回来。我在这儿还有活要干，所以就回不去了。

穿行在新寨大大小小的巷道，如果看到全身上下沾满白灰、戴着“防毒”面具的“白色”人。应该就是这些靠打磨石头挣钱的工人。石刻虽不像画唐卡那样有严格的度量的限定和要求。但是每一位石刻艺人都竭尽所能把石经刻好，只有这样他们才会在拿别人的“朵元”时感到心安，这对供需双方来讲都是有功德的事情。

第三节　生产人员的转变与合作

一、生产人员的转变

自新寨村村民刻制嘛呢石以来，生产人员经历了三次较大的转变。按照时间先后顺序，可划分为早期（1715—1958年）、中期（1959—2010年）、晚近（2010—至今）三个阶段。其中，早期阶段以“促波”和“觉没”为主；中期阶段以新寨当地“市言”为主，晚近阶段以外来人口为主，且在新寨形成了一个庞大的石刻生产队伍。

（一）早期（1715—1958 年）：“促波”与“觉没”

“促波”（ཕྱུག་པོ།），意为富户。早期如果一个家庭既有田地，又有牛马，就是富裕的象征。这个时期嘉那嘛呢事业的发展很大程度上就是靠这些富户给带动起来的。对此，村民 CR（从父辈开始到他这一代都是刻石为生）回忆：“以前新寨富家妇女头戴蜜蜡，也把石刻作为家庭的一个重要事业来对待。从甘孜过来的霍巴[①]商人驮运茶叶途经新寨，村里的妇女乞求这些商人“请”几块嘛呢石。霍巴商人见状就会嘲笑说：“你们这些新寨若哇头戴‘布西’（蜜蜡）还讨‘朵元’”。当时富家男子负责与外界打交道进行嘛呢石交换。这些大户人家是否直接参与嘛呢石生产，年长的村民不得而知。但是可以肯定的是他们通过获取石刻收入再去雇佣其他人来刻制嘛呢石。因此，准确地讲这些富人是嘛呢石的“间接”生产者。

“觉没”（འབྱོར་མེད།），字面意思为经济匮乏，用来指贫民。早期“促波”外出获取石刻收入回到新寨以后，他们再雇佣村里石刻手艺好的艺人来刻嘛呢石。而被雇用的石刻艺人都是那些自己没有能力与外界建立关系的村民，他们只能通过出卖自己的劳动力从“促波”手里获取劳动报酬。在当地，通常把雇用石刻艺人到自家的这种方式称之为“如道”（见下一节）。富人们把糌粑或者牛羊肉等作为劳动报酬给那些被雇用的“觉没”或者“它的”。因此，在早期，新寨不论是“促波”还是“觉没”，都是根据各自的能力有钱的出钱、有力的出力进行嘛呢石生产。可见，早期不论贫富贵贱都以嘉那嘛呢事业为重，并以此为生。

事实上，在多瑞的“囊它”中也记载：“不论是富贵还是贫穷都

① 关于“霍尔巴”或“霍尔”（ཧོར།）这个称谓的由来，格勒先生做了很细致的分析。他指出，藏族对居住在甘孜、炉霍一带的人习惯上称霍尔巴（ཧོར་པ།），以别于木雅巴（མི་ཉག）、嘉戎巴（རྒྱལ་རོང་།）、巴巴（འབའ་པ།）、娘绒巴（ཉག་རོང་།）等不同地区人的称谓。但为何对甘孜和炉霍一代的藏族称为“霍尔”？他引用德格更萨寺《霍尔扎历代法王传记》中的一段“有趣”的故事进行了解析。详情参见格勒：《藏族早期的历史与文化》，商务印书馆，2006 年，第 341—344 页。

要把刻石作为一个重要的事业来对待。”① 其目的是为了弘扬佛法、利益众生，壮大嘉那嘛呢石经堆的规模。另外，从当时的情况来看，如果没有富人带头来发展嘉那嘛呢事业，仅靠“觉没”把新寨发展成像拉萨一样恐怕很难。

（二）中期阶段（1959—2010 年）：新寨当地“市言”

1959—1976 年期间嘉那嘛呢石刻生产处在停滞状态。一直到 20 世纪 80 年代中期宗教政策开放，生活在嘉那嘛呢石经城里的村民又重新开始拿起了“崧”（雕刻刀）和“托哇”（锤）等工具。这个阶段石刻生产者身份不再分什么贫穷或富贵，大家都是新时代的农民。村民自称为“市言”（没有工作），这里也包括迁徙至新寨多年的那些外来人。而在这个时期出生的孩子都赶上了好时代，家家户户即使家庭条件一般也会供自己的子女去接受教育。因此，主要还是他们的父母刻石，尤其是以家庭妇女为主。田野调查期间，笔者发现六七十岁老人的子女中，因为要刻嘛呢石而让孩子辍学的个案并不多见，即使有也是因为当时家境所迫。

个案 4 - 16：阿吾 CP，45 岁，定居新寨

我老家是昌都江达，我和我的妻子是从老家私奔来到结古，那时连被褥都没有。起初借宿在结古一商人家里，住了一两个月，给人家干点杂活。后来就到新寨刻石，从此定居下来。如今，生活在新寨已经有 23 年左右了。刚开始时我不会刻石，跟着当地人学慢慢就学会了。时间长了认识的人越来越多，刻石的收入也就越来越好，家里生活条件慢慢有了好转。现在已经没有以前那样刻得多，但有施主要请我还是会刻一点。

我在老家上过几年学，懂点藏文。我现在有 4 个孩子，老大自己学画画，现在在拉萨画唐卡，而且画得很好。老二上到初二时，我生了场大病无暇顾及家里，加上他自己比较能干，不得已就让他辍学刻

① ངག་དབང་བློ་གྲོས་རྒྱ་མཚོས་བརྩམས། 《རྒྱ་ནག་རྟོགས་ལྡན་བྱང་ཆུབ་འཕགས་དབང་གི་རྣམ་ཐར་དང་གསུམ་ཆུ་གཉེར་འཕེལ་བའི་བླ་གཞོན་ཞེས་བྱ་བ་བཞུགས་སོ》 བྲིས་མ། ཤོག་ངོས་85པར་གསལ།

石。所以家里刻石的就我们父子俩。以前他不好好刻时我真的是用鞭子抽他。现在大了，而且刻得字比我还要好。刻那种“博麻”嘛呢可能我比他好一点。以前我们刻嘛呢石都是传统的手工刻法，手拿“崧”“托哇”（雕刻刀和锤）一锤一锤地刻。现在全都借助电钻刻。家里最小的两个孩子现在还在昌都上学。因为户口没有迁过来，所以就只能回去上学了，但是节假日还是会回到新寨。

除此之外，村里还有几家是因为家里的独生子女，父母担心孩子在校被欺负，索性就让他们留在家里刻嘛呢石。因此，这个阶段刻嘛呢石的主要都是当地的妇女以及他们没有上学人（有些中途辍学）的子女。

（三）晚近阶段（2011 年至今）：外来石刻艺人

在笔者访谈的 60 多位外来石刻艺人中，迁徙至新寨的长则 20 多年，短则仅几个月。不过，有一半以上的人都是在玉树地震后才到新寨的，在此之前他们都是生活在牧区的“卓巴”。他们都是家境贫寒、收入微薄，养的牛羊也不多。他们当中有些是来了又走，更多的是来了以后选择继续留在这里。上文第二章中提到，早期迁徙者很多都是因为就学、看病、算卦、婚姻等原因迁徙至新寨。而在地震以后，外来人口迁移到新寨的主要原因就是为了刻石谋生。他们都是举家迁徙至新寨，把老家牧区少有的牲畜要么托付给亲戚，要么低价（有些放生的只能低价转让）卖给牧区其他“卓巴”。与新寨当地情况不同，外来的这些石刻艺人都是男的负责刻嘛呢石经，女的负责照看小孩和做饭等，闲暇之余帮丈夫打下手搬运石头、打磨或者涂色。

当地村民把他们称为“侧聂”（ཕྱི་མི།，外来人）。事实上，就连他们自己也承认自己是外来的“羌卜多卜”（འཁྱམ་པོ་སྐོར་པོ།，流浪人）。他们有些是举家迁徙至新寨，有些是逃脱父母安排的婚姻，与自己相爱的人私奔到新寨，然后在新寨靠石刻来谋生。他们的到来对当地从事石刻的人来讲，既是石刻技能上的一个“比拼”，又是生活来源上的一个“转机”。一方面来讲，很多外来石刻艺人的石刻手艺要比新寨当地人精湛；另一方面来讲，这些外来石刻艺人只能租房住在当地人家中，当地人可以获得一笔房租费，弥补了外来石刻艺人对他们石刻收入造成的冲击。上文中也提到在一个围墙内生产的单位有时不止一家，而是两三家甚至更多。但是他们都是以各自家庭为一个生产单位。

笔者对寺院管理组织的7个小组、200多家摊位成员的来源地进行了统计分析，了解到外来石刻艺人主要来自玉树州境内的囊谦县、杂多县，玉树市下辖拉秀乡和小苏莽乡，还有来自西藏昌都的贡觉县及四川德格、甘孜两县。从这些来源地中可以发现，除去玉树州境内的各县、乡镇，来自州外的三个地方也属于康区，且都是以康方言为主。笔者在田野调查期间结识的上百位外来石刻艺人中，绝大多数以前在各自的老家从事过石刻或者以石刻为生，但是收入远不及新寨这么好。他们都是随同自己的亲人、朋友或者老乡来到了新寨。其中比较特殊的是一位来自西藏的安多艺人。

个案4－17：阿吾BM，来自西藏安多地区，38岁

我的妻子是江达人，我们是在拉萨相识的。之前在江达生活，如今到新寨已经2年多了。当初我们是听江达的一位老人说新寨刻石收入不错就过来了。现在他已经去世了。

我是唯一在新寨刻嘛呢石的安多人。上过几年学，家境不好，觉得上学没有什么前途就辍学在家，后来就自学藏文。我之前上学时有一个优秀的藏文老师。现在刻得这么好，也多亏了我的老师。我自己热爱藏文，平常还喜欢看相关藏族历史的书。有一点藏文基础的话刻嘛呢石（经文）有很大的帮助，不易出错。因为自己在校对的时候就会知道元音、辅音、前后上下加字哪里有出错。我一般会校对两次，一次是我刻好以后自己校对，另一次是跟施主一起校对。家里就我一个人刻，我的妻子胳膊受伤帮不了我什么忙，所以就自己能刻多少算多少。

我一般刻嘛呢、《普贤行品愿》《忏悔经》等简短的经文。但是我不刻《解脱经》这类叶数多的经文。因为过长怕出错，一旦出错那罪过就大了，等于是自己背下了债务。即使现在能拿到“朵元”，但是如果有来世，这个债哪怕是用自己的血和肉都无法偿还的。有施主出3万让我刻一部《解脱经》，我没刻，一是怕出错，二是我刻得慢，以我的刻速我可能要刻1年左右。跟别人比我刻的字要大一点，不是说能多要点价，而是觉得这样刻出来的经文，不管是谁看都能看得清楚，校对时读起来也方便。佛经里也这样提到，佛经（字）刻得越清晰越好，看或读都方便，而且功德也大，反之亦然。所以，我一般刻得字大一点，每个字母之间的间距也留大点。

对于在新寨刻石的艺人来讲，只要自己能吃苦，刻嘛呢基本能解决温饱问题，甚至能创造更好的生活条件。虽不会大富大贵，但确实能让自己的生活过得更好一点。嘛呢石四季都有人请，但不是每天都有很多人来请。短时间内能买得起车子和房子这都不太现实。现在靠自己的劳动生活，起码用不着欠别人钱。我今后的谋生之路就这一条。如果我坚信自己刻得好，每一部经文没有出过任何差错，那我自己也会心安理得。

大多数外来石刻艺人都有着相似的生活经历，他们来到新寨以后，只要能勤快地劳作，刻制的嘛呢石经就不用担心没有施主来“请”。现在他们靠自己的劳动，能解决基本的温饱问题。同时，还可以让身边的亲人生活得更好。这些石刻艺人的经历，从某种程度上代表了边远牧区人们生活的基本现状，以及他们为改变自己命运所作出的种种努力。与新寨情况类似的是青海省黄南州泽库县和日生态移民示范村，搬迁后牧民通过从事石刻来维持生计。对此冯雪红指出：“石刻业的形成促进了村民生计方式的改变，过去以放牧为主、石刻为辅，现今则以石刻为主，打工和放牧为辅，并且随着石刻业的发展，这种生计方式更加牢固。”①

二、转行刻石的汉族女婿

一般来讲，作为佛教徒刻嘛呢是一个积累功德的过程，所以石刻

① 冯雪红：《传统的发明：和日村藏族石刻流程、工具与技艺》，《兰州大学学报》（社会科学版）2018年第2期，第71页。

行业都是以藏族人为主。但在新寨还有改行刻石的汉族人。

个案4-18：罗叔，湟中人，61岁

以前我开车拉活，后来活少了就开始刻嘛呢石。我刻石已经很多年了，地震之前就开始刻，那会儿还是用手刻，而且刻的都是新寨当地人那样的小块嘛呢石，6个字涂6种颜色。

我妻子是囊谦人，我们是在州上认识的，那时她们家从囊谦搬到州上租房住。我也是租房在州上住了2年。后来搬到新寨借宿住在朋友家里，因为那会认识的朋友多就没租房，借宿住在一个来自治多的朋友家里。他们的房子在嘛呢石堆下面。但是地震以后我们联系得少，因为我们现在住的地方（乃果滩）离嘛呢石堆还有点远。

我们家里现在的收入来源主要是靠刻石，另外前两年才开了个小卖部。盖房时花了20多万，现在我妻子生病又花了十几万。

现在石头涨价了，家里的情况又是这样，今后还要供3个孩子上学，吃饭等都得花钱，所以我一个人不得不辛苦多刻点石头。一年下来石刻收入有多少没有认真计算过，但总体来讲收入还不错。我只会刻“六字真言”这类简单的（心咒），像经文类我不会刻，我妻子没生病时她会刻。家里就靠我们两个人干这活养活一家人。我的石刻手艺也是从我妻子那里学来的。嘛呢石大的小的我都刻，还有“贝杂格日”“贝杂萨多”“阿么代哇”这些我都会刻，以前都是照着书刻，但是现在不用看了，我都熟记在心了。所以也不担心会刻错。如果刻错的话，我会抹掉然后再重新刻。

现在我在这住的时间久，刻石也有好多年了，大家都知道我在刻，所以买主有藏族也有汉族（老乡、打工），不管是藏族还是汉族，他们买嘛呢石可能有他们自己的想法。

在法会、冬季还有挖虫草的那一个月我会多刻一点，因为在那几个月买的人比较多。我现在都是用机器刻，不过手刻我也会。今年这一年我还会刻石，但是今后还会不会继续刻就不好说了，现在年纪也大了。

地震那年我刻的多，买的人也多。前两年有个从北京过来的人从我这里买了两块带回了北京。地震之前我刻的都是“六字真言”，6个字母分别刻在6块石头上，最多也就能卖个六七百，现在六字刻在一块石头上就是这个价。地震后的头两年价位比现在高，那会儿死的人多，买的人也多。之后价位有所下降，买的人也没有头两年那么多。

我这样刻好以后觉得空白的地方不好看，把空白处划成螺纹状看着也比较好。身边有些石刻艺人觉得我这样刻得好就来找我学。我觉得刻石不要刻错，另外该挖深的地方挖深一点，这样拿别人的钱我心里会舒坦一点。说我不顾生活去无偿的送给别人或者卖便宜一点那也不太现实。毕竟我还是靠这个养活一家人，还要供孩子们上学。我买这个房子时是用刻好的四五部“六字真言”换来的。当时这里还是空地，没几家人住在这里。

我的后半生算是刻石养活了一家人，没什么感受就是受了不少苦。对于我来讲，刻石就是做生意养家糊口，对于藏族人来讲就是信仰，要不然没有信仰谁愿意花钱买个石头放在这里，送给他们恐怕也不会要。

个案4-19：张叔，河南人，58岁

村里人包括租住在张叔家院子里的小孩，都管张叔叫“小张”。

从河南到这里将近30年了，来这之后一直都是种菜养家，将近种了25年的菜。我们两个人在一起时啥都没有。在州上种菜种了十来年，买了这块地。在农科院这里种了七八年，然后又去了西通烈士陵园那里种了十几年。地震后就没再种，年纪大了，身体也不好。

我学刻石头是因为见我院子里租房的人刻嘛呢石收入不错，其他也没啥。原先有一对母女，女孩19岁，跟我家儿子一般大，她妈妈60多岁，租房住在我们家院子里。她们每天刻，刻完一车又拉一车的石头。我就在她跟前天天看，小丫头刻石挣钱，养活她妈妈和她两个人。反正我在家闲着也是闲着，所以就学着刻。刚开始不会，我问这问那跟着院子里的人学，后来就慢慢学会了。刚学着刻那会儿，前

3个月刻出来的字是啥都不像，白天不敢拉出去，害怕人家说点啥，就晚上拉出去放在嘛呢石堆上。刻出来的横七竖八的我自己看着都别扭。藏文笔顺跟汉字不一样，所以学起来有点慢。不过，话说回来，如果从内心想学就没有什么难得住的，用心学的话啥都能学好。3个月以后我差不多就学会了，刻得也有点模样了。我一直是用机器刻，没学过手刻。

我现在刻石已经四五年了，人干啥都要用心，只要用心就没有什么不会的。我用心刻得嘛呢石有些杂多的藏民都称赞，说我刻得比有些藏民还要好。现在我这里一般都是我老婆认识的亲戚朋友来买，有时来家里买，更多的是拿到摊位上去卖。我在家里刻，我老婆去那卖，我去那也不懂藏语。来这儿的30多年里一直都在菜地里干活，跟藏民接触少，就很少说藏语。

张叔曾经认为玉树是个神奇的地方，为了了解“玉”是怎么变成“树”，就千里迢迢来到了玉树。从此留在玉树，并成家有了孩子。夫妻俩靠种菜、卖菜维持生计。

来这里说来话长，纯属是巧合。在老家时我跑去河北打工，1980年那会儿出去打工的人很少。我是在一个饭店里，给人家端菜、洗碗、刷盘子。刚好有一个当地人三十来岁，每天来饭馆里吃饭。他说俺村的一个老乡在玉树（那时我们对青海玉树一点都不知道），说玉树有虫草。那时我有点精神失常（十几年），脑子迷瞪，我当时认为这个“玉”是一棵“树”，就想知道这个“玉”是怎么变成“树”的，就来到了这里。来这之后的第二年我就跟我老婆结了婚。

从河北唐山来这儿用了20多天的时间，那个时候车费也便宜，我出门时兜里装着一百二三十块钱，到这之后兜里还剩着十七八块钱。从唐山到北京，再从北京坐火车到西宁，从西宁到这儿要坐三天两夜的班车，车子走得很慢，主要是当时路况不好，加上那会儿气候也不好。那个时候走三天两夜是国家规定的，限制时间。走到玛多停停，走到温泉又停停，那时都说“只吃温泉的饭，不住玛多的店”，说明玛多气候不好。跟我们一起来的人因为气候原因缺氧或者煤气中毒死的人也有。那时我 30 多岁，本想走，后来就留下了，成家后就更走不了了。

我们夫妻俩刚认识时，她刚从囊谦下来。她一点汉语都不懂，我一点藏语都不懂（即使到现在我还是藏语懂得不多），然后我们俩谁干啥都是比画着。三四个月以后她开始学会说点汉语。种菜的这 25 年时间里我每天都在菜地干活，接触藏民少，拿菜去州上卖也多半都是她去。那时藏民吃菜的也少。她负责卖菜，我负责种菜。她每天骑着自行车带着一筐菜去卖，一天能卖个二三十块钱，她可高兴了。1984 年左右，我们俩生活上比较苦，条件差。不过她那会儿可能干了，天天拿菜去卖。

我从老家河南来到这里，家里人也没有什么不同意，因为 20 世纪 80 年代那会儿出外打工的人少，家里生活条件也很苦。家里我最大，下面还有两个弟弟、三个妹妹。他们现在还都在老家，几个妹妹都嫁出去了，家里还有个弟弟（老二）在老家种苹果。前年我们一家四口人回了趟老家。我们经常都联系着咧。这不现在有网，家里那边也有，所以每天晚上都视频聊天。

现在的石刻收入跟以前种菜卖菜基本上差不多，比种菜稍微多一点。我因为种菜的原因腿得了风湿，这几个月都没能好好干。真正刻石头收入好着咧。我不会刻经文，那些刻经文的收入 1 天可能上百上千。我一天下来也有三四百。我不会刻经文，只会刻“嗡嘛呢叭咪吽”“贝杂格日”“才呢”这些简短的，七八十字以下的都会照着书刻。照着书刻好以后，我会叫院子刻石的藏民来帮忙校对再拿去卖。要是缺一个字或者两个字还得补上。没有人说这是汉族人刻得就不买，我没有听谁这样说过。

除了石刻收入外，现在一个月下来房租也有个两三千块钱。刚买房子只有两间土房，后来地震国家给盖的房子（90 平方米）。之后我又自己在院里盖了两排房子，现在都租出去了。现在生活可以着咧。我现在 58 岁，她 50 岁。她的哥哥、妹妹现在也都搬到州上了。

在新寨会刻嘛呢石的汉族就是上面两个个案中的罗叔和张叔。他们的妻子都是藏族（包括当地和外来的）。但是笔者没有发现有一家是纯汉族的在新寨刻石的艺人。前几年张叔听说有一个汉族（河南老乡）来新寨刻石，不过他自己没见过这个人，只是听说那个人在他们老家时是个刻石碑的，来新寨干了几个月可能不行就回去了。另外，上文个案 2－2 中的赵大叔也参与石刻，他只是帮他儿子打下手而已。

三、内外无别：合作

从社会学意义上讲，共同劳动是非常重要的，因为它意味着一种更为广泛意义上的相互帮助、服务的交换、工作中的团结一致。① 生活在同一个村子里，从事同样的石刻生产，虽说是以家庭作为基本的生产单位，但是有时也免不了邻里之间的相互合作。在新寨“如道”与“如巴杰”是比较常见的两种合作方式。类似于阎云翔在下岬村看到的“换工”和“求帮助”两种互助形式。②

（一）如道（རོགས་བདགས།）：计报酬

佛教宣扬的因果报应本身就是以互惠为准则。③ 一般来讲，一个家庭的石刻活越多就意味着该家庭需要的劳动力也越多，但是有些家户因人手短缺，不得不叫村里的那些石刻活少且石刻手艺好的人（多为妇女）到自家来帮忙刻制嘛呢石。这种叫同村的人来家里刻嘛呢石的方式，当地叫做“如道”。按照传统经济学的理解，这种行为完全就是雇佣关系。但是，在新寨却不曾有这样的含义，村民们认为这是大家相互之间帮忙。

① ［英］布罗尼斯拉夫·马林诺夫斯基著，张云江译：《西太平洋航海者》，中国社会科学出版社，2009 年，第 112 页。

② 阎云翔著，李放春、刘瑜译：《礼物的流动——一个中国村庄中的互惠原则与社会网络》，上海人民出版社，2000 年，第 85 页。

③ 朱文惠：《佛教寺院与农牧村落共生关系——中国西南藏族社区研究》，唐山出版社，2002 年，第 52 页。

个案4－20："布姆布如"一起刻石的经历

阿依LM和CJ是从小一起长大的，她们又是"布姆布如"（闺蜜）。可以说，为了生计她们这一生是"有福同享有难同当"。如今，她们都是80多岁高龄的老人。回忆起以前的生活，她们有说有笑。

20世纪50年代前，大户人家石刻活多的时候，会叫"它的"（穷人）去他们家里刻嘛呢石，然后给点吃的。20世纪80年代中期，新寨这里允许刻嘛呢石以后，我们有时出去给别人家刻嘛呢石挣钱。刚开始工钱1天给5元、7元，后来涨到了15元。每天要给人家刻个50块"博麻"嘛呢。

记得在我二十几岁时，跟着我的两个朋友一起去了玛多刻嘛呢石，我们3个人在那儿刻了2年左右。那里的人很善良，给我们酥油、糌粑、肉、米、面还有钱。他们那里发面粉时，我们几个去帮忙撑口袋，也会给我们一口袋的面粉。那会儿有班车，冬季过年前回到新寨，夏季又去那里，就这样来回将近2年。玛多的"仓豪"嘛呢跟新寨嘉那嘛呢一样，也有"一箭之长"测定嘛呢石堆规模的说法。刻好以后大家都把嘛呢石供放在那里。

可以发现，早期村里家境贫穷的妇女，除了在村内刻石以外，还会选择外出刻石。村里很多六七十岁以上的老人（女性）都有过这样的石刻经历。而且她们一生都是以刻石为生，虽然刻出来的嘛呢石技术含量不高，且收入微薄。但是对她们而言，更注重的是对信仰的实践。田野调查期间笔者发现，直到今天类似这种相互帮忙或者合作的方式依旧盛行，且形式也变得多样。

个案4－21：本村人"如道"

我的一个女儿在治多参加工作，因为这个原因，治多人在我们家请嘛呢石的人比较多，所以一年下来有时能收到一两万的"朵元"。但是因为人手不够，孩子们只能是在假期时帮个忙，我只能请村里的人来帮忙刻。每天给她们工钱15元，每人1天刻60块博麻，背后刻

“呗杂格日”，而且都是纯手工刻。事实上有些姑娘动作利索的能刻更多。但是按天数算工钱，她们也就刻个60块。我会时不时在她们旁边唠叨说：“姑娘们，现在你们刻得嘛呢什么样子，今后你们转世成人就长什么样。”我说这些就是希望她们能认真刻嘛呢石，不能仅仅因为钱而敷衍了事。她们听我这样说，多少会注意。这些姑娘们吃过中午饭，要不了多久就刻好走人了。但是跟我同龄60多岁的老人（他们都是家里生活条件比较差，而且也要不上多少“朵元”）刻得慢，不过刻得很认真。差不多太阳落山才能刻完60块，然后在家里喝点茶、吃点东西才回她们自己的家。

从个案4－21中我们了解到，因为人际关系的原因，有些家户石刻活多，但又因劳动力不足，就请村里那些石刻活少或者家境差的妇女到家里来帮忙刻嘛呢石，给她们工钱和饭吃。这不仅解决了他们石刻活多但又人手不足的“难题”，同时也帮助了那些家境差的人家。因此，“如道”被村民认为是一种相互帮助的行为。

新寨早期这种“如道”现象，随着本地从事石刻人员的减少而逐渐消失，已成为新寨中老年妇女昔日的生活景象而留存在她们的记忆中。如今，随着外来石刻队伍的壮大，出现了一种新型的“如道”现象。

个案4－22：老乡之间的合作

我们5个人是老乡，是昌都贡觉县人。贡觉是半农半牧地区，我们都是牧区的卓巴。没有房子，也没有多少牲畜，我们当中有些人刚开始还是背着父母私逃到这里，主要目的就是找石刻活干，能有点收入。我们都是来这里以后才相互认识的。因为我们之前在过廊上摆摊时要一起参加劳动，大家操得口音一样，所以就知道是老乡。然后，就这样一个接着一个认识的老乡越来越多。现在我们各自租房子或者院子搭帐篷住在这里。

老家那里很多人都会刻石，但是像这样大规模的嘛呢石堆不多见。而且最主要的是没有收入可言。像我们这样的在老家牧区牲畜不多，也没有虫草。生活条件差，解决温饱都是个大问题。嘉那嘛呢这里给我们创造了良好的谋生机会。在这里只要我们肯吃苦，就不用担心会饿着肚子。现在石刻的收入不仅解决了自己一家人的温饱问题，还可以留存一点过年回老家时给父母。

最近有施主（他们是在新寨萨迦祈愿法会经堂里制作大佛像的几个“拉索”，也是我们的老乡）要请五部《解脱经》，所以我们几个人就一起合作刻制。目前我们已经刻好了四部。我们 3 个人合作三四天差不多能刻好一部。我们 5 个人每刻好一部，工钱是按照各自刻的叶数来计算，每叶经文折合下来是 32.33 元。平常一部《解脱经》我们要价是 4700—5000 元，一般不低于 4500 元。这次请的这五部我们要的价是 4500。一部《解脱经》是 127 叶的经文，刻在石头上最少也有 100 多块石头。像现在这样，石刻活多的时候大家一起合伙，活少的时候自己干自己的。

像个案 4 - 22 中提到的那样，这些外来石刻艺人很多都是来到新寨以后才相识，并以老乡的身份相互合作、帮忙。他们有些年长且有石刻技能，有些年幼，是来到新寨以后才跟着大家学刻石。现在石刻收入不仅解决了他们个人家庭的温饱问题，同时还可以留存一点捎给远方的父母。这些外来石刻艺人，除了老乡之间进行合作以外，也跟一些在新寨结识的石刻伙伴进行合作。

个案 4 - 23：朋友间的合作

来新寨 5 年的 CRDZ，到新寨以后才跟他的朋友学石刻手艺。因为他家里条件困难，没能继续供他去上学，上到初中就辍了学。他家里三个兄妹，有个姐姐和弟弟，虽然他们都上了学，但是到现在也没能找到稳定的工作。

向巴是我的老师，他主要教我们书画。我现在字迹好看，主要是当时老师教得好。我们上过点学再来刻嘛呢石就学得很快。而且刻得字也比那些没有上过学的人好。因为这个原因，所以来我这请嘛呢石的人就特别多，都是那些老施主相互介绍的。

我们是从甘孜过来的人，都是一起租块地，一块干活，但是“朵元”是各自拿各自的。活多的时候大家一起干。现在到我这里请嘛呢石的人多。我和妻子两个人忙不过来，就雇人来打磨石头，每天人工费150元。但是按车付费比较划算，一车750元。然后我还让教石刻手艺的老师（朋友）在我这刻。他离异后有两个孩子要带。我按石刻的数量给他付工钱，每块嘛呢石按一块钱算，每月差不多有五六千元的工资。但也有一些人每块按5毛钱算。他毕竟是教我石刻的老师，所以我也要仁至义尽，给他每块按一块钱算。我们是从早上9点半左右开始刻，中午吃饭休息一会又刻到下午6点半左右。

我和一位朋友（囊谦人）一起合作刻了一部《解脱经》，5500元。因为施主要求字刻大一点，所以用的石头数量多，我就叫他一起刻。他是因为我们摊位在一个小组所以相互认识的。他来这儿比我要早，有时他那里活多的时候会给我分一点。我活多的时候也会给他分点。现在我们每年都会给家里寄一点钱。假如今年给我家寄钱，明年就给我妻子家里。

如上所述，从外来的石刻艺人几种合作关系来看，既有亲戚关系，又有老乡关系，另外还有在新寨相互结识以后进行合作的“卓博”（གྲོགས་པོ།，朋友）关系。

（二）如巴杰（རོགས་པ་བྱེད།）：不计报酬

与“如道”不同，“如巴杰”是纯粹不计报酬的帮助，不管是新寨当地人之间，还是外来人之间，“如巴杰”是常有的事情，但是这里的恩情是大家需要在往后的日子里找机会偿还。

个案4-24：阿佳CX，新寨二社人，45岁

我是个私生女，有个养父，歇武人。跟我母亲结婚后，他想让我们母女俩同时当他的妻子。养父这样逼婚时我才十六七岁。然后我遇到了现在的这个丈夫（汉族，互助人），当时他在新寨这边干活。认识了他，我就跟母亲讲我要跟着他，索性就跟着他跑了。我的母亲现

在已经去世了，后来我的那个养父又另外找了一个女的结婚。

我是差不多从十五六岁开始刻嘛呢石。现在我自己成家以后也是靠这个来养家，并供我儿子上学。我儿子去年考上大学。之前他身上长了个痘，州上可以找的人都找了，都没能医治好，后来去西宁动手术，有所好转，但是没有完全治好。4 年前去采石场采石时，我丈夫脚被车子碾压致残。他的脚没有受伤之前，我们夫妻俩一起干，家里还没有像现在这样经济负担很重。我丈夫以前还会去外面给别人当大工盖房之类。我自己也去别人家里刻嘛呢石。一天刻 100 来块给 30 元的工钱。村里谁家有活就会叫我帮忙，现在也是如此。丈夫没出事之前，家里有我们两个劳动力，但受伤以后担子全都落到我一个人头上，对整个家来讲是个沉重的打击，现在我也就只能靠自己了。我因为过度劳累，刻嘛呢石弯腰坐的时间太长，现在腰椎间盘突出，服中药一个疗程 500 多元。但是手里的活我又不能停下来，所以只能是硬着头皮干。

之前我去帮我的这个朋友刻嘛呢石，今天我一个人有点忙不过来，就叫她来帮我忙。这是当地的打麦场，所以允许我们暂时搭这顶帐篷在这儿刻。

迁徙至新寨的外来石刻艺人，也把各自老家的“如巴杰”方式带到了新寨。其中来自囊谦（县）和拉秀（乡）的艺人尤其引人注目。笔者在田野调查期间见过几场大规模的集体作业。

个案 4－25：囊谦团队　DY，囊谦娘拉人

没到新寨之前我就会刻，差不多是在我十八九岁开始刻石。然后去了杂多那边刻石，又在结古待了八九年。2008 年才搬到新寨的。

今天在这帮忙刻石的人都是我的亲戚和朋友，因为我妻子的外甥夭折，所以请大家帮忙刻 3 天嘛呢石经，但不能耽误大家太多的时间，毕竟人家也有石刻活要干。这 3 天的安排是 2 天刻《解脱经》（昨天已经刻完一部了，今天再刻一部），然后第三天刻“六字真言”。来帮忙的人总共有 30 多人。这里有些是我自己之前帮过他们忙，有些没帮过，但是日后这点恩情还是要还的。

个案4－26：拉秀团队　20多人

我们这一行是专程从拉秀赶过来的，就是想到嘉那嘛呢这里为失去的亲人刻嘛呢石修行，最多就在新寨待一个星期左右。这段时间租房子住在新寨，因为这家院子很大，足以供我们这些人在院子里刻制嘛呢石。这些天我们主要以刻“六字真言”为主。前来帮忙刻石的都是我们同村的人。这种“如巴杰”的做法在我们那里是一种习俗。因此，我们那里几乎每家都有一个会刻嘛呢的人。我们把所有亲戚朋友以及老乡们给的吊唁钱部分用到这次石刻上，另外一部分钱交给寺院做法事用。刻制嘛呢石的人当中，有些老乡在结古有房子，所以晚上他们会回去住，白天再来新寨一起刻嘛呢石，为亡者祈福修行。我们这样的举动就是希望亡者能够安详地离开，并能够往生极乐世界，早日得以解脱。

像个案4－25、个案4－26的这两次集体作业，平常在新寨村很少见，都是近几年随着外来石刻艺人的增多才出现的新现象。而且他们刻的石经不是为了供人交换，纯粹是为了已故的亲人修行。他们之间有家人、亲戚关系，也有老乡关系。他们来到与自己没有血缘、地缘关系的异地，在这种场合下通过协助对方（老乡）的方式来增强他们彼此之间的身份认同。

第四节　步入现代化

上文中我们发现石刻的类型和大小等在现代科技水平发展下发生了巨大的变化。今天，在新寨已经很少能看到拿“崧”（གཟོང་།，雕刻刀）和“托哇”（ཐོ་བ།，锤子）的石刻艺人。面对传统的石刻工具的消失，专门有摄制组对嘛呢石刻工具制作进行了拍摄记录。① 如

① “གཟོང་།”（崧），拍摄点在格吉杂多。

今，在借助机器刻制嘛呢石的时代，不同时代的人面临着不同的困扰和抉择。

一、传统与现代的碰撞

今天，在新寨仅有几位当地的老人还在坚持着传统的手刻。当然，其原因还在于她们用机器刻制不熟练，因为机刻速度太快，怕割伤手指，所以她们不敢冒这个险，还是坚持用传统的手刻方式。毕竟对他们而言，一天除去转“过然”的时间外，再刻四五块嘛呢石就已经很满足了。直到现在她们还是刻“博麻”嘛呢为主。以下两则个案，都是年过 80 的老人坚持着传统手刻方式。她们的家境一般，家里没有年轻的劳动力，两家人都是靠这点石刻收入以及政府补贴来维持生计。

个案 4 – 27：阿依 YLM，87 岁，一辈子手刻

我从十一二岁一直刻嘛呢到现在。一直都是按照我们新寨人的刻法。我们没有摆摊，因为新寨当地和结古的人都认识我，所以他们需要请嘛呢石时会找到家里或者在转经路上碰到我时会说。我每天转五六圈的“过然”，然后回家刻嘛呢。天气不好的时候不刻。我和两个女儿住在一起，一个是阿尼，另外一个未婚，不过都是五六十岁的人了。还有一儿一女各自成家单独生活。家里现在还养着几头牛。我现在是左眼看不太清。每天就刻四五块，我刻好以后让两个女儿帮忙涂色，有时刻好的嘛呢石也不一定当天就能完成涂色等所有工序。现在刻的数量不及以前，一车的石头可能要四五个月才能刻完。时至今日，我每天还坚持供放“粗依”。石刻的收入除了买石头以外还有一点盈余可以补贴家用。

老人笑着对笔者讲，她们母女三个人现在生活比以往已经有了很大的改善，但还坚持刻石无非就是要点“朵元”补贴家用。

个案4-28：DQ三兄妹，靠83岁姐姐刻石养家

阿吾DQ家的老房子以前在新寨旧“都康”后面，后来冷库建立时给了相应的补偿征用了他们家的地。现在兄妹三人（都未婚）一起住在新寨仲巴。

我们三兄妹手里的嘛呢石都是结古人给帮忙“请”的。我们刻得也一般，姐姐今年83岁，都是她一个人刻。我姐不会用机器，所以都是用嵷和托哇来手刻。她自己也觉得每天刻几块嘛呢对她身体好。然后每天早晚都会去转经，其他也没什么可干的。我们新寨人可以说都是靠刻嘛呢石养家，靠嘉那嘛呢的护佑才有了今天这样的生活。

原本我们一家兄妹有五个，一个去年去世了。我们兄妹三个生活在一起。大姐有个儿子，不过他结婚后自己住，另外一个姐姐有自己的家。我们兄妹三个都是七八十岁的人，一直都是靠刻嘛呢石来维持生计。现在还有政府发放的老年补贴，这些钱基本能解决我们三人的生活问题。每年除去所有开销可能还有四五千元。

采石场那边是我自己去，先用1天的时间捡好石头堆放在那里，次日叫上我的侄儿跟我去拉石头。有时是我一个人去捡，再雇个车拉回来。买一车的石头300元，运费100元。一车的石头可能用一个月或者更多的时间才能刻完。但能刻多少块嘛呢不好说，没有算过。每月的“念东才吉”时间，我们把刻好的嘛呢石用手推车拉到过廊上，来新寨转经的结古人见到就会从我们手里“请”走。新寨当地人刻嘛呢石的年纪稍大的老人大家相互都认识，所以很多时候我们手里十几块嘛呢石一次全部被结古当地人帮忙给“请”走。也有一些老结古人的子女专门找到家里或者从外地打电话给我，要求刻新寨旧嘛呢（“博麻”嘛呢）。像今天这位施主就是看我们可怜，每次都从我姐姐手里“请”走所有的嘛呢石。以前一块“博麻”嘛呢1元，现在我们要买石头，所以一块“博麻”嘛呢5元。但是“请”的人还是很多，就是我们自己现在刻不了多少。像老结古人都是钟爱新寨传统的刻法。

坦白说，这些传统老艺人手刻的嘛呢石远没有年轻人机刻的那样规范和漂亮。但是就像她们说的那样，结古当地人出于感情，就从她们手里“请”嘛呢石，没有特别在意嘛呢石刻制的字体与深度。毋庸置疑的是，她们刻的每一块嘛呢石都是倾注了心血，没有半点马虎。对于目不识丁的她们而言，从一笔一画学起，到现在已经有四五十年的石刻经历，这么多年来全凭她们描摹的记忆。在她们看来，刻嘛呢石不仅解决了生计问题，同时还践行了自己的信仰，何乐而不为？

除了这几位老人用传统的手刻方式外，也有一些施主认为手刻嘛呢石的功德要比机刻大，因此，要求石刻艺人用纯手工刻制。

个案4－29：施主要求用手刻

妻子：我们俩都会刻，我丈夫刻得比我要好，我平常就给他打打下手，打磨石头，涂色，做饭、看孩子等这些事都是我干。现在手刻的这个是我们的一个朋友给他去世的母亲请的。他希望是手刻，如果机器刻的话，一个上午的时间就刻好了，但手刻就没有那么快。有些人觉得手刻的嘛呢功德要比机刻大，因为手刻投入的精力和时间要比机刻多很多。

丈夫：我家是个“多郭”，十几岁开始就刻嘛呢，家里五个兄妹中有三个都是干石刻活。两个妹妹不会刻。以前是我们的父亲刻，然后教石刻手艺给我们。现在我的一个兄弟也在新寨刻。刻嘛呢的功德在于，今后自己死了希望能投胎转世为人或者好一点。如果我们不收“朵元”，那功德更是加倍。但是即使收“朵元”，能为别人刻制的好一点也是有功德的。

我们这里来的多是杂多人，然后他们会给我介绍他们的亲戚和朋友到我们这里。我们俩会先供孩子们去上学，除非他们不愿上我们俩再传授这个石刻手艺给他们，但还是希望他们能上学找到工作。刻石真的是个辛苦活，注定是要艰辛一生。

对这些老人来讲，石刻是她们这辈子赖以生存的主要谋生手段，同时也是对信仰的一种实践方式。直到今天她们还在坚持供放“粗依”，她们深信嘉那嘛呢一直护佑着她们和整个村子的人。然而在传统与现代化相遇的今天，很多人（尤其年轻一代）都选择了机器生产嘛呢石，对坚守传统手刻嘛呢石的新寨当地老人造成了巨大的冲击。面对这样的现实困境，她们还没有完全被“淘汰”出局。出于身份认同的原因，还是有很多老乡愿意从她们手里“请”嘛呢石，即使她们刻得一般。

事实上，在新寨不仅有石刻艺人借助机器刻制嘛呢石，还出现了用激光刻制嘛呢石的情况。笔者对此进行了观察，激光刻制嘛呢石时，需要人操作的就是控制电脑，另外，就是把台面上激光刻制好的石块进行及时更换。相比借助机器刻制，激光刻制的经文字迹深度较浅，但是激光刻制比借助电钻刻制更快、更省力。只要在电脑上录入的文字无误，就不必担心激光刻制时出差错。如今，在新寨已经成立了一个石刻公司。①

个案4－30：吉日石刻有限公司

我们创办这个公司才1年左右，由4个人创办，2个是囊谦人，2个下拉秀人。现在刻的《大藏经》② 是由我们“吉日”姓氏的家族成员- 起集资出钱来刻。从购置机器到安置、学习耗时半年有余。目前已经刻好了三四十部经书，大概每月能刻三四部经书。这样刻一部《大藏经》可能要花费上百万。刻一部经文至少用30多块的石头。石头都是经过两个大机器处理，一台机器用来打磨石头，一台是用来裁剪石头大小。按照规格石头的大小可以不一样，但是也不会太大，一般都在宽30厘米、长50厘米的范围内。有时也有比这大的。但是

① 2020年8月，笔者利用暑期时间在新寨进行了十几天的调查。据寺院拉聂介绍，目前新寨已有十几家购买激光机器，每台机器价位3—5万元。销售机器的是内地一家名为“大族激光”的公司，他们负责运输、安装和修理机器。新寨村是这家公司的主要销售地之一，此外，在囊谦和杂多等县从事石刻的家族（公司）也从该公司购买机器设备。

② 共103部经书，每部三四百多叶。

石头的厚度必须是控制在5厘米。石头的正反两面都刻。这样用机器激光刻下来可能耗时2年左右的时间。每刻好一两部我们就选择一个吉日供放到嘛呢石经堆中，寺院专门腾出一处地方用来供放《大藏经》。我们把之前刻好的经文石板做过详细的校对，几乎没有差错。因为文字都是通过电脑控制，然后打出来的。所以我们发现通过电脑刻制出来的经文一般不会像人工手刻的那样容易出错。刻制时也是有一部激光打印和一台电脑来共同完成的。同时还需要一个懂藏文的人来看电脑上经文的打印情况，电脑上每打印完一页就要选择下一页。

在这期间有时一些熟人也会来找我们刻一些他们急需的其他经文，所以也会耽误一点时间。如果今年只刻这部《大藏经》，不接其他活的话，2017年年底应该能完成。

之所以要创办这样一个公司，在场的一位负责人讲：

我们之所以来新寨创办这家公司，是因为嘉那嘛呢石是目前西藏和涉藏地区最大的嘛呢石堆也是最重要的佛教圣地之一，每年有成千上万的人来这里转经祈福，到目前这里还没有一部完整的《大藏经》，我们“吉日”姓氏的家族有这个意愿，希望能通过大家共同的努力，在这儿留下这样一笔精神财富，就购买了机器来这儿刻制。此外，因为嘉那嘛呢石这里只允许供放拉泽龙巴的白色石头，所以就不得不在这儿租场地采石刻制。这两年对我们来讲，没有什么利益可言，只是想通过我们这个家族的努力，在这儿供放一部《大藏经》，并把这个功德回向给所有有情众生，利益众生。

等刻完这部《大藏经》，我们会不会继续留在新寨从事石刻，还不太肯定。我们购买这些机器也花了不少钱，所以如果还有施主来请的话，员工还会继续干。目前像我们这样有大型机器的有三家，我们是第一家，另外那两家都是来我们这里咨询，然后我把联系方式给了他们。

如上所述，嘛呢石刻从传统手刻到当前借助机器刻制，再到激光刻制，逐步趋于现代化、科技化，嘛呢石生产数量也是以往的几十倍，甚或是几百倍。“多索拉”山上开采的石头一年比一年多，这不仅引起了当地人的注意，同时也引起了当地政府的注意。因此，当地政府从2017年5月左右开始禁止村民开采石头。这给所有刻石的当地村民以及外来石刻艺人带来了沉重的打击。目前，村民主要从开采商那里购买少量的石头，但是价位比以往都要高，且可买的石头也没有多少。

此外，笔者从一个来自昌都比如的石刻艺人那里了解到，禁止开采石头以后，他的一些老乡有的已经返回老家，有的去了吉格杂多（玉树州下辖一县城），因为那里也有刻嘛呢石的就业机会。另外他给笔者算了一笔账，石头没涨价之前，除掉所有成本（水电费、买石头、颜料等），一个月下来能挣五六千元左右，现在除掉这些，最多也就能挣两三千元，以后能不能买上石头都成问题。但是从生态环保的角度来讲，当地村民对政府采取的措施持肯定的态度。

二、正在消失的技艺

秩序通过每个人对习俗、规则、法律的遵守而产生的直接力量得到维持，这就和我们社会中的心理影响力是一样的，正是通过这种心理影响力预防了一个社会人去做一些不是“对的事情”。① 面对大量外来人口的迁徙，新寨当地人对这些外来人员最大的不满在于他们不守传统规矩。像嘛呢的颜色、呗采的处置，以及受利益驱动的诱惑，刻石的意义也在发生变化。而外来石刻人员太多，怎样延续传统的习俗是目前新寨村民面临的最大的问题和难题。

（一）嘛呢石的“色彩”：佛祖的装束

按照新寨当地老人的说法，给刻制好的嘛呢石饰以色彩就是佛祖的装束，要严格按照装束的规则来涂色，而不是随意涂。“博麻”嘛呢石一般在刻字的外围部分涂绛红色，代表佛祖的绛红色袈裟，然后

① ［英］布罗尼斯拉夫·马林诺夫斯基著，张云江译：《西太平洋航海者》，中国社会科学出版社，2009年，第111页。

每个字分别涂不同的颜色（见表4－5），背后再刻“贝杂萨捶”。如果不这样，嘛呢石等于是没有开光，请的人和刻的人都没有什么功德可言，尤其对刻石的人来说，罪孽更重。

而今，机器生产的都是“哇玛”嘛呢，涂的颜色都是鲜红的广告色。嘉那嘛呢石经城北面一排摊位的嘛呢石有各种不同的“红”，没有一个统一的标准。在问到一位看守摊位的年轻妇女，为什么要涂鲜红色时，她回答主要看大家涂什么样的颜色，自己也就涂什么样的颜色。不过她认为只要不是那种特别暗红（偏黑）的颜色就行。

（二）“呗采”的处置

“呗采”（བད་ཚེ།），指白色石头渣或白石灰。多瑞指定的采石山是新寨三大坛城之一——观世音密集坛城。因此，除了刻制的嘛呢石以外，就连最后残留的这些白石灰也要得到妥善的处理。以前，传统手刻时产生的“呗采”不多，即使有也会被村民小心翼翼地收集起来倒入水里或田地里。倒入水里水不会被污染，撒到田地里有助于青稞长势。新寨当地村民从来不敢随意处置“呗采”。因为有说法，谁要是把“呗采”处理不当就会瞎眼或得肝病。早期村里确实有一个尼姑瞎了眼，村民都深信这是因为她处置“呗采”不当造成的。更早以前，村里的男性成员到村外牧区获取石刻收入时，随身带着点“呗采”，他们深信这样会得到圣地嘉那嘛呢的“加持”。多瑞曾经教言：“即使进入到一个瘟疫肆虐的地方，只要有‘呗采’带在身上就会相安无事。”对此村民们深信不疑。除了新寨当地人持有这样的观念以外，一些远道而来的“卓巴”也会从新寨带点“呗采”回到他们的牧场，与其他饲料一同喂给牲畜，以求祛除各类瘟疫和疾病。

如今，石刻多了一道打磨工序后制造了大量的“呗采”。但外来人员对其处置，远没有当地人那么谨慎。他们无所顾忌地把“呗采”随意倒在院落、路口、巷道等地，甚至在一些“不洁”（厕所跟前）的地方。部分迁徙至新寨多年的外来人对此有所耳闻，因此他们会小心谨慎。但是绝大多数的外来艺人，对此一无所知，他们也就无所畏惧。有些人即使有所耳闻，也不太相信。其中，有一位石刻艺人讲述了他的做法：

石头打磨是近两三年以来的事情。寺院管理以后就不允许供放“黑色”（河里的青色石头）石头，都必须是用“拉泽龙巴”那里的白色石头。我听过当地说乱倒“呗采”不好的说法，但是我觉得打磨时产生的石灰可以倒在外面，刻经文时产生的石灰我会装到袋子里，然后倒入水里。我自己就是这么做的。

现在很多人都把“呗采”装入袋子，让运输工人再拉回“拉泽龙巴”。但还是存在“呗采”倒在门口、路边的现象。

本章中我们了解到，从嘉那嘛呢石创建至今，刻石的人员、工具以及刻制的方式等都发生了巨大的变化。嘛呢石生产看似是当地村民的主要生计方式，但通过调查发现，早期的嘛呢石生产处在“低度的生产”阶段，并不足以维持一家人的生计，也不算是一种正式职业。村民更多的是依靠农业、家庭养殖等方式生存，而刻制嘛呢石更多是为了实践信仰。当下，石刻已成为村民的正式产业和家庭的主要收入来源。石刻的生产方式、生产规模、组织方式、分工协作、参与人数及生产者身份等都发生了巨大的变化，石刻已成为新寨村重要的产业基础。

第五章　赋予“生命”的交换

人类学关于礼物交换的研究，主要关注的是交换方式和社会结构之间的关系。[①] 嘛呢石作为一种神圣物品，它既是一种特殊的“商品”，在藏族社会生活中流通，同时又作为神圣的“礼物”供奉给神和亡灵。

本章中，首先交代嘛呢石交换的空间和时间，接着讨论嘛呢石的交换方式，即人与人、人与神两种交换方式，进而论述这些交换方式所产生的社会结构之间的关系。其中，人与人之间的嘛呢石交换现象较为复杂，笔者分三节内容进行讨论，试图说明嘛呢石交换的原因、交换过程中建构的关系网络、交换双方履行的义务等问题。人与神的交换，主要了解人与神之间如何借助嘛呢石而得以“沟通”，使信徒从中获取力量。这些问题将会有助于我们发现，嘛呢石作为一种佛教象征符号的载体，通过这样的几组交换如何把流动的藏族社会凝聚成一幅完整的社会图景。

第一节　嘛呢石交换的时空维度

在嘉那嘛呢石经城，每天都可以见到形形色色的嘛呢石交换现

① 阎云翔著，李放春、刘瑜译：《礼物的流动——一个中国村庄中的互惠原则与社会网络》，上海人民出版社，2000 年，第 95 页。

象。仔细观察就会发现，嘛呢石交换也遵从一定的交换规律，尤其是交换的时空维度。

一、交换空间

米尔恰·伊利亚德（Mircea Eliade）把宗教徒的空间分为神圣和世俗两种，他指出，对于宗教徒而言，空间并不是均质（homogeneous）的，宗教徒能够体验到空间的中断，并且能够走进这种中断之中，空间的某些部分与其他部分彼此间有着内在的不同。[①] 为此，他用教堂的“门槛”做了很形象的比喻，指出门槛是区别两个相对应的世界的分界线。[②] 就新寨村而言，整个村落建立在一个曼陀罗式的空间结构之中。嘉那嘛呢又是处在“观世音轮回断除坛城”这样的一个神圣空间的中心位置上。而在嘛呢石经堆外围的“过廊”，恰恰类似伊利亚德谈论的“门槛”，是一种界限。“过廊”内外所对应的分别是神圣空间和世俗空间。正是在这种让人捉摸不透的地方，两个世界得以沟通，也正是这个地方是世俗得以过渡到神圣世界的通道。[③]

嘛呢石的交换就是在这两种空间中得以实现。通常情况下，人与人之间是在“过廊”外侧的世俗空间中进行嘛呢石交换，而人与神之间的交换则是发生在“过廊”内侧的神圣空间。值得注意的是，人与人之间进行交换的世俗空间并不仅限在村内，而是延伸到了村外，像个案4－9就是早期新寨村民（男性）外出交换嘛呢石的真实生活写照。

嘉那嘛呢作为一个“神圣空间”，笔者在第一章中已做了较为详细的论述。这里主要讨论外部的“世俗空间”。

---

① ［罗］米尔恰·伊利亚德著，王建光译：《神圣与世俗》，华夏出版社，2002年，第1页。

② ［罗］米尔恰·伊利亚德著，王建光译：《神圣与世俗》，华夏出版社，2002年，第4页。

③ ［罗］米尔恰·伊利亚德著，王建光译：《神圣与世俗》，华夏出版社，2002年，第4页。

新寨“过廊”的北面陈列着一排琳琅满目的嘛呢石，甚似露天的嘛呢石刻展览馆。嘛呢石交换就是这样在村民们“家门前”进行，在一块临时作为商业区的地方进行，① 并且形成了一个由几百户嘛呢石摊位构成的大型石刻销售市场。之所以这样，是因为那些众多的外来石刻艺人能够在此解决他们的石刻生产、存放场地不足等难题。同时，也为了便于信徒在“过廊”旁就近进行交换，所以外来的石刻艺人都争先恐后地占领摊位，并把各自刻好的嘛呢石陈列在摊位上，供信徒自行挑选。有意思的是，“过廊”内侧的嘛呢石要比摊位上的嘛呢石显得更具“灵力”。因为从信徒转经绕行方式来看，会发现很多人都是以“过廊”为界限顺时针绕行内侧的嘛呢石经堆，而那些被陈列在“过廊”外侧摊位上的嘛呢石却静静地放置在一边。直到有人来“请”，越过“过廊”这个界限才彰显其内在的“灵力”。

随着现代化进程的加速、通信设备的普及，现在人与人之间除了面对面进行交换外，还借助通信设备在“虚拟”空间进行交换（老人用电话、年轻人用微信）。笔者在田野调查期间，发现过很多类似这样需求方“不在场”，通过电话联系他们相识的石刻艺人进行交换的情形。这极大地便利了交换双方，尤其是需求者一方，既省时省力，又满足了其需求。

事实上，在“过廊”外除了嘛呢石交换以外，伴随而生的还有各类世俗商贸活动。这种世俗的商贸活动又进一步促进了嘛呢石交换频率。随着这些活动发生频率的增长，嘉那嘛呢所形成的市场规模也在不断壮大。当然，嘉那嘛呢周围形成的这种市场并非是在短时期内一蹴而就的，我们在周希武的《玉树调查记》中对早期玉树商贸会集记载中可以发现，早在扎武部落统治时期，新寨就是玉树地区商贸会集点之一。如表 5 -1 所示：

① ［法］莫里斯·古德里尔著，王毅译：《礼物之谜》，上海人民出版社，2007 年，第 163 页。

番商会集时间地点表①

表 5 – 1

时间	族分地点
正月十二日至十五日	扎武新寨、竹节喀耐寺、迭达庄、觉拉寺
二月十二日至十五日	拉布寺、惹尼牙寺
三月二十八日至二十九日	结古寺、歇武寺、朵（尕）藏寺
四月初七至初十	称多　东周寺
四月十八至十九日	竹节情错寺
四月二十八至二十九日	竹节寺
五月初七至初八日	拉布寺
五月十四至十五日	禅姑（古）寺
七月二十七至二十八日	陇喜（隆西）寺
八月九日	结古大市
十月初七至初十日	班庆寺
十一月十五日	朵（尕）藏寺
十二月十三日至十五日	新寨

（资料源自周希武《玉树调查记》）

从表 5 – 1 记载的内容来看，每年有两次大型的商贸活动在新寨开展。这两场交易时间刚好对应的是新寨的两大节庆，即“嘉那邦庆”和“嘉那邦琼”（见下文详细论述）。另外，可以发现除新寨以外，早期的商贸活动都是选择在寺院进行，而且直到现在这些寺院在玉树境内仍具较大的势力和影响力。尽管是周期性的贸易活动，但当时新寨作为一个重要的贸易集散点被列入其中，足以说明新寨同其他几大寺院一样也发挥着“集市”的功能。

二、交换时间

与空间划分相对应，伊利亚德把宗教徒的时间也分为神圣和世俗

① 周希武编著，吴均校释：《玉树调查记》，青海人民出版社，1986 年，第 94 页。

两种。一方面，在时间的长河中存在着神圣时间的间隔，存在着节日的时间；另一方面，也有着世俗的时间，普通的时间持续。① 在他看来，宗教徒的神圣时间可以无限制地重新获得，也可以对它无限制地重复，并且也是可逆的。② 在新寨，人与人，即信徒与石刻艺人之间的嘛呢石交换，不仅发生在神圣时间，而且也发生在世俗时间。通常来讲，像咒语类可以在即刻间完成交换，而像经文类就不能即刻完成交换，因此在交换时间上具有一定的延续性。③ 但是人与神交换则不同，大家都会选择在一些佛教的殊胜日（神圣时间）与佛祖、亡灵进行交换。因为对信徒来讲，在殊胜日进行嘛呢石交换，行善事所积累的功德是普通日子（世俗时间）的十倍、百倍、千倍甚或是上万倍。

（一）神圣时间

“念东吉桑”（ཉ་སྟོང་བརྒྱད་གསུམ།）是藏传佛教中最为重要的八大殊胜日，对应的上师节日如表 5－2 所示。在新寨，可以明显地感觉到神圣时间的到来，因为在这些殊胜日子里转经、嘛呢石交换现象比往常更加频繁，人流量更大。绝大多数的信徒（尤其是藏族）选择在这些殊胜日里进行嘛呢石交换和供放。

藏历八大殊胜日

表 5－2

བོད་ཚེས། **藏历**	དུས་ཆེན། **节日**	འགྱུར་སྟོབས། **力变**
ཚེས་གཅིག 1	སངས་རྒྱས་ཉིད་འཛིན་རྒྱལ་པོའི་དུས་ཆེན། 禅定神王佛节日	བརྒྱ་འགྱུར། 百倍
ཚེས་བརྒྱད། 8	སངས་རྒྱས་སྨན་བླའི་དུས་ཆེན། 药师佛节日	སྟོང་འགྱུར། 千倍

① ［罗］米尔恰·伊利亚德著，王建光译：《神圣与世俗》，华夏出版社，2002 年，第 32 页。

② ［罗］米尔恰·伊利亚德著，王建光译：《神圣与世俗》，华夏出版社，2002 年，第 32—33 页。

③ 像经文类，不是信徒现在要请就能在即刻间得以交换，而是需要一定的刻制时间。因此，前期的订制时间未必对应的都是神圣时间。

续表

བོད་ཚེས། 藏历	དུས་ཆེན། 节日	འགྱུར་སྟོབས། 力变
ཚེས་བཅུ། 10	ཨོ་རྒྱན་དང་སངས་རྒྱས་སྟོང་གི་དུས་ཆེན། 莲花生大师会供日	འབུམ་འགྱུར། 十万倍
ཚེས་བཅོ་ལྔ། 15	སངས་རྒྱས་འོད་དཔག་མེད་པའི་དུས་ཆེན། 阿弥陀佛节日	བྱེ་འགྱུར། 千万倍
ཚེས་བཅོ་བརྒྱད། 18	སྤྱན་རས་གཟིགས་ཀྱི་དུས་ཆེན། 观世音菩萨节日	ས་འགྱུར། 百万倍
ཚེས་ཉེར་གཅིག 21	འཕགས་པ་ས་ཡི་སྙིང་པོའི་དུས་ཆེན། 地藏菩萨节日	དུང་འགྱུར། 一亿倍
ཚེས་ཉེར་ལྔ། 25	མཁའ་འགྲོའི་དུས་ཆེན། 度母殊胜日	འབུམ་འགྱུར། 十万倍
གནམ་གང་། 30	སངས་རྒྱས་ཤཱཀྱ་ཐུབ་པའི་དུས་ཆེན། 释迦牟尼佛节日	དུང་འགྱུར། 一亿倍

村民们相信在这些殊胜日期间，发善心、广行善业可以积累巨大的功德。需要留意的是，同样都是殊胜日，不同的日期对应的力变功德倍数又各不相同。在这八大殊胜日中，藏历十五号和三十号又被藏族人视为重中之重。另外，除了这八大殊胜日外还有四大殊胜月，如表5－3所示：

藏历殊胜月

表5－3

ཟླ་གྲངས། 月份	ལོ་རྒྱུས་སམ་འབྱུང་ཁུངས། 来历	འགྱུར་སྟོབས། 力变
དཔྱིད་ཟླ་དང་པོ། 一月	ཐུབ་པས་མུ་སྟེགས་སྟོན་པ་དྲུག་བཏུལ་བའི་ཆོ་འཕྲུལ་ཟླ་བ། ཚེས་བཅུ་བཞི་ནི་མི་ལ་དང་བཅོ་ལྔ་ནི་མར་པའི་དུས་ཆེན་ཡིན། 神变月	བྱེ་འགྱུར། 千万倍
དབྱར་ཟླ་དང་པོ། 四月	ས་ག་ཟླ་བའི་ཚེས་བཅོ་ལྔ་ནི་དུས་ཆེན་གསུམ་འཛོམས་ཡིན། 萨嘎达瓦	བྱེ་བ་འབུམ་འགྱུར། 一亿倍
དབྱར་ཟླ་གསུམ་པ། 六月	དྲུག་པའི་ཚེས་བཞི་ནི་འཁོར་ལྔ་སྡེ་བཟང་པོ་ལ་བདེན་བཞིའི་ཆོས་འཁོར་བསྐོར་བའི་དུས་ཆེན་ཡིན། 六月初四佛陀初转法轮日	ས་འགྱུར། 百万倍
སྟོན་ཟླ་གསུམ་པ། 九月	ཆོས་འཕྲུལ་ཆུང་དུ་ཟླ་བ་སྟེ་ཟླ་འདིའི་ཚེས་ཉེར་གཉིས་ནི་ལྷ་བབས་དུས་ཆེན་དང་ཚེས་བཅོ་ལྔ་ནི་ས་ཆེན་ཀུན་དགའ་སྙིང་པོའི་དུས་ཆེན་ཡིན། 藏历九月二十二日佛陀天降日与萨迦祖师贡嘎宁布节	ས་ཡ་བརྒྱ་འགྱུར། 千万倍

可以看出，四月比其他殊胜月又显得格外重要、功德更大，是因

为四月“萨嘎达瓦”节是佛陀诞生、证悟、涅槃的重要日子。如伊利亚德所言，这些殊胜月每年都在不断地重复，也正因为神圣时间的重复性，所以在众信徒的意识中对这些殊胜日期有一个清晰的界定。即使很多人叫不上与之匹配的节日名称，但是对这些日期早已熟记于心。除了这些正式的佛教殊胜日以外，在新寨举办的重大宗教节庆活动也构成了专属当地的一种神圣时间。

（二）宗教节庆

新寨作为早期玉树商贸活动的一个场所，周氏记载的两个时间点（表5－1），刚好对应的是新寨重要的两大宗教节庆，即嘉那邦琼（十二月十三日至十五日）和嘉那邦庆（正月十二日至十五日）。嘉那嘛呢创建以后，出现了一系列冠以“嘉那”二字的节庆活动，如嘉那邦庆、嘉那邦琼、嘉那曲卓①等，形成了“嘉那文化”。② 如今，这些都已成为当地的重要文化遗产。

1. “嘉那邦琼”（རྒྱ་ནག་འབུམ་ཆུང་།），“嘉那”（རྒྱ་ནག）是冠于嘉那活佛之名；“邦”（འབུམ།）字面意思为“十万”，实际上是指在这段时间行善事、转经祈福可获得的功德是平常的十万倍；“琼”（ཆུང་།）字面意思为“小”，但并不意味着“功德小”。为区别时间上的先后顺序，对藏历新年前举行的宗教活动称为“嘉那邦琼”，而在藏历新年时期举行的宗教活动称为“嘉那邦庆”。嘉那邦琼举办时间是在藏历新年之前，这个时间段举行的宗教仪式意义非同寻常。仪式举行的5天时间，新寨热闹非凡。

村里的老人 CZM 回忆：

以前的嘉那邦琼时，聚集到新寨的人特别多，不光是结古镇上的人，周边邻近的“卓巴”们也会来这里做交易。这几天主要是进行

---

① 有关嘉那曲卓的研究可参见着尕措毛：《论玉树藏族卓舞及其文化价值》，中央民族大学硕士学位论文，2009 年 5 月；更松永措：《玉树州新寨村嘉那曲卓的形态特征和文化解析》，中央民族大学硕士学位论文，2012 年 3 月。

② 马占彪：《浅谈青海玉树地区的嘉纳文化》，《青海民族研究》2000 年第 1 期，第22—24 页。

物物交换，“卓巴”们把他们的畜产品像牛羊肉、酥油、奶渣、蕨麻等拿到这里，跟我们这里的“显巴”（农民）换青稞。来的这些“卓巴”很多都是新寨若哇的“肖布”（朋友）。他们来新寨都是借宿在朋友家里，使得那些“肖布”多的人家家里拥挤得都住不下，就只能让他们自家的孩子上屋顶去睡觉或者睡在屋外的秸秆堆里。这是新寨以前最大的一次商贸活动。嘉那邦琼虽说是从藏历十一号左右开始，但是有些远道而来的“卓巴”其实是在八九号就赶到了这里。从杂曲卡（石渠）赶着他们的牦牛驮着东西来到这里。也有来自德玛（四川境内）赶着“哇乐”（黄牛），或骑马赶来。拉秀、吉松、玉西（今治多）的牧民也是在牦牛背上驮着食物到这里做交换，主要是换取他们需要的青稞、嘛呢石等。当时，来这儿的人都穿着藏袍，有些商人头戴“哇夏”（狐皮帽），身上佩带藏刀。商人们做交换时，小偷和强盗从他们头顶上抢走帽子的情形时有发生。

嘉那邦琼节来临之前，新寨村民就已经刻好了很多嘛呢石，以便在法会5天期间供大家进行交换。所有人都在为那一天的到来而做足准备，待到十五号那天，全都会被各自的“肖布”们“请”走，并供放到嘛呢堆上。

有关这方面的访谈，村里的老人都特别强调嘉那邦琼就是早期玉树的一场大型“匆然”（ཚོང་ར།，商贸活动）。人们借嘉那邦琼之机进行日常生活中急需的食品货物交换，为即将到来的藏历新年做好了迎接准备，且有意提前几天风尘仆仆地来到新寨。另外还有老人回忆，以前有来自印度的商人带来商品，以及西藏和雅安等地带来的商品和茶叶等，都在新寨进行交换。

2.“嘉那邦庆”（རྒྱ་ནག་འདུམ་ཆེན།），“邦庆”在藏历新年之后（藏历一月十一日至十五日）举行。“邦庆”与“邦琼”不同，主要以举行宗教活动为主。人们都深信，在举办法会的这段时间行善事、转经、祈祷会功德万倍。当地老人回忆，扎武百户统治时期，嘉那邦庆从正月初七、初八就开始做准备。要求所有在其管辖下的属民，每家派一名代表前去参加法会。其实，这也是当时赋行差役的一种方式。

百户管辖下的所有属民中，唯独哈秀和吉松两地的属民不用到场，是因为这两地与新寨相距较远，因此免去了他们的差税义务。

阿依 BM 回忆她曾经参加法会（支差）的经历。

在藏历新年快要结束时，扎武仓会召集所有底下的属民举办一次“嘛呢东”（念诵一亿遍“六字真言”）和一次斋戒仪式。不管年龄大小，每家都要派一名成员参加法会（支差）。那会儿我年纪小，什么都不懂。斋戒①期间中途休息，我就和几个小孩跑去“噶恰肖瓦”（目录巷）偷偷地喝水。喝完以后把嘴擦干净，又相互取笑说谁还没有擦干净。经文也不太会念，反正跟着大人们一起挤坐在经堂里。斋戒期间为避免中途会有人逃走，所以百户手下的管理人员会时不时清点人数，并维持秩序。如此一来，就没有人敢轻易地逃走。

如上所述，“邦琼”在前，“邦庆”在后。前者以商贸活动为主，后者以宗教活动为主。然而，随着时代的变化，昔日的这两大节庆活动场景早已一去不返，取而代之是充满现代化气息的社区商贸景象。而且现在这两大节庆也远不及从 20 世纪 90 年代末开始举办的“萨迦祈愿大法会”受重视。

3. “萨迦祈愿大法会” （ས་སྐྱ་སྨོན་ལམ་ཆེན་མོ།），由结古寺主办的“祈愿世界和平萨迦祈愿大法会”，始于 1999 年，不分教派、不分地域，扎哇、阿尼均可参加。截止到 2019 年，已经成功举办二十一届。② 为期 5 天的法会主要内容是念诵观世音、文殊菩萨等心咒，以及普贤行品愿等经文。与邦琼和嘉那邦庆相比，萨迦祈愿大法会的历史仅有 20 多年，但是近几年其声势已影响到了玉树境内外。随着道路的改善和交通工具的便利，参加法会的不仅有玉树境内的藏族人，

① 当地藏语把斋戒叫做“噶粗令”，斋戒期间第一天可以吃喝（素食），席地而坐，第二天开始滴水不沾，一直到次日清晨，期间不能说话（除非念经）。

② 举办日期为每年的藏历十一月十一日至十五日，2020 年第二十二届“萨迦法会”举办时间为公历 12 月 25 日至 29 日，受疫情影响此次法会仅在结古寺举行，以僧人诵经为主。

也有来自玉树境外的藏族信徒。大家都是借着这样一个殊胜的时机来到嘉那嘛呢石经城祈福、转经、念经、行善积累功德。

每年法会举办前夕，结古地区的新老施主都会力所能及地提供布施，主要是钱财和食物。而在法会期间，寺院将收到的布施钱财全部发放给所有在经堂内参加法会的僧人及为法会准备一切事务的结古寺僧尼，并在当日的功德榜上进行公示。结古寺大概从法会举办前一个月就着手准备，出动所有僧尼做好法会工作。法会期间所有参加法会众僧人的餐饮、交通秩序、乞讨人员①的管理等，都由结古寺僧人及当地相关职能部门共同携手管理，以确保法会顺利举办，给信徒提供一个安全、和谐的宗教活动空间。

除了宗教祈福活动以外，商贸活动也是信众聚集于此地的一个重要原因。法会期间，场内的神职人员和场外的世俗众人形成鲜明的对比。场内众僧侣齐声念经祈福（还包括部分坐在经堂门口的一些老人），仿佛“绛红色的海洋”，而场外就是“五彩斑斓的海洋”。整个新寨村弥漫在桑烟缭绕、诵经声中。临时搭建的帐篷商铺也是不计其数。嘛呢石摊位从原来的北面一排延伸到“过廊”的南面，石刻艺人把各自刻制好的作品陈列在转经道路上，以便与信徒交换和供放。这段时间是新寨嘛呢石交换最多的时期。因此，石刻艺人们为这一节庆的到来，在法会举办前几个月就着手准备（刻制大量的嘛呢石经）。萨迦祈愿大法会已经成为今日玉树盛大的宗教节庆，吸引着来自四面八方的僧侣及信徒（如图 5－1）。

4. “五加行”（འབུམ་ལྔ།），该法会是近两年继“萨迦祈愿大法会”后，在新寨举办的又一影响较大的仪式活动。始于 2014 年，为期 5 天（每年的藏历九月十六日至二十日）。与其他法会较不同的是，“五加行”法会中信徒自己在仪式中的“展演”实践较多。笔者在 2016 年田野调查初始参与了该仪式活动。

---

① 近几年的法会上乞讨人员越来越多，有藏族也有汉族。为了维持秩序，寺院便在嘛呢石摊位后面的空旷地设立一个“乞讨人员管理站”，把所有乞讨人员召集在内，那些积德行善的信徒把布施钱交给寺院管理人员，或者自己把钱逐一布施给所有在场的乞讨人员。

图 5-1　2017 年第十九届萨迦祈愿大法会现场一角

第一天（九月十六日）：诵读《皈依经》（སྐྱབས་འགྲོ།）

第二天（九月十七日）：诵读《百字经》（ཡིག་བརྒྱ།）

第三天（九月十八日）：诵读《上师瑜伽·速赐加持》（བླ་མའི་རྣམ་འབྱོར།）

第四天（九月十九日）：供“曼扎”（མནྡལ་འབུལ།）

第五天（九月二十日）：磕头（ཕྱག་འབུལ།）

“五加行”法会中，前三天的仪式跟平常的宗教活动一样，主要是以僧人讲经、念经为主。后两天的仪式活动主要是信徒自身参与实践。信徒要自己动手“供曼扎”（图 5-2），磕头（图 5-3）。

综上所述，嘛呢石在人与人、人与神之间进行交换的时空维度，可以用图（5-4）来表示。

随着社会经济的发展，为满足信徒的精神需求，嘉那嘛呢石经城举行的宗教节庆日益繁多。仅在笔者田野调查这一年多的时间内，几乎每月都有一场规模不等的宗教活动（见附录 1）。每举办一场宗教仪式，寺院方都会在嘉那嘛呢周边较显著地方贴告示或以网络宣传等

图5－2　新寨祈愿大经堂内供“曼扎”仪式

图5－3　“五加行”磕头仪式

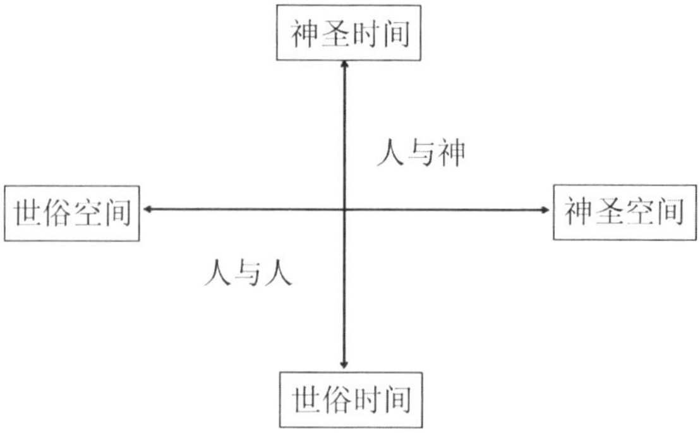

图 5－4　嘛呢石交换时空维度

方式对信众进行告知。

第二节　嘛呢“勒”(ཉི):人与人之间的交换

在新寨，嘛呢石作为一种特殊的“商品”，是在嘉那嘛呢创建以后逐渐形成的。为了维持生计，村民们生产的嘛呢石除了满足自己的信仰需求以外，还作为特殊的“商品”与其他信徒进行交换。且从早期“无形的”市场逐渐演变为一种“有形的”宗教市场。

人与人之间交换嘛呢石，形式较为复杂。为了呈现完整的交换图景，笔者分三节内容进行了细致地梳理。本节主要讨论信徒交换嘛呢石的缘由，交换方式及其发生的变化，交换所得物都有哪些，以及大家如何看待嘛呢石交换这一现象。了解这些内容有助于我们对嘛呢石交换这一行为加深认识和理解。有关嘛呢石交换产生的社会关系以及义务的讨论放在下面两节中。

一、嘛呢“勒”（ཉི）缘由何在?

藏语“勒”（ཉི་བ།），意为赎买①。凡是有关宗教物品，像唐卡、

① 张怡荪主编:《藏汉大辞典》，民族出版社，1993 年，第 1916 页。

佛像、经书等购买，藏族人普遍都会说“勒”，而不说“纽”（ཉོ།，买）。嘛呢石作为一种宗教物品也不例外，人们把嘛呢石交换这一行为称之为“嘛呢勒”，翻译成汉语就是“请嘛呢石”。“勒”除了用于购买宗教用品外，还用于放生等现象。像放生鱼、牛、羊等有生命的动物时也用“勒”。[①] 可见，嘛呢石的交换被藏族人赋予了“生命”体征。那么，在现实生活中信徒为什么要从石刻艺人手里“请”嘛呢石？笔者在这里选用了几个案例来说明这一问题。

个案 5-1：施主 GQCR 和他的妻子

我们搬到结古已经 20 多年了。在老家相古（玉树境内）我们的母寺是萨迦派，所以儿子在这儿出家时也选择了结古寺。女儿在四完小上五年级，今年是她的本命年，属鸡 13 岁（藏历）。我请示 DK 活佛如何是好，活佛要我找人刻“才多”“才呢塞松”给我的女儿。我就到新寨找人刻这些经文。前两天他们打电话说已刻制好，正好今天是我女儿出生的日期（星期一），就选择今天过来付钱、校对，明天藏历三十号想供放到嘛呢石经堆上。这次选择他们这一家刻，是因为我母亲在他们这“请”过，说他们很热心、善良，务必要我在他们这家“请”。之前我“请”嘛呢石要么是通过邻居介绍，要么就自己看哪家刻的精致、漂亮就从哪家“请”。没有太多的讲究，也没有固定在哪一家。不过，这次情况特殊，所以去找了活佛。平常自己“请”嘛呢石都看个人意愿，转经时看过廊上有很多嘛呢石，自己也就“请”几块钱或者几十块钱的嘛呢石。

个案 5-2：来自杂多的信徒

我是杂多人，生计上主要是靠挖虫草，但是今年虫草长势不好，虫草少。可以说，虫草收入的 10% 左右主要用在修行佛法上。另外，

---

① 如“年勒”“俗勒”，意为放生鱼、放生牛。在藏地，牛、羊放生后，一般会在它们的耳朵上戴一块五彩的布料（从寺院“请”来的护身符），作为放生的标志，从放生的那一天起不得宰杀，任其自然死亡。

每一年都会请僧人到家里念经举行法事。家里有人去世时请活佛，自己去寺院拜佛时也会给布施。

这次我“请”的是嘛呢、贝杂萨埵、阿么代哇。我是十几天前让他们刻的，今天正好是藏历十五号，今天供放功德倍增。我“请”这些是为生者也好为亡者也好，希望能积累功德，践行我们的信仰。

平常“请”嘛呢石之前我会看他们谁刻得好（字体、颜色、深度），并没有固定在哪一家。看摊位上哪个刻得字体好看、刻得字迹深就在哪家“请”。

个案5-3：来自杂多的两位老人

我们两个人是亲戚，“请”这一部“六字真言”已经有1个月左右的时间，然后等到今天十五号供放到嘛呢石堆上。具体供放在哪里我们会听从寺院拉聂的安排。因为现在这里嘛呢石供放僧人会按照石刻种类来安排供放到哪，所以我们要听从他们的安排。“请”的这两部经，一部15000元，一部27000元。这是为我已故的妻子“请”的。我们是专门从杂多过来的。嘉那嘛呢是藏地最大的嘛呢石经堆，我们几乎每年冬天都会来这里转经、“请”嘛呢石，有时也去拉萨朝圣。冬天主要是有时间，因为平常我们要接送孩子上学，就没时间来这里。

现在工具发达，像这种大型的嘛呢石利用这些器材可以轻便地供放到石堆上，要不然靠人工想供放到高处都很难。我们还“请”了一部“尕松”，可能有七八辆车（小三轮），28880元。那些是经文，所以需要供放到经文类供放处。刚才6车是有6家石刻艺人刻制的。因为太多，所以就找了6家人来刻。我们都是给去世的亲人“请”的嘛呢和经文。

在新寨，嘛呢石交换场景随处可见，村民包括转经的信徒对此都习以为常。从上述三个个案中主人公对各自所“请”嘛呢石经的缘由来看，分别是为子女健康成长（包括学业）、为消除杀生（虫）之罪，牧民挖虫草后用变卖的现金来修行，以及为已故的亲人。此外，不同于上述三种缘由的还有：

个案5－4：阿佳DZ，结古人，经商

我“请”了两部《解脱经》，这是我在活佛那里请示我们夫妻两人“杰果”（སྐྱེ་སྒོ།，生门）的结果。我们夫妻俩需要“请”两部《解脱经》，另外还要做一些法事，就直接把钱交到寺院那里请求办理。希望趁现在经济条件允许，了却内心的一个愿望，这样我们在有生之年也会活得很踏实、心安。今后死了也就没有什么遗憾了。

在这个个案中，我们获得的信息是，有些信徒“请”嘛呢石是依照各自测算“杰果”（སྐྱེ་སྒོ།）的结果。有些算出来的结果需要付出巨资去践行。因此，经济条件拮据的人很少去了解各自的“杰果”。

事实上，笔者在调查和访谈中了解到，在新寨“请”嘛呢石的信徒绝大多数都是来自牧区的“卓巴”。相比而言，结古当地人对嘛呢石的需求量远不及牧区的“卓巴”。除非像个案5－1和5－4，因为事关人生大事，所以找活佛卜卦，并依照卜卦的结果找石刻艺人刻经文。

近几年随着玉树文化事业的发展，加之交通便利，机场的开通促进了玉树旅游业的发展，吸引了越来越多来自国内外的游客。嘉那嘛呢石经城作为当地的一个重要旅游景点，很多游客不管信教与否都会入乡随俗，在新寨象征性地“请”块嘛呢石，① 以求家人健康、平安。笔者在转经路上，碰到几位年轻的游客（三男一女）拿笔在已“请”好的嘛呢石背面上“签名”，就是典型的一例：

个案5－5：来自西宁的游客

我们是从西宁坐飞机过来的，之前没有来过玉树。听这里的朋友说，来玉树一定要来嘉那嘛呢石这里朝拜一下。所以我们“请”了

① 笔者从石刻艺人处了解到，有些汉族信徒会把嘛呢石供奉在嘛呢石堆上，有些把嘛呢石作为纪念品随身带走。

这些嘛呢石。具体什么意思我们也不懂，那些“卖”嘛呢石的大姐她们自己也说不清楚。跟我们说“请”这些就可以了。我们在这后面写的都是自己家里人的名字。希望家里人健康、平安，一切顺利。

笔者遇见他们时，他们已经“请”好了三块中等大小的嘛呢石，站在“过廊”上，他们手里的石头上刻的咒语分别是《观音心咒》《长寿佛心咒》和《度母心咒》。笔者从摆摊位的人（绝大多数都是石刻艺人的妻子或者父母）那里了解到，类似他们这样的外地游客，大多都是在玉树天气最好的七八月份①来新寨“请”嘛呢石。听一位老人说，之前还有来自台湾的施主出上万元在新寨“请”了一部“多找哲周”（རྡོ་དྲུག་འབྲི་དྲུག，刻制在6块石头上的六字真言）。这些都是玉树灾后重建以后出现的现象。另外，近两三年还有以家族或以“粗巴”（行会）的名义“请”大型的石刻佛像的。

个案5-6：GD家族“请”的石刻佛像

我们是GD仓（家族）后代，家族成员散布在玉树境内的结古、隆宝、巴塘等地。在此之前，有些亲戚我们从未谋面或者不曾有来往。这次想通过这样难得的机会，来召集昔日玉树二十五部族中留下来的GD家族后裔。目前联络到的家族成员加起来差不多有100人。大家一起出资“请”了这一尊佛像，供奉在嘉那嘛呢石经城以示纪念。我们没有提出硬性的要求说每家出多少钱，而是根据各自家庭的经济条件量力而行。“请”这尊佛像不在于大家出的钱多或少，而在于今后大家彼此认清各自的亲戚。从买石头（6万），到找“拉索”刻佛像（8.5万），再到雇车装卸（3—4万），前前后后花费将近20万元，时间也差不多用了一年多。这里是全世界最大的嘛呢石经堆，所以想以家族的名义把这尊佛像供在这里，为GD家族的所有成员积累功德，利益众生。与此同时，也能让所有GD家族成员铭记这一神圣时刻。

① 玉树夏季平均气温在20—25度左右，昼夜温差较大，是一年中最佳的季节。

这里以家族名义供奉的佛像，类似艾约博记载的在夹江以造纸为生的石姓家族立石碑的情形。GD 家族后人以家族的名义供奉一尊大型石刻佛像在嘉那嘛呢石经城，从此这一家族整体成员明确，内部结构清晰，拥有共同的家族起源史。①

个案 5－7：嘛呢“粗巴”（མ་ཎི་ཚོགས་པ།，嘛呢协会）

我们这个“粗巴”成立至今将近 7 年，7 年时间里我们主要以利益众生为宗旨，力所能及地行善。“粗巴”开始成立时没有多少人，最主要的任务就是把以前搬运到结古的所有嘛呢石全部从地基中挖出来，清洗，然后运回新寨。后来慢慢加入我们这个“粗巴”的成员越来越多，且都是中老年人，就取名为“嘛呢粗巴”。“粗巴”刚成立的头两年，大家都忙于把州上的嘛呢石收集到新寨。现在活动较少，不过这次我们又召集所有成员集资“请”了一尊佛像，这里还包括其他社会成员（信徒）捐的布施钱。现在我们年纪都大了，唯一能做的就是这样多行善事，利益众生，同时也为我们自己积累功德。今天绝大多数“粗巴”成员来到新寨一同供奉这尊佛像，为此我们感到很高兴。

笔者从“拉索”（ལྷ་བཟོ།，造像者）那里得知，找他们刻制佛像的绝大多数都是这样的家族或者“粗巴”成员。因为我们在上面的个案中发现，“请”一尊佛像花费都在上万元，大家通过这样集资的方式，不仅分担了这笔“高昂”的费用，同时也实现了各自的一桩心愿。笔者在田野调查期间，见证了两场类似供奉佛像的场景，甚是壮观。

“嘛呢粗巴”供奉佛像当天，老人们手里捧着哈达、藏香和鲜花来参加供奉仪式。除了供奉的施主以外，转经路上的信徒也目睹了这一神圣场景。吊车把偌大的石刻佛像小心翼翼地立在嘛呢石经堆中，

① ［德］艾约博著，韩巍译、吴秀杰校：《以竹为生：一个四川手工造纸村的 20 世纪社会史》，江苏人民出版社，2016 年，第 216 页。

图5-5　供奉石刻佛像场景

然后在场的青壮年男性携手把佛像供奉好。供放好以后，老人们纷纷在佛像前顶礼叩拜，敬献哈达（图5-5）。一位“粗巴”成员讲，从然吾村把刻好的佛像运到新寨再到最后供放好，用了一天的时间。供奉当天场面壮大，所有人都集中在新寨，有的烧茶煮粥，有的忙于指挥，老人们坐在嘛呢石堆旁边念经、闲聊。当天“粗巴”成员制作的食品除了供给自己协会成员食用外，还无偿提供给转经路上的信徒。次日，笔者还见一些信徒陆陆续续来到新寨在佛像跟前祈祷顶礼。为了铭记各自的修行成果，大家在各自“请”的佛像左或右下角都刻着各自的名称、时间以及“拉索”的名字（图5-6）。

总之，从以上7个个案来看，在藏地嘛呢石交换不外乎有这几种缘由：一是为了自己的家人平安、健康，人生大事像本命年、升学、出远门等；二是为了践行自己的信仰，积累功德；三是有生之年为各自在身语意（三门）上犯下的罪业进行“消罪”，像挖虫草期间，伤害了很多杂草丛中的微小生命，为此进行消罪；四是为家中养的牲畜（牛、羊）或者小动物（狗、猫）①死亡时而“请”；最后也是最重

① 藏族人对家养的狗、猫等动物的死亡极为重视，即使不是人为杀伤，也要为其进行刻制嘛呢石以示消罪。若是故意杀害，罪孽深重，因为它们以身上的毛来计算犯下的恶业。笔者在拉萨调查期间，见石刻艺人把动物的形状简单地刻画在石头上附在经文底下。但是在新寨只刻经文，不曾见刻画动物图形。

图 5－6　石刻佛像左下角备注的文字

要的就是为自己已故的亲人而“请”。

笔者在田野调查期间发现，信徒对“嘛呢”（六字真言）和“它多”（《解脱经》）[①] 的需求量最大。这些主要都是为已故的亲人而“请”。因此，一个家庭中为已故亲人做的善事，要与在世的家人同等重要甚至还要更多，就是希望失去的亲人能够早日得以解脱，往生到极乐世界。另外，随着旅游业的发展，除了当地的信徒外，还有来自国内的游客也在嘉那嘛呢石经城“请”嘛呢石，把最美好的祝福留在这里。不管是为谁“请”，有何种缘由，信徒首先用的祈祷词都是“森尽堂吉”（སེམས་ཅན་ཐམས་ཅད།，有情众生）。

传统藏族社会中，通常施主会在“请”好的嘛呢石面上抹点酥

---

① 《解脱经》有德格版和纳塘版，都是贝叶经的形式。其中德格版为 147 叶，纳塘版为 132 叶。新寨石刻艺人很多用的都是德格版。这一百多叶的经文刻在大小不等的石头上，需要一百多块石头。因为石头大小不同，加之字体大小不一，因此，每刻一部用的石头数量都不尽相同，一般每刻一部《解脱经》不少于一百块石头。

油，这是一种习俗。早期这是作为一种标记，避免有些贫穷的艺人把已供奉的嘛呢石拿回来，让其他的信徒再花钱“请”。因为石头上抹酥油留下的油迹不易擦除，有油迹表明该嘛呢石块已被供奉。现在，就像一位施主说的，“请”一部经文刻下来的石头大概有一辆小三轮车之多，在每一块石头上都抹酥油不太现实。因此，仅做一种象征性标记会在最开篇的第一块石头上抹一点。不过，现在抹酥油的现象已很少见，除非有个别施主自己提出要求，以示吉祥。

二、交换的演进方式

嘉那嘛呢创建300多年以来，从嘛呢石交换的演进变化来看，对应了莫斯礼物交换的“三阶段演进图式”。[①] 这三阶段演进图式分别是：第一阶段为部落统治时期的整体性交换；第二阶段为以“茨布”为首的群体交换；最后是以家庭为单位的个体交换。

（一）整体性交换

扎武部落统治时期，嘛呢石都是以整体交换为主。外来的“朵元”（石刻收入）全部交到新寨“吉哇”手中。在“萨嘎达瓦”节那天，“吉哇”先是把这些收集的“朵元”变卖给那些到新寨转经的信徒，最后把未变卖出去的物品分成四份“秀果”（ཤོག་བགོ，按片区分配）[②] 给底下的属民。“吉哇”按照“朵元”分配的多寡，从属民手中收取等价数量的嘛呢石，并在当天供放到嘛呢石堆上。然而，属民对这种整体交换方式心怀不满，最后导致新寨所有男性属民联手使

① 阎云翔把莫斯的这三阶段演进图式概括为：第一阶段为“整体性的呈赠”（total prestation），在这一交换中群体之间转让的物品只是某个更大范围的非经济转让的一部分；第二个阶段是那些代表群体的有德之人间的礼物交换；第三阶段为现代社会中独立个体之间的商品交换。详见阎云翔著，李放春、刘瑜译：《礼物的流动：一个中国村庄中的互惠原则与社会网络》，上海人民出版社，2000年，第5页。另可参见［法］马塞尔·莫斯著，汲喆译，陈瑞桦校：《礼物——古式社会中交换的形式与理由》，商务印书馆，2016年，第118—120页。

② 当时新寨村分新寨仲巴、巴哲热哇（今措赤科巷）、曲哈若哇和达果若哇4个自然村。

用他们“弱者的武器”①，制造了一场反抗案。

个案5-8：集体反抗

新寨“颇恰加西”（按字面理解为160名男性，但村里的老人认为应该是指人很多），青壮年男性联手抵制新寨“吉哇”的整体交换形式，执意离开扎武部落（新寨村）而去投奔果洛部落。走到半路他们被一位当地老人劝回。老人告诫这些人，这样离开讨不到什么好结果，劝大家回去，并保证他们回去后不会受到扎武头人的责备和处罚。听了这位老人的劝告大家就返回新寨。不料回去后他们不但没有得到头人的谅解，反而都挨鞭子抽打。那位老人见状当场因心痛而猝死，只因他没能兑现对大家所做的承诺。

这些反抗的人挨个被鞭子抽打时，其中有一位机智的男子，还没轮到他就脱下裤子，等到打手走到他跟前时他提起了裤子，打手误以为他已经被打了，所以就侥幸逃脱了处罚。后来这件事就是那位侥幸逃脱的老头讲给他的后辈听，以示自己的“机智”。久而久之，这个故事被传开，以至村里的老人都有所耳闻。

通过这则案例，我们可以了解到早期底层民众对整体交换方式极为不满。没有“话语权”的底层大众不甘示弱，通过集体反抗来抵制这种交换方式，只是结果以失败告终。这场反抗事件发生后，以整体形式的交换方式随着时间的推移也发生了变化。

（二）群体交换

据村里的老人讲，早期除了死者的家属把遗物作为“朵元”交给新寨“吉哇”以外，也允许村民自行外出征收“朵元”，整体交换与群体交换同时进行。这个时期，外出交换需要依靠那些兴盛家族②

① ［美］詹姆斯·C. 斯科特著，郑广怀、张敏、何江穗译，郭于华、郇建立校：《弱者的武器》，译林出版社，2011年，第34—50页。

② 许烺光研究发现兴盛家族兴盛的原因可以从他们的日常行为中得到体现，他们都节俭、诚恳且勤劳。村里的老人们对以前村里的“茨布”家族也持此种看法。详见许烺光著，王芃、徐隆德译：《祖荫下》，南天书局，2001年，第4页。

群体的势力，因为只有他们才有能力和条件（有牲畜牛、马当交通工具，有青稞当礼物）去往村外的牧区结交朋友进行嘛呢石交换。这个阶段村里的一些富人家成群结队地外出寻找各自的“肖布”（朋友），建立关系网络。从“肖布”手里收取“朵元”，回到新寨再雇用那些没有“肖布”的石刻艺人刻制嘛呢石。等到“嘉那邦琼”时，这些牧区的“肖布”亲自来新寨验收刻制好的嘛呢石。有关“肖布”的内容笔者将会在下一节中详细论述。

（三）个体交换

改革开放以后，随着村民经济生活水平的提升，外出收“朵元”的次数也就减少了。更多的是村外的农牧民自行前来新寨进行嘛呢石交换，形成了以家庭为单位的个体交换方式。这个时期，每家都是与自家从父辈时期结识的“肖布”往来。“朵元”的所得也是全部归各自家庭所有。个体交换时期，笔者在第四章第二节中提到，村民石刻生产处在低度的生产阶段。2010 年玉树地震的发生，对个体交换产生了巨大的影响。在这场灾难中很多人不幸遇难，遇难者家属能为他们失去的亲人所做的事情就是更好地修行佛法。正如索甲仁波切所言：

死亡可以是非常具有启发性的，我在与临终者相处的经验中，每每惊奇地发现，我的祈祷和启请，竟然能够大为改变气氛，我自己也因为看到这种启请、祈祷和诸佛展示现有那么大的功效，而更加深我的信仰。①

面对这样的不幸，遇难者家属把更多的钱财布施到寺院或其他行善事情上，用以各种“修行”（转经、念经、刻石等），来抚平内心的伤痛。当时，所有在玉树地震中不幸遇难的人都得到了来自国内外四面八方高僧大德的超度，这让很多家属感到欣慰，无形中产生一股

① ［美］索甲仁波切著，郑振煌译：《西藏生死书》，中国社会科学出版社，1999 年，第 243 页。

强大的力量，使他们得以振作。

伴随而生的是新寨嘛呢石曾一度供不应求，吸引了大量的外来石刻艺人①到新寨刻制嘛呢石。随着嘛呢石需求的增加，劳动力多的家庭生产的嘛呢石数量越多，就意味着家庭的经济收入越高。尤其是那些会刻经文的石刻艺人，其收入明显比只会刻制心咒类的艺人要多几倍甚至更多。不过，也有一些石刻艺人，害怕刻经文会出错或遗漏，宁愿收入少点也不愿刻制经文。

从石刻交换形式来看，交换过程中有施主，有“吉哇”，有寺院，有石刻艺人，另外还有信徒等众多人员的参与。因此，嘛呢石交换就是一个集体参与“修行”的过程，同时也是一个“互惠”的社会整合过程。那么，作为一种收入，在这三个演进图式当中，石刻艺人到底都换取了些什么?

三、“朵元”：交换所得物

“在人类社会诸多的行为中，交换是普遍存在的一种现象，这种交换可以是直接的物物交换，也可以通过货币这一价值媒介达到即刻的交换。②”藏语“朵元”（རྡོ་ཡོན།），在现实生活中用来指石刻交换所得物。“朵”，意为石头；“元”的含义较广泛：有礼物、给予；小费、价格、收益；偿还、功德；工资、代价、报偿；高尚的品德、功效；偿还、报答；数量等多重含义。③ 可见，“朵元”作为一种石刻交换所得物被赋予了多重意义。

现实生活中，“朵元”作为一种实体收入，绝大多数石刻艺人对此持有相同的看法，即“朵元”就是各自所付出的时间、精力和物力交换得来的，并非是石头上刻的经文索取的收益。这是笔者在田野调查期间从石刻艺人言谈中了解到的他们对“朵元”的认知和解释。其实，不只是石刻艺人坚持这样的观点，其他信徒（施主）也是持

① 其中来自昌都地区的石刻艺人最多，一是离玉树近，二是他们有石刻技能。

② 白玛措:《牧民的礼物世界——以西藏那曲嘉黎县为例》，《中国藏学》2015 年第 4 期，第 35 页。

③ མཆོག་སྤྲུལ་ཕྱོགས་ལས་རྣམ་རྒྱལ་དང་ཤེས་རབ་བཟང་པོས་བསྒྲིགས་པའི་བོད་ཡིག་ཚིག་མཛོད་དུ་གསལ།

此种观点，即嘛呢石作为一种宗教信仰的符号，其价值是无法估算的。石刻艺人与施主交换嘛呢石，所换取的“朵元”就是自己投入劳动力所支付的劳务费用。而非对咒语、经文等象征佛教元素的索价。大家都特别强调“曲”（ཆོས།，法）是“无价”的，而且也坚定对此无法估价。

在新寨，自嘉那嘛呢石创建以来，“朵元”作为一种看得见、摸得着的实体收入，主要有实物和货币两种。

（一）与实物交换

在藏族人的“洁净”观念中，越是接近宗教便越是洁净，越是远离宗教便越是污秽。① 现实生活中，就连提到有关“死亡”的字眼都是一种忌讳，相信一谈到死亡就会招来不幸。② 然而，早期的“朵元”主要是死者所遗留的财物，像首饰、衣物等个人财产。③ 回到前文，在生计与信仰实践（第四章第三节）中提到，新寨所有属民“不论富贵或者贫穷都要拿‘朵元’”（རྡོ་ཡོན་ཟ།）这是出自多瑞的教言。因此，新寨上到“茨布”下到“觉没”，都毫不忌讳地使用这些遗物。拿到遗物，或是涂点“呗采”（བད་ཚི།，白石灰）在上面，或是放在院落里晾一个晚上（这种方式在当地叫做“噶尤”），以示消除这些遗物上面的“不洁”。村里的老人讲，以前除了百户以外都拿“朵元”，他们深信即使拿了“朵元”，只要以虔诚的心去刻制嘛呢石，同样可以获得功德。

村民回忆，以前实物交换时，像藏袍、首饰、手枪、狐皮帽、马匹等作为“朵元”，都是那些大户人家留下的遗物。死者的家属把这些遗物全部直接交付给新寨“吉哇”，以此换取相应的嘛呢石，但是到底交换多少块没有确切的统一标准，“吉哇”可自行处理。凡是从施主手里收到的这些“朵元”，“吉哇”全部存放在“吉空”（སྤྱི

① 刘志扬：《乡土西藏文化传统的选择和重构》，民族出版社，2006 年，第 306 页。

② ［美］索甲仁波切著，郑振煌译：《西藏生死书》，中国社会科学出版社，1999 年，第 14 页。

③ 在玉树，成年俗人实行天葬，婴儿夭折实行水葬，活佛及德高望重的僧人等实行火葬。

ཁང་།，新寨吉哇储藏室)①。等到一年一度的“萨嘎达瓦”节时再进行变卖、分配。可以发现，实物交换正好对应的是早期整体交换时期。到后来村民可以自行交换时，村民就开始自行外出征收“朵元”(རྡོ་ཡོན་དུས།)。村民们一般都是去往牧区，与牧民们交换牛羊肉。当时，交换数量大致如下：

个案5-9：早期“以物易物”交换方式

一只山羊（ར）＝一块博麻嘛呢

一只绵羊（ལུག）＝两块博麻嘛呢

一头牛（ཟོག）＝十五块博麻嘛呢

一头牦牛（འབྲི་གཡག）＝二十块博麻嘛呢

一头犏牛（མཛོ་དང་མཛོ་མོ）＝二十五块博麻嘛呢

从实物交换的情形来看，村民刻制的石刻种类仅是“博麻”嘛呢，这也间接地说明了早期新寨当地村民刻制类型单一，鲜有刻制经文和佛像类的。按照牲畜大小、产奶量、肉质好坏，其交换可得的“博麻”嘛呢数量也不一样。我们发现，嘛呢石不仅仅是一种实物交换的商品（一种特殊的商品），在某种意义上它作为对照物被用来衡量其他商品的交换价值，以一种固定的比率来交换那些东西，所以它成为它们的“价格”②。这种施主方以修行为目的，石刻艺人以经济兼修行为目的的嘛呢石交换，不仅满足了双方的需求，同时也修筑了信徒共同的精神家园。村民告诉笔者，这种实物交换随着村民经济生活条件的好转而逐渐减少。

（二）与货币交换

货币，作为一种交换媒介这里主要是指纸币。村里的老人回忆，

① 听村里的老人讲，以前新寨“吉哇”没有专门的办公点，就借用住在嘛呢堆跟前的色须仓的牛粪房作为当时的储藏室。

② ［法］莫里斯·古德里尔著，王毅译：《礼物之谜》，上海人民出版社，2007年，第164页。

在用纸币交换之前，还有一段时间是用“གསེར་ཏི”，即藏币①进行交换，用藏币交换的情况跟用纸币交换差不多，但是没有谁能够准确地说出是怎样的一种交换方式。大概从改革开放以后，纸币交换才开始盛行，实物交换逐渐被取代。实际上，直到现在还存在一些实物交换的现象。笔者有一次在“过廊”上与一些看守摊位的大姐们聊天时，有一对外来夫妇（非本地口音）手里提着一袋牛油，问她们是否交换嘛呢石。那些大姐告诉笔者，像这些从牧区过来新寨转经的牧民，离开前把他们剩余下来的口粮拿来跟石刻艺人交换嘛呢石。但是现在除非是那些外来石刻艺人生活非常拮据的，很少有石刻艺人再像以前那样收食物或者遗物作为“朵元”进行交换。笔者对地震前后的嘛呢石交换价格进行了简单的对比，如表5－4所示：

嘛呢石经货币交换

表5－4

石刻类型		价位（元）	
		地震前	地震后
心咒类	各类心咒	1	5—15
经文类	各类佛经	500—3000	1000—6000
佛像类	各类大型佛像		上万
其　他	十相自在图	15	30
	卡加	5	10
	多找哲周	3000	500—12000

可以发现，地震后价位明显比地震前高，石刻艺人的解释是因为

① 早期玉树货币均用藏币。藏元乃印度所用英币，辗转流布于二十五部族者。每元合内地银三钱一分二厘五毫，别无辅币，即以藏元二分一，三分一，四分一等小角，为畸零之用。重价以银若干秤（一秤五十两）计算，合藏洋一百六十元。亦有成都所铸之币，重如之。详见周希武编著，吴均校释：《玉树调查记》，青海人民出版社，1986年，第95页。有关玉树货币另见振天：《玉树——康藏高原之枢纽》，载甘肃省图书馆书目参考部编：《西北民族宗教史料文摘》（青海分册）（下），甘肃省图书馆，1986年，第439页。

地震以后石头要从开采商那里花钱购买。另外，借助机器刻制产生了额外的费用，像购买刻制工具（电钻、钻头），以及支付电费等。地震以前，新寨村民传统手刻时期不存在这些费用，而且石头也不用花钱买。但是，结合上文来看，地震之前新寨村民为了刻制嘛呢石所投入的精力不比地震后机刻少。事实上，在新寨对石刻没有一个统一、固定的价位。同样刻制一部经文或者咒语，在不同的艺人那里价位各不相同。即使供给方制定了价格，但是在现实交换中也并非是按照此价格进行交换。有一位外来的石刻艺人对笔者讲，虽说像嘛呢石交换这样修行佛法的事情不应“讨价还价”，[①] 但是不见得大家都是有钱人，他们时常会遇到一些经济条件不好的施主，因此会在价位上做出相应的让步，试图满足对方的需求和愿望。这对他们双方来讲都是有益的事情。对此，笔者访谈了一位转经老人，他讲道：

“请”嘛呢石就好比一个人，看长相美丑，嘛呢石也是同样的道理，看石头上刻的字是美还是丑。只要石刻艺人刻的字体工整、漂亮、清楚，那样我们花钱“请”也是心甘情愿的。我每天都在这里转经，了解现在这里的嘛呢石的大致行情，所以石刻艺人出的价格合理，我就愿意花钱去“请”。刻在6块大石头上价位上万的“哲周”，有能力“请”的施主就是有“索南”（བསོད་ནམས།，福分）的人。那些没钱的人虽“请”不起这样的，但是内心持有这样一颗向善的心，就跟那位施主一样也可获得同样的功德。不管“请”嘛呢石是花钱多还是花钱少，最重要的还是内心的想法，最主要就是要持有一颗善良的心。

从这位老人的话中，我们可以了解到大家“请”嘛呢石很理性，并且也不是按照钱数的多少来论功德。[②] 如今，石刻艺人几乎全部借

① 通常情况下，藏族人认为用于修行佛法事业上所担负的费用不应讨价还价。

② 史拜罗在他的研究中指出，村民把钱用于建寺、造塔、供僧的行为上，目的是为了获取巨大的功德，进而阻碍了当地社会经济的发展。但事实上，我们在这里可以发现功德并不是按照布施钱数的多少来决定的。比布施钱数更重要的是出于布施的虔诚之心。

助机器刻制嘛呢石，石刻种类、类型呈现多样化。尤其是刻制经文的艺人越来越多。笔者在与带着孩子看守摊位的那些阿姨和大姐们多次访谈中了解到，她们对石刻定价的依据，一是看石头的大小，二是看石头上刻制字体的大小、字迹深浅与规范程度而定。一位阿姨用五根手指比喻："刻得最好的就是大拇指的价，然后依次往下排"。像以前石头拉到家门口才 100 元。现在不但要自己付钱，还要自己捡石头装车，再付运费（一趟 100 元）。另外，现在刻经文还多了一道打磨的工序。相对来讲，以前新寨村民刻制嘛呢石表面粗糙，现在改用电钻刻以后，为了刻出来的效果精致漂亮，需要先打磨石头表面然后才刻经文。打磨好后再刻经文要比没有磨平的耐看，所以价位也就相应的高了一点，且这样刻出来的经文"请"的人也多，慢慢地大家都竞相仿制。反之，没有打磨刻出来的嘛呢石工艺粗糙，其价位也就相应偏低。再加上，"博麻"嘛呢和大家现在刻的"哇玛"嘛呢价位差不多，所以大家都选刻"哇玛"嘛呢，而不再刻制"博麻"嘛呢。

值得注意的是，只要是需求方（施主）提出（自己开口）要"请"嘛呢或者经文，不管是何种关系（亲戚、朋友），交换时都要给供给方（石刻艺人）按照平常索要的价格支付"朵元"。对需求方来讲，如果不支付"朵元"，嘛呢石交换就毫无意义，更无从谈起积累功德、消灾的目的。除非是供给方为了感恩，自愿为对方以祈愿的方式刻制供放外，没有谁敢不支付"朵元"。① 可见，嘛呢石交换已超出以往人类学交换研究中依赖亲属关系的远近程度来判定物品是"礼物"还是"商品"的范围。② 出于道德，供给方没有因为一味地追求利润而抬高价位，需求方也没有因为仰仗关系而无偿地索取。因此，从上文的情况来看，嘛呢石交换是现实社会中道义经济体系的一种特殊例证。

---

① 笔者在一次殊胜日时期见大家排（车）队等候供放嘛呢石，一位石刻艺人说需求方是他们自家的亲戚，因为对方人不在玉树所以帮他们供放，但是"朵元"要照样收。如果不收，刻这些经文对他们就没有"益处"可言。

② ［美］马歇尔·萨林斯著，张经纬、郑少雄、张帆译：《石器时代的经济学》，生活·读书·新知三联书店，2009 年，227—233 页。

四、是“修行”，还是“买卖”？

刻嘛呢石原本是作为一种信仰的实践方式。但是在新寨以此作为一种生计方式，尤其是现代机器批量生产出来的嘛呢石，不免被质疑是“修行”还是“买卖”？早期新寨当地村民（以妇女为主）生产的嘛呢石种类和大小不及现在，且价位低，一块“博麻”嘛呢只需付 1 元工钱。每块石头都是刻两面，且还要涂色（正面），搬运石头还是靠牲畜驮或者人工背。如果按照现代经济学上的成本与收益来计算，这是一个“亏本”生意，但是村民不觉得这是一笔“生意”，在她们看来这是践行自己的信仰，在践行信仰的同时，她们得到了一点额外的收入来购买生活必需品，使生活得以维持。因此，嘛呢石交换蕴含的文化意义远远超出了其交换本身。

笔者问过很多外来的石刻艺人，为什么来新寨刻嘛呢石？他们的回答几乎是一样的，就是为了生计，同时还可以践行自己的信仰。刻嘛呢石对他们来讲是件一举两得的事情。

个案 5－10：PC 一家从昌都迁徙至新寨多年，但地震以后才开始刻石

大概在十一二岁迁到新寨，我今年 31 岁。我有 2 个孩子。妻子也是昌都人，是在这里认识的。在新寨刻石 7 年左右，之前挖虫草，做点小生意。我们兄妹 11 个，九男两女，现在住在新寨的有我父母家、一个哥哥、两个弟弟还有我们一家，共 5 家。刻嘛呢石的有 4 家。其他人有些在老家昌都，有些在杂多。我结婚后买了 2 分地，花了 33000 元。

我大哥以前在老家时放牧，就在山上的一些岩石上刻刻画画，跟我们说他以前刻过“才呢”。到新寨后他教我们刻嘛呢，现在刻嘛呢石除去所有开销，每月还能有 3000—4000 元的收入。

我一天最多能刻个六七叶经文，除了过年时休息十几天以外都在刻石。我上到小学五年级，但是水平跟二年级差不多。后来觉得没用就没继续上。不过现在看来那几年上的学对我刻石有很大帮助。

记得我们刚搬到这里时，“它多”一部最多1500元左右。后来慢慢地涨到两三千元，到现在就5000元左右了。如果刻的字大一点，有些施主还愿意出更多的钱。现在我一个人刻一部“它多”可能要10天左右。刻制的经文中需求最高的是“它多”。我刻得最多的也是这个。

我不觉得刻石是商业行为。像现在一块嘛呢石大的10元，小的5元、1元。无非也就是要点辛苦费和成本。刻石是双方都可以获取功德的事情。拿我这次给一位小苏莽的老人刻的“它多”来讲，我自己一个人忙不过来，就雇了一个人来跟我一起刻，那位老人说他经济条件不好，问我能否降点价，我就要了4000元。这样的情况我碰到过很多次，有些生活条件不好的我一般都会降五六百元，有时降1000元左右。我自己刻嘛呢也不是说非得要挣很多钱，比起挣钱更多的是希望我们双方都能受益，积累功德。不管是众生还是自己、自己的家人，都能在这个世上离苦得乐，生活过得更殷实一点。那些生活条件差的施主自己不会刻，经济条件有限但又有这个需求，我们有这个手艺，就力所能及给予别人一点“优惠”。

如果没有人刻，那就没有嘛呢石，从这点来讲，刻嘛呢石的人功德是显而易见的。想“请”的人也可以“请”得到。

笔者在嘛呢石摊位处访谈了很多外来石刻艺人，问他们如何看待像现在这样的嘛呢石交换现象，他们都坚称嘛呢石“买和卖”不能算是商业行为。其中有一位上过学的石刻艺人谈到他的看法：“现在有些人要价高，能拿到很多‘朵元’。但这也只能算是暂时的赢家，死后还是输家，亏的是自己。”他觉得石刻艺人出价不高，即使现在自己吃点亏，但是死后受益的还是自己。他主张佛教本来就是“利他”的。

在新寨，村民们不以追求经济利益为目的，更是表现在石刻生产上。像现在刻制经文收入不菲，但是有些艺人就是不刻经文，他们做出的解释是，像“六字真言”这类简单的心咒有几个字大家都知道，一眼就能看出有没有出错或遗漏。村民DC就这样对笔者说：“经文就不一样了，不认真仔细校对就会有漏字或多字的情况。假如漏掉一个字母，整部经文就等于是白刻了，不但没有功德可言，反而是造罪业。”以上诸多个案中，我们也发现在家帮父母刻经文的，都是自家上过学的孩子或者有点藏文功底的父亲。因此，刻经文虽然能多要到点“朵元”，但刻嘛呢石最终的目的不仅仅只是为了“朵元”。嘛呢石的交换是一种施主与艺人双方共同“修行”的方式。他们不但坚定嘛呢交换是一种“修行”行为，而且也肯定能与施主一同获得功德，为此一位石刻艺人讲述了一则故事：

相传以前有这样的说法，就是一个人用骡子驮着茶叶去“请”嘛呢，茶叶最多也就顶六字真言中的一个“那若”（元音符号），这说明刻石的人功德更大，即便是花再多的“朵元”也未必能“请”得起嘛呢。以前对嘛呢不会估价，但是现在 10 元、20 元就可以“请”，就像众哲古们说的那样，如果众生（包括刻的人和请的人）都心存善念就会积德，而且积累的功德谁都抢不走。

不过也有一些人认为是商业现象，尤其从形式上来看一个在“买”，一个在“卖”，跟买卖商品无差别，不同的是对石刻艺人来说，生计得以维持的同时还与他人一同践行了信仰。

总之，人家都认为嘛呢石交换不能等同于日常中的商业行为，因为他们不是以追求利益为终极目的，而是重在修行。

第三节　关系网络的建构

按照格雷戈里（C. A. Gregory）的说法，礼物创造的是主体（人与人）之间的关系，商品创造的是客体（物与物）之间的关系。①

① ［英］C. A. 格雷戈里著，姚继德、杜杉杉、郭锐译：《礼物与商品》，云南大学出版社，2001 年，第 10 页。

那么，嘛呢石作为一种神圣物品，其交换产生的关系又是怎样的？这是本节所要讨论的问题。研究发现嘛呢石交换产生的关系要比“礼物”与“商品”交换更为复杂。因为作为特殊的“商品”，它让两个相距甚远，处在不同空间（尤其在以牲畜作为交通工具的时期）的农民和牧民建立了“肖布”关系。随着社会经济的发展，这种关系又演变为“元道”关系，而不再是经济学、人类学研究的“商品”交换那样产生的只是客体之间的关系那么简单。作为“礼物”，它与神、亡灵产生了互惠关系（这部分内容将在第五节中讨论）。

一、“肖布”：早期关系网络

藏语“肖布”（ཤག་པོ།），意为朋友（尤其是在商业合作上结识的朋友ཚོང་ཤག）①。早期，新寨村村民们生产嘛呢石对石刻的技能要求不高。对那些有点藏文水平的人来讲，更是容易掌握。因此，村里几乎每家都有一个或多个掌握石刻技能的人。这就决定了村民生产的嘛呢石需要与村外的人进行交换。笔者在上文“交换空间”中也提到了这一点。村民把这些交换嘛呢石的外来人（需求者）称为“肖布”。早期即使村里的妇女都掌握了简单的石刻技艺，但并不是每家都有“肖布”，而是只有那些“茨布”（富人）家庭才有。因为早期这些被新寨人称为“肖布”的外来人都是来自牧区的“卓巴”。这就意味着，要建立“肖布”关系，前提是要有一定的经济实力。上节中提到唯有富户人家具备与外界交往的牦牛和马匹，而这些是在早期新寨与外界交往时最重要的交通工具。同时也只有富户人家有多余的青稞可作为“礼物”赠送给牧区的卓巴“肖布”，进而维持彼此之间的“肖布”关系。笔者从新寨当地老人处了解到，他们结交的“肖布”是从他们父辈或者更早就已建立的关系。因此，“肖布”关系一旦建立，双方就会世代维持这种关系。外出收“朵元”，也是直接到

① དག་ཡིག་འདིའི་རྩོམ་སྒྲིག་ཚན་ཆུང་གིས་སྒྲིག་རྩོམ་བྱས། 《དག་ཡིག་གསར་བསྒྲིགས།》 མཚོ་སྔོན་མི་རིགས་དཔེ་སྐྲུན་ཁང་། 1989ལོ། ཤོག་གྲངས786ན་གསལ།（新编藏文字典编写组编：《新编藏文字典》，青海民族出版社，1989年，第786页。）

牧区各自的“肖布”家里。有时一年去两次（夏季、秋季），有时一年去一次（秋季）。

从20世纪80年代中期宗教政策恢复以来到20世纪90年代前期，新寨村村民们与他们的“肖布”之间一直都保持着来往，村民们赶着从“肖布”那里得来的牲畜回到村里，当作“耿西”（冬肉）来过冬。到嘉那邦琼时，“肖布”们到新寨来转经祈福、购置年货，进行点其他贸易。这几日这些卓巴会住在他们新寨的“肖布”家里，同时对他们之前要求刻制的嘛呢石进行“自领”（ཞིས་ལེན།，验收）。新寨村民对他们远道而来的卓巴“肖布”在生活起居方面进行无微不至的关照，以示对他们的热情。

（一）来自玉树境内的“卓巴”

新寨村民的“肖布”绝大多数都是来自玉树境内的玉西①（今治多县）和曲麻莱县的“卓巴”。尤其来自玉西的“肖布”最多，这其实有一定的历史渊源。在村里流传着这样一个故事，那是在第五世嘉那活佛时期②。

个案5-11：嘉那活佛救治狂犬病人

故事发生在玉树境内的“玉西”（纯牧区，今治多县）。当时那里的牧民染上狂犬病，死了很多人。其他的牧民见状纷纷逃亡离开了各自的牧场。最后只剩下一名得狂犬病的男性。恰逢在这个时候正值第五世嘉那活佛外出化缘。嘉那活佛的侍从劝告活佛不要接近那位狂犬病人。活佛告诉他的侍从，“这样的事情我必须亲自出面救治”，随后就只身前往病者处，也没有让身边的侍从跟着。结果就真的治愈了那位狂犬病人，并从病人那里得知事件的来龙去脉。外逃的牧民们得知嘉那活佛把这个得狂犬病的人治好后，又回到了各自的牧场，并

① 此音与“玉树”（ཡུལ་ཤུལ།）藏文同音，参见桑丁才仁：《玉树藏文名称辨析——兼论玉树名称之由来》，《中国藏学》2005年第1期，第89—97页。另参见《玉树藏族自治州概况》，青海人民出版社，1985年。

② 笔者起初是在自己的舅舅那里得知此故事，后来在村里也证实了这一故事的真实性。

从此对嘉那活佛心生敬仰。

第五世嘉那活佛这一举动，使当时玉西的“卓巴”们对其心生敬仰。日后玉西的“卓巴”逢吉避凶或家中有人去世时，都会拿自家的畜产品牛羊肉或者死者遗留的财产作为“朵元”交给新寨“吉哇”，只因那里是嘉那活佛创建的嘛呢石经堆。他们把这些财物转交给新寨“吉哇”，获取相应数量的嘛呢石供奉在嘉那嘛呢石经堆上为家人、亡者修行。从此，玉西的牧民与嘉那活佛结下了不解之缘，并与新寨村民建立“肖布”关系，很大程度上受嘉那活佛非凡的“威力”① 影响。此外，从早期玉树 6 县的 189 所寺院分布情况来看（表 5－5），② 当时治多县境内仅有一座寺院。

玉树各县寺院分布概况

表 5－5

序列	地区（县）	寺院数量（座）	序列	地区（县）	寺院数量（座）
1	玉树（市）	45	4	杂多	24
2	称多	27	5	治多	1
3	曲麻莱	12	6	囊谦	80

可见，与其他各县的寺院数量相比，治多县境内寺院最少。足以说明当时玉西牧民不畏道路遥远和艰辛来到新寨嘉那嘛呢，跟当地寺院数量少也不无关系。时至今日，治多境内的寺院数量依旧稀少，近几年政府批准才新建了一座寺院。

新寨与玉西两地之间的距离约为 195 公里，现在只需几个小时的

① 这种感召力用韦伯的表述方式就是“卡里斯玛”。历辈嘉那活佛中，第一世、五世、七世在世期间对嘉那嘛呢的发展做出了巨大的贡献。而第二世、三世、四世都是在 20 岁左右时就圆寂了。另外，村里还流传说，原本每年的节庆上都邀请嘉那活佛，但是有一次因为禄顶堪钦驾临玉树而没有邀请，这让活佛失望之极，其圆寂以后第六世嘉那活佛诞生在了西藏。其他历辈（除一世）嘉那活佛都是玉树本地人，其中三人诞生在新寨村。

② 蒲文成主编：《甘青藏传佛教寺院》，青海省人民出版社，1990 年，第 25—35 页。

车程，在早期交通工具不发达的情况下要花数月。新寨村民的做法是把从玉西“肖布”手里获得的“朵元”（牛、羊）寄养在两地之间的隆宝镇（结古与隆宝之间的距离约为80公里）的牧场。如此一来，跟隆宝的牧民也成了“肖布”关系。

（二）来自玉树境外的“卓巴”

玉树境外的“卓巴”多来自杂西卡（今石渠县），但是数量远不及玉西。村民对他们也是鲜少提及，只有老人会忆起。这些地方的“肖布”大多都是在“嘉那邦琼”时来到新寨。他们跟新寨村民交换的多为奶渣、酥油等牧区特产。

（三）“肖布”间来往减少

随着社会经济的发展，新寨村民经济生活水平也有了显著的提升。村民不再外出收“朵元”，他们的卓巴“肖布”也开始自愿或者生态移民逐渐迁徙至县城生活，从而改变了原有的以游牧为主的生计方式。生活在牧区的牧民也面临着牲畜数量减少，草场退化以及劳动力不足等问题。

玉树州历年牲畜总头数分地区数

表5-6　　单位：万头只

年份	合计	玉树县	称多县	囊谦县	杂多县	治多县	曲麻莱县
1958	150.98	20.24	22.84	34.11	11.13	17.06	43.32
1968	363.63	71.22	66.63	45.32	57.03	53.71	69.31
1978	555.05	91.25	82.79	68.24	107.74	97.81	106.82
1988	385.15	77.11	71.14	60.47	67.94	44.32	63.71
1998	260.70	46.87	30.15	42.87	43.57	46.22	50.68

数据来源：《玉树藏族自治州统计局统计年鉴（1950—1999）》，（2000年，第100—101页）

表5-6中的数据显示，从1958—1978年呈现增长趋势，但是从20世纪80年代开始却呈现负增长的发展态势，原因是受到了自然灾害的影响。据文献记载，1964年雪灾造成很大的损失，但牲畜存栏数仍从1961年的94.26万头只，发展到1967年的319.06万头只。

1995年冬至1996年春全州遭受特大雪灾，损亡牲畜129.24万头只。① 到21世纪初，随着虫草行业的发展，很多牧民开始变卖“家产”（牲畜）转而去挖虫草或外出务工。

曾经靠牧区“朵元”为生的新寨村民，如今生活条件比以往已经是上了一个台阶，外出收“朵元”的情景也成为一种历史记忆，被当地的老人追述。村民反映昔日的“肖布”老的老、死的死，然后跟现在年轻一辈结交的感情也不深，但像考驾照或者购置年货的时候，偶尔也会来新寨借宿住在村民家里，只是不再像往日那样频繁光顾。如今，甚至连“肖布”这个词都用的越来越少，取而代之的是“元道”。

二、“元道”：现代关系网络

“元道”（ཡོན་བདག，施主）是继“肖布”之后用来表示交换关系的一个新“术语”。相比而言，现代的“元道”关系网络中施主和艺人之间的交情远没有以前“肖布”那样密切。正如村民BM说的那样，以前“肖布”来新寨转经、“请”嘛呢石或者干什么，都可以住到自己“肖布”家里不花一分钱。现在在新寨花再多的钱“请”嘛呢石、转经，都要花钱租房住或者是住在宾馆里。另外还有一位阿姨回忆，以前家里来“肖布”时，看到家里有什么东西他们喜欢或者能用到的，就装进他们的口袋。如今，这些都已经成为往日生活的回忆。地震以后到新寨“请”嘛呢石的“元道”，也可以分为玉树境内和境外两种，境内主要是以藏族信徒为主，境外包括藏族和其他民族的信徒和游客几种。

（一）玉树州内的“元道”

玉树的“元道”大多是来自杂多县的卓巴。昔日来自玉西的卓巴肖布开始被来自杂多的卓巴替代。只因杂多是玉树州境内产虫草最好、最多的地方。德国籍学者安德雷（Andreas Gruschke）以玉树为

① 《玉树藏族自治州概况》编写组编写：《玉树藏族自治州概况》，民族出版社，2008年，第100页。

例，对游牧民身份转变做了深入的研究。他指出：

> 对于玉树州藏族牧民的生计来讲，现在虫草资源比其他收入机会更为重要。虫草使许多牧民能够购买得起大量的现代商品，使他们在此脆弱牧业生计情形下生活得更好。虫草也给那些偏远牧区的居民带来了大量收入。在青藏高原东北区域，虫草已成为牧民的主要商品之一。改革开放以来，虫草价格开始上升，起初幅度较小。此后受中国内地、东南亚和日本市场需求不断增长的影响，虫草价格在去年（2007）不断飙升。借助虫草的收入，许多牧民在面临牲畜数量不断减少的不利影响下，仍能维持其生计，甚至买得起现代消费品。①

在这样的情形下，越来越多的牧民身份转变为商人。牧民身份转变背后又隐藏着深层的逻辑关系，那就是改行做生意的牧民其商业前景又同样维系着新寨石刻艺人的生计命脉。笔者从看守嘛呢石摊位的老人和妇女那里了解到，新寨嘛呢石交换形势其实就是反映玉树虫草长势的一个“晴雨表”。虫草挖完以后（大概从每年6月底开始），如果“请”嘛呢石的“元道”多，就意味着虫草长势好，反之亦然。因为在深信“业报”观念的佛教徒眼里，杀生是违背了佛教“十善”理念②。挖虫草不免会杀害很多微小生命，但是为了生计又不得不挖，尤其在现今虫草价值不菲的情况下，两三个月内挖出来的虫草足以改善一家的生活状况。因此，选择用虫草变卖的钱来“请”嘛呢石，也是对自己挖虫草时杀生的一种“消罪”方式，同时也是修行佛法、利人利己的事情。这不禁让笔者想起了刻嘛呢石的L叔（汉族）的一句话：“庙会、冬季（10月份以后）还有挖虫草那段时间“买”的人最多，其中挖虫草时期人多，是因为他们“杀生”了，他

① 安德雷（Andreas Gruschke）：《从游牧民到商人：青海玉树州藏族游牧民在虫草和市场作用下的生计转变》，《中国藏学》2013年第3期，第105页。

② 王森：《西藏佛教发展史略》，中国藏学出版社，2010年，第7—8页。“十善”包括：不杀生、不偷盗、不邪淫、不妄语、不恶口、不两舌、不绮语、不贪欲、不嗔恚、不邪见。

们为了赎罪就来‘买’嘛呢石。”

玉树地震后，石刻的需求量是往日的几十倍甚至更多，吸引了大量外来石刻艺人。随着石刻生产者身份的转变，新型的“元道”交换关系也伴随而生，嘛呢石交换不再像是原来“肖布”关系网络时期那么单一、固定，而是复杂多元。

1. 地缘关系为纽带

杂多人作为新寨石刻艺人的“元道”，这对来自杂多的石刻艺人是莫大的“恩惠”，因为他们的石刻“订单”要比来自其他地方的艺人多很多。

个案 5－12：BL 夫妻俩，“元道”都是来自妻子家乡的老乡

妻子：我是杂多人，四个孩子，最小的两个女儿是双胞胎（3岁）。我丈夫是昌都人。他们一家人全都定居在新寨已经十几年了。我和丈夫是在杂多相识的，他的一个弟弟在杂多做生意。所以我们在杂多认识，后来就跟他结婚了。我的家人还在杂多生活。我们结婚后就在新寨租了一块地搭个帐篷，住在这里，每月租金 250 元。冬天时来新寨刻石，挖虫草时再回杂多，不过只有我一个人可以挖，因为我的户口还在杂多。但是我自己挖不了多少，一天最多也就挖十几根。挖完虫草后在老家休息两三个月再来新寨。在老家我们俩有自己的房子。我的丈夫刻石，我给他打磨石头，其实跟刻嘛呢石相比，打磨石头的人更累。我还要照看小孩，现在他们还小。之前孩子生病去西宁看病花了不少钱，住了一个月的医院。孩子们还小，我自己又抽不出多少时间。没有办法在摊位上放嘛呢石。因为没人帮我照看孩子。前些天我一个人顾不过来，一个小孩把胶水弄到了眼睛里，像这样的情况经常发生。

现在我们的生活来源主要是靠刻嘛呢石。我这里主要是我的老乡来请。挖完虫草后，我们会趁着这个时机多休息一段时间，然后快过冬时才回到新寨刻嘛呢石。前些年，那种刻在 6 块石头上的六字真言，有人出五六万“请”过几次，但是近两年就很少。最高也就 2 万多。

丈夫：我现在 30 岁，10 岁左右到的新寨，全家共 13 口人。现在算上我父母家，另外我们各自结婚单过的共有 5 家生活在新寨，都是以刻石为生。父母亲有房子，这二十几年来家里都是靠刻石谋生。

我是到这儿以后才学会刻嘛呢石，我的石刻手艺是哥哥教的。他 40 多岁时犯高血压不幸去世了。我自己上过几年小学，所以刻经文没有问题。现在“多找”、经文、“哇玛”嘛呢什么都刻，主要看施主的需求。我们这里的施主都是杂多人。现在的情况是供不应求，我有时自己一个人忙不过来，就会雇别的石刻艺人来刻，但绝大多数都是我自己刻。

这种以地缘关系作为纽带的“元道”，对那些在新寨刻嘛呢石的杂多艺人来讲固然是件“幸运”的事情，但事实上在新寨刻嘛呢石的杂多人其实并不多。像个案 5 - 12 情况，妻子是因为丈夫一家人在新寨的原因所以才在新寨刻石，且也只是在冬季刻石。因此，不管是来自哪里的石刻艺人，其石刻手艺精湛与否才是当前“元道”们最为看重的。

2. 态度友好

对于来自其他地方的艺人（尤其来自昌都的艺人）而言，“元道”多或少，就要看他们石刻手艺的精湛程度，同时说话态度也很重要。交换过程中，类似经文类石刻数量较多的价位要比咒语类较高，因此，不免有些“讨价还价”的情形。在此交谈过程中，有些艺人的说话态度，决定了施主是否愿意从他们手里“请”。笔者在嘛呢石摊位处遇到过这样的一次交换场面：

个案 5 - 13：一场交换对话

石刻艺人 GM，昌都人，38 岁。他在结古有很多亲戚朋友，冬天时来新寨刻石，其他时间都在杂多刻石。在新寨他一天能挣五六百元。他十几岁开始去放牧，放了 6 年的牛，没事干就在悬崖壁上刻刻画画，不过真正学刻嘛呢石是在 20 岁左右。石刻技艺是他父亲教的，现在他父亲老了刻不动了就由他来接任。他没有因笔者没从他手里

“请”嘛呢石，然后又问那么多问题而感到厌烦，而是耐心地解答我的各种问题，说话口气也很和善。他把自己刻制好的嘛呢石从住处（租的房子离嘉那嘛呢石堆稍远）用手推车拉到自己的摊位摆放。来了一位施主与他交谈：

施主：你这里一部“戴莫”（བདེ་སྨོན།）价位是多少？

艺人：有的人给750元或700元，也有的人给650元，你看你能给多少？（施主一行三人，其中有一位老人把摊位上的各类经文价格都询问了一番，他很耐心地一一作答，有时还反问对方出这样的价格是否合适……对方也承认他刻得字很工整、清楚）

施主：那就600元如何？反正大家都是为了修行积德。

艺人：行行行，我自己一家人从小也是靠这个在杂多谋生，听口音你们也是杂多人，我就没必要为10块或50块钱跟你们计较。

施主：你这个人好说话，所以我愿意跟你打交道，就在你这“请”了。你把石头挑选出来。

艺人：你看总共有12块石头（16叶经文），我之前在家里已经校对了一遍，如果需要我们还可以再校对一次。

施主：你既然校对了，大家都是藏族人，我就没必要不信任你，你拿酥油吧。

艺人：好的，我去拿……

嘛呢石摊位处的交换场面比比皆是，尤其在藏历的殊胜日期里看守摊位的人更是忙得不亦乐乎。一般在交换之前，施主都会先询问几家石刻价位，再根据情形做出决定。因此，对于这些没有固定施主的“卖家”来讲，不仅仅是石刻手艺的比拼，说话态度的诚恳与否也决定着他们的“命脉”。通过这样的一次交换，了解其为人，有些就是在这样的情况下相互结识。可以发现交换双方之间的这种交流也是两个人之间的一种感情传递。

不过如此一来，对新寨当地人造成了一定的影响，尤其在经济收入上，出现了“几家欢喜几家愁”的局面。笔者走访的几家新寨当地老人家庭中，就面临着这样的困境。

3. 老乡情为关系纽带

人与生产资料之间的关系必然受到技术和知识的调停。[①] 在当下借助机器刻制嘛呢石的时代里，采用传统手刻的就只有年老（当地）的艺人（个案4－27、个案4－28）。如果按照现在施主的需求评判标准来看，显然是对这些老人和那些刻制字体不太规范的艺人极为不利。但是出于老乡情，还是有施主愿意从他们手里“请”嘛呢石。村里有几位年过半百的当地老艺人，从她们两家手里“请”嘛呢石的都是结古当地人（包括新寨人）。大家都认识，也了解她们还在刻嘛呢石。所以，她们即使在过廊上不摆摊位，有老乡要“请”也会把钱交给她们，让她们帮忙供放到嘛呢石堆上。即使她们传统手刻的嘛呢石不及摊位上石刻艺人刻制的那么精致、漂亮、字迹深，但处于“老乡情”，结古本地的市民还是愿意从这些新寨老人手里“请”嘛呢石。

（二）玉树州外的“元道”

近几年，随着政府对当地文化宣传力度的增大，尤其在每年的玉树赛马节期间（每年的7月25日），吸引了大批来自国内外的游客前来旅游观光。新寨嘉那嘛呢石经城成为当地的一个重要旅游景点，因此，奉行“入乡随俗”的理念，很多游客也选择添置一块嘛呢石供奉在嘉那嘛呢石堆上（见个案5－4），或者作为纪念品带回各自的老家。

现在只要还有石刻艺人刻制嘛呢石，就会有源源不断的“元道”出现。不同于新寨当地村民早期“肖布”，“元道”的范围已扩大到藏族文化圈以外。

综上所述，新寨嘛呢石交换的网络分布，从地域覆盖情况来看类似于马林诺夫斯基的“库拉”交换，不限于局部。不同的是“库拉”是海路远航，而本书中嘛呢石是陆路远行。不管是在早期的“肖布”

---

① ［德］艾约博著，韩巍译、吴秀杰校：《以竹为生：一个四川手工造纸村的20世纪社会史》，江苏人民出版社，2016年，第7页。

时期，还是在现代的“元道”时期，嘛呢交换关系网络覆盖了玉树境内外。尤其是现代的“元道”关系时期，覆盖的地理范围更大，从玉树不断地往外拓展。从地域上来看，开始从藏族文化圈逐渐扩大。因此说，嘛呢石交换关系网络的分布像一个同心圆逐渐向外扩散。

我们也发现，在新寨通过交换嘛呢石而建构的关系网络，家庭经济收入是依赖于“肖布”“元道”这样的非亲属集团。如阎云翔研究下岬村的关系结构，村民日常生活中的社会互动是由两种规则的相互作用组织起来的，这便是通过关系网络机制表现出来的亲属关系规则和非亲属关系规则。① 但与阎云翔讨论的“礼物”馈赠产生的关系仅限在下岬村内不同，新寨的嘛呢石交换关系网络已拓展到村外。社会的团结和家庭内部的合作，也是通过亲属关系纽带和非亲属关系共同来维持的。②

第四节　施主与艺人间的义务

一、讲信用

藏文典籍中，《萨迦格言》是观察评论社会现象，提出处世、识人及待物等极富哲理的经典作品，萨班在文中对“信用”做了如下描述：

对不讲信用的人，
谁敢和他交朋友；
天上的彩虹虽然美丽，

① 阎云翔著，李放春、刘瑜译：《礼物的流动：一个中国村庄中的互惠原则与社会网络》，上海人民出版社，2000 年，第 110 页。
② 阎云翔著，李放春、刘瑜译：《礼物的流动：一个中国村庄中的互惠原则与社会网络》，上海人民出版社，2000 年，第 112 页。

只有傻瓜才想摘来做首饰。①

早期因为路途遥远、艰险，加上交通工具不发达，牧民肖布只好把“朵元”交到新寨“吉哇”手中，把剩下的事情全权交给他们办理。“吉哇”负责收齐嘛呢石并供放到嘛呢石经堆上。如果肖布（新寨村民）们自行前来家门口收“朵元”，就把“朵元”交给他们，等到年末时再去新寨验收、供放嘛呢石。因此，这就决定收“朵元”的人，不管是新寨“吉哇”还是村民个体，都要有较高的信用理念。因为只有在讲信用的前提下，“肖布”关系才可以得以延续。

对于藏族人而言，不管是为了生者还是死者，积极修行佛法、积累功德，都是为了解脱“轮回之苦”。笔者发现，在现实生活中为死者践行佛法而花费的“代价”要比生者多很多。就以“请”嘛呢石为例，在所有经文中，信徒对“六字真言”和“它多”的需求量最大，且都是为自己已故的亲人而“请”。一部“它多”刻在石头上，至少有 100 多块石头。对于石刻艺人来讲，如果刻错一个字或者漏字、多字，不但没有积德功德反而会消除功德，只因自己收了施主的钱。可见，在施主和艺人之间，“信用”更多的是对石刻艺人提出的要求。

此外，石刻艺人的信用还在于，要在双方约定的交换时间内刻制好。一位艺人说，有些特殊的情况下，需要为后来的（亡者）订单先刻制，就先要征求前面几位施主的意见，否则就是不讲信用。在这样的情况下他们能获得施主的同意。因为讲信用，很多施主愿意常常与他们打交道。另外，我们在个案 5－13 中也可以发现，有些施主出于信任，对艺人刻制的经文不会再进行校对。足见，对一位石刻艺人而言，信用在“无形”中约束着他们的行为。就像一位来自昌都的石刻艺人所言，我怕“阿克秋江”（ཨ་ཁྲུ་ཆོས་རྒྱལ། 阎王爷），所以要对得起自己拿的那点“朵元”。

① 萨迦班智达著，王尧译：《萨迦格言》，西藏人民出版社，1980 年，第 16 页。

二、校对

藏语“西道”(ཞུ་དག)，是指对文本中存在的错误进行纠正，也就是所谓的校对。一般心咒类刻好以后，一眼就能看出来是否有误。因此，即使没有上过学的新寨老人，几十年如一日就只刻那些简短的心咒，每个字母的棱棱角角也早已熟记于心。但是经文不同，刻好一部经文以后，不论长短都必须进行校对，以免出现错误。笔者所访谈的石刻艺人口气都很坚定，说校对这一环节是必须要进行的，没有谁抱着侥幸的心理说刻好以后就可以随即供放。一般情况下，校对工作是由施主和石刻艺人共同完成，而且是面对面进行。校对类似是对石刻艺人的一场“测试”，气氛颇为紧张。绝大多数的石刻艺人都很谨慎，在跟施主进行校对之前，自己已经提前进行过一次校对，继而跟施主再进行第二次校对。校对时，石刻艺人照着自己在石头上刻制的经文大声念给施主听，施主拿着经书看，念的过程当中艺人要是在哪里出错，施主就要当场提出来，并在当场进行修正。正因为如此，有些艺人觉得刻制出现错误是一件极为“尴尬”的事情。为避免这样尴尬的场面，石刻艺人一般都是很认真、仔细地进行刻制。

藏文作为一种拼音文字，有两种读法，即诵读（“曹迪”ཚག་ཀློགས།）和拼读（“者迪”འདི་ཀློགས།）。在新寨，村民们都是以拼读的方式对刻好的经文进行校对，其花费的时间要比刻制嘛呢石还多。早期刻经文的人很少，即使有也是一些简短的。到了 21 世纪初，机器出现以后这种现象被改变，随着外来艺人的增多，石刻种类也有了明显的变化，且他们多以刻经文为主。佛陀的智慧结晶只要在经书上写的，都可以被他们刻在石头上。如此一来，校对的工作就不像早期那样以拼读进行。像刻一部《解脱经》，一百来块石头，如果对其进行拼读校对，那可能要花费相当长的时间。所以，现在大家都是以诵读的方式进行校对。

下面是一则发生在嘛呢摊位上的校对个案。

个案 5－14：转经路上的校对现场

藏历十二月十日早晨，在北面转经路边嘛呢摊位处，一位施主（僧人）与一位石刻艺人校对石刻经文。该施主“请”了一部《普贤行品愿》（བཟང་སྤྱོད། 12 叶，刻在石头上有 15 块）。

施主：因为今天是藏历十号，所以我请了一部《普贤行品愿》，但是我们先要进行校对然后再供放。假如不校对有漏字，那“请”的意义不大。因为这些都是佛教的教义和智慧，所以必须完整。像在十号、十五号、三十号这些佛教殊胜日子，“请”一部经文的功德要胜过平常的日子，可以积百倍的功德。发愿越宏大（为有情众生），功德也会积千万倍。假如只是为自己的父母和子女祈求，那功德范围也就缩小了，转经祈福也是同理。

艺人：我叫 XZ，52 岁，下拉秀人，在新寨刻石 1 年左右。刻嘛呢不仅能养活自己和家人，而且把字刻好也能利于他人。如果刻得不好，不但没有施主来请，对我们自己来讲也不好。我是在老家时十几岁开始就学刻石了，那时没有什么机器，都是传统的手工刻，现在全都借助机器了。家里 5 口人，主要的生活来源就是靠刻石还有牧区的几头牛。

阿吾 XZ 虽然年过半百，但是浑身上下散发出一股干劲，半蹲坐在地上，看着自己在红色石头上刻制好的经文念给施主听，手里还拿着雕刻刀和锤（因为这里是转经路上，没有电源可以插电，用不了电钻），以便在出错处进行纠正。他的施主坐在旁边他搬来的小凳子上，手里拿着经书在认真地读。一块石头上有几处错误，让他纠正了一下。阿吾 XZ 很利索地对其进行了改正，然后又继续念……

像这样的校对场面，除了在“过廊”上可以看到以外，在村子的巷道或者家户院落里到处可见。校对工作一般都是在藏历殊胜日之前进行，以便在殊胜日当天可以早早地供放。如信徒供养最多的《解脱经》，刻在石头上至少有一百来块石头，校对也要花费一两天的时间，所以大家都会提前做好校对工作。

三、供放

施主和石刻艺人之间在“过廊”上完成交换后，如果是咒语类（小块）的嘛呢石，都会自己祈愿供放到嘛呢石堆上，希望自己“请”的嘛呢石自己供放可以获得功德。但较大块的石头就需要由石刻艺人来帮忙完成供放。施主穿得较为干净、整洁，而摆摊的人穿着“工作服”，所以不怕衣服沾上石灰，就干脆背到嘛呢石堆跟前。另外，更重要的是石刻艺人从施主那儿拿了“朵元”，就有义务为施主进行周到的“服务”。

如今，随着科技的发达，开采的石头是以往的几十倍或几百倍，供放嘛呢就成了一项技术活，尤其供放佛像或“多折哲周”类（包括经文），不是几个人一同出力就能完成的。因此，需要借助现代工具吊车等完成，这又给一些人提供了一个谋生机会。在新寨开吊车挣钱也是在机器出现以后才形成的，共有 3 家开吊车的师傅。艺人手里都有他们的联系方式，需要时会打电话联系他们。开吊车的师傅都是汉族和回族人，他们每出车一次需要 1500 元，包括负责装车、卸车、供放。另外，“过廊”摊位上摆放刻好的嘛呢石也同样需要租用吊车。除此之外，吊车从采石场处搬运刻佛像的石头价位更高，有时都上万。而所有这些费用都是石刻艺人自己担负，与施主没有任何关系。除了这些靠吊车司机供放以外，另外还有靠人力搬运的三轮车师傅。他们每出车一次是 100 元左右（石刻艺人雇用）。供放时这些司机也会帮忙供放嘛呢石。一车一车的经文石头是在所有人的协作下一同完成供放，施主和艺人都为此而感到圆满、欣慰，并祈愿自己积累功德的同时也能利益众生。

第五节　嘛呢“普”(འབུལ)：人与神之间的交换

藏族信徒无论外出、生病、庆贺、办事都要先向佛教三宝献礼，祈求保佑、平安和成功。① 施主把从艺人那里交换得来的嘛呢石作为一种神圣的“礼物”供奉到嘉那嘛呢石堆上。在继与人之间完成交换后又与神进行了一场交换。

一、嘛呢“普”（འབུལ）：嘉那嘛呢最佳的选择

藏语“普”（འབུལ），意思是指献上、赠礼、奉献给佛祖，是一种宗教用语（敬词）。如同汉语里的“供”。嘛呢“勒”这一交换过程结束后，施主并没有把这些自己花钱（物品）交换的嘛呢石拿回家，而是把它作为一种神圣的“礼物”供在嘉那嘛呢石堆上。针对这一现象，笔者在转经路上以老乡的身份与一位老奶奶进行交谈，问她为何不把交换的嘛呢石拿回家时，老人回应：

笔者：阿依（奶奶），您为什么不把“请”来的嘛呢石拿回家呢？

老人：布姆（姑娘），你这是什么话啊！嘉那嘛呢这么大，每天都有成千上万的人在这里转经祈福，你说我拿回家家里就几个人转着功德大还是这里功德大？供放在这里，谁都可以转经祈福，也是一种利益众生的事情。再说拿回家又要供在哪里？

除了这位老人给予的回应外，笔者听到一位来自曲麻莱的老人的看法：

个案 5－15：嘉那嘛呢石是银行，是全人类共同的财富

转经老人JN，曲麻莱人，生活在结古已经18年左右，夏天回老

① 尕藏加：《西藏佛教神秘文化——密宗》，西藏人民出版社，1996年，第181页。

家（曲麻莱）一个月左右，冬天就在新寨转转经。他说：

放在这里的嘛呢石是全世界的财富，是我们共同的财富。其他财富有什么呢？死的时候什么也带不走，所以这就是最大的财富。

虽说以前都是传统的手工刻制，现在都借助现代的机器来刻制，但是论功德应该说都一样。正是因为有功德，所以大家不管是病人还是拄着拐杖的老人都不畏身体劳苦而每天转经，要不然何必让身体受苦呢？都是因为觉得可以积德行善而日复一日地转经、念经。嘛呢石堆放在这里，就好比我们把钱存到银行，甚至还胜过存款。钱说白了是纸，但是嘛呢是永久的财富，今天供放在这，就被千千万万的信徒围着转，这是人财两全。我是为此心里感到由衷的高兴。

人，把钱用在购买房、车等上，终究有一天会死，但是堆放在这儿的嘛呢石会一代接着一代延续下去，我们这一代，我们的孩子，孩子的孩子……这是我们大家共同的财富。

也有信徒讲，藏族人居住的每个地方都有这样大小不一的嘛呢石堆，也有石刻艺人。但是这里与其他地方的嘛呢石经堆不一样。这里转经的人、嘛呢石的规模都是其他地方无法比拟的。

可见，施主认为把自己从石刻艺人那里交换得来的嘛呢石供放在嘉那嘛呢石经堆上是最佳的选择。不仅自己可以积累功德，还利益了有情众生，与此同时，也获得了佛祖的加持和保佑。为此，他们感到快乐、满足和心安。同时也认为，这是人类共同的财富，不管是谁都可以围绕着供放在这里的嘛呢石转经祈福。

二、“冉尼”（རབ་གནས།）：赋予嘛呢石力量

按照莫斯的礼物交换的三重义务，即“赠送、接受、回礼”来讲，当施主把嘛呢石作为神圣的“礼物”供奉在嘛呢石经堆上，作为回礼，施主从嘛呢石上获得了一种无形的“力量”。而赋予嘛呢石力量的，是作为人神之间媒介的众高僧大德（堪布、活佛和僧侣等）

通过“冉尼”仪式来注入的。对于信徒来讲，佛教三宝①中的僧是作为人神之间的一种“媒介”或者“桥梁”。广大的藏族信徒没有想过去研讨教理，践行冥想，这类宗教行为大都由全能的喇嘛或者高僧大德来司掌，② 因此说他们就是佛陀的化身和代表，可以说信徒对他们的敬仰超乎“佛”和“法”，都不足为奇。

“冉尼”（རབ་གནས།），意为开光。一位年长的僧人对笔者讲，简单说就是把佛陀的智慧凝聚成力量注入宗教物品上。但凡是宗教物品都需要经过神职人员念经开光。唯有通过开光仪式，宗教物品才有“灵气”（བྱིན་རླབས།），进而获得佛祖的保佑和加持，不管是供奉在佛龛上的佛像、唐卡，还是佩戴在每个人身上的护身符。开光以后的宗教物品就不能跟一般的东西搁置在一起，它们会被供放在高处或者“洁净”的地方，在这些物品跟前连呼吸都要倍加小心，以免嘴里吹出来的气“弄脏”了神圣的物品而使其失去“灵气”。嘛呢石若是没有得到开光，本质上同普通的石头没两样，这就不难理解笔者在本章第一节交换空间中提到的，为什么有些信徒不围绕摊位上刻好的嘛呢石转，原因也在于此。为此，新寨每年都会定期地举行“开光”仪式，使信徒供奉在嘉那嘛呢石经堆上的嘛呢石能获得佛祖的“灵气”和“力量”而利乐众生。

在新寨，较大型的开光仪式在每年的藏历四月份举行，即“萨嘎达瓦”期间进行。届时从结古寺迎请僧人到新寨经堂，专门为信徒供奉的嘛呢石念经开光，称为“冉尼巴久江措”（རབ་གནས་དཔལ་འབྱོར་རྒྱ་མཚོ།），也叫做“冉尼达瓦”（རབ་གནས་ཟླ་བ།，开光月）。除了在“冉尼达瓦”例行开光外，每年在“萨迦祈愿大法会”第五天（也就

① “佛”是指已觉悟的人，特指佛教创始人释迦牟尼，也泛指普度众生的十方一切佛；“法”是指佛教正法，特指释迦牟尼所说的对治贪欲等八万四千种烦恼的教法汇总；“僧”是指信奉佛陀教法的僧团，特指继承和宣扬佛教教义的出家僧众。参见尕藏加：《西藏佛教神秘文化——密宗》，西藏人民出版社，1996 年，第 177 页。

② 尕藏加：《藏传佛教神秘文化——密宗》，西藏人民出版社，1996 年，第 185 页。

是法会最后一天），所有参加法会的堪布、活佛及僧尼列队①顺时针绕转嘉那嘛呢石一圈诵经开光，这也是较为隆重的一次开光仪式。但是近几年由于人流量大，为避免发生踩踏事件，取消了这一仪式环节，仅在经堂内念诵经文，给嘛呢石注入力量。事实上，除了这两次大型的开光仪式外，在新寨每举行一次法会，都是对嘛呢石进行开光。仪式从来不是无声的表演。② 但是开光仪式中众僧人念诵的是什么经文、有何作用，信徒漠不关心，他们关心的是见证神职人员在新寨进行的这样一场隆重的开光仪式的场景实践。也恰恰通过见证这种隆重的开光仪式，使信徒更加相信，嘛呢石被佛祖注入了“灵力”，并夜以继日在此跟前祈祷、转经及顶礼膜拜。昔日，村民外出收“朵元”时，深信身上沾点圣地嘉那嘛呢石堆上积淀的尘土或者“呗才”，都足以把周遭环境的各种疾病或者不幸拒之身外。只因具有嘉那嘛呢石非同一般的“灵力”。

事实上，嘛呢石不仅仅是在周期性的宗教仪式期间才得以开光，而是在每刻制好一块“博麻”嘛呢就意味着注入了佛祖的“灵力”。村民阿吾 DWNB 告诉笔者，新寨传统的“博麻”嘛呢石之所以在背后刻制“贝杂萨埵”，除了可抵消自己收“朵元”而带来的“不快”以外，更重要的是对嘛呢石进行了“增吉索”（གཟུངས་གཞུག་གསོལ།，装藏）。信徒每“请”一小块嘛呢石，不可能立马请众僧到新寨来对其进行开光，而是通过在石刻背面刻金刚心咒这样的方式，使嘛呢即刻得以成为神圣物品。在此基础上，获得周期性宗教仪式中众僧对其的开光，使嘛呢石更具“灵力”。从某种意义上来讲，众神职人员对嘛呢石进行开光，更深层的意义在于它是对信徒的一种无形的回馈，这种回馈不是看得见摸得着的有形物质，而是直达信徒的内心世界的一

① 寺院法会列队称之为“参普展”，排在前面的是手持萨迦标志旗杆的两位僧人、一位维持秩序的“阿萨巴然”，紧接着就是“秋莎”手持点燃的一把藏香，然后依次排列的是两位吹海螺、两位手持香炉、两位吹小号、两位吹大号的僧人，紧接着就是活佛及参加法会的其他僧人排成长长的队伍。边念经文，边缓缓绕行嘛呢石堆转经，时不时还会向嘛呢石洒圣水。

② 景军著，吴飞译：《神堂记忆：一个中国乡村的历史、权力与道德》，福建教育出版社，2013 年，第 119 页。

种精神上的慰藉，他们的心灵得以满足、解脱。他们的善举得到了回馈，他们的贡献得到了承认，因此，心灵得以解脱。

可见，嘛呢交换不同于以往人类学、民族学研究的礼物交换总是处在给予、接受和回报的“三重义务”形式中（马林诺夫斯基，1921；莫斯，1925），也不同于商品交换而即刻完成（格雷戈里，1983）。甚至也不同于其他佛教圣物，类似唐卡、佛像的交换。交换双方，即施主与石刻艺人（人与人）之间通过交换媒介（物品或者货币）完成嘛呢交换后，施主并没有把交换所得的嘛呢石占为己有，而是作为“礼物”供放到了嘛呢石堆上，作为人神之媒介的众神职人员又通过各类宗教仪式活动对嘛呢石进行开光，注入灵力。嘛呢石作为一个中介，把以往研究佛教与社会中的二元“圣—俗”或“俗—俗”关系结合为三元的“俗—圣—俗”的共生互惠关系。单从嘛呢“勒”这一交换环节来看，石刻艺人的受益是显而易见的。但是作为交换主体的施主，除了几块刻有心咒、经文的石头以外，不见得从艺人那里有什么别的受益。而当施主在与神进行交换后，在心灵上获益。或者说，石刻艺人对施主的回馈义务嫁接到神这一块。其实，也有很多施主声称，他们在“请”嘛呢石时，看哪些艺人穷困就会在哪儿“请”，也等于是救助了这些穷人，使自己内心为此善举而感到欣慰。他们认为这种愉悦的感受是利他以后得到的回馈。

三、祈祷：虔诚的心

当嘛呢石被供放到嘛呢石经堆上，并得到高僧大德的开光，把佛陀的智慧和力量注入其“体内”，应该说嘛呢石已获得了“灵力”。但这对供奉的人来讲，并不意味着“大功告成”，积累了功德、可获得佛祖的加持，交换完成以后，施主还需要与佛菩萨进行最后阶段的互应，也是最重要的仪式——祈祷。正如莫斯在其未完成的著作《论祈祷》中讲述的那样，祈祷有着非凡的历史，在时间的长河中，它逐渐将自己提升到了宗教生活的顶峰。① 祈祷是需要用一颗虔诚的

① ［法］马塞尔·莫斯著，蒙养山人译，夏希原校：《论祈祷》，北京大学出版社，2013 年，第 23 页。

“心”。正如汉语里所说的那样“心诚则灵”。田野调查期间，每逢藏历殊胜日时，笔者都会有意无意地路过嘛呢石经供放现场，也有过几次同大家一起供放的经历。供放一车的石经花费时间较长，而且要供放到高四五米高的嘛呢石经堆上，最好有较多的人手，因此，交换双方包括雇用的小三轮车司机师傅都会相互帮忙（寺院指定的石经供放处，拉聂会在现场看管，让大家把嘛呢石往高处堆放）一同来完成。当天施主方手捧哈达或者藏香来到供放现场。供放完毕后老人们把哈达献在石经上，双手合十进行祈祷（有些是闭着双目在心里默默地祈祷，有些老人持诵一段经文），然后才安心地离开。一位老者发自肺腑地对笔者讲：

个案5-16：“心”才是最重要的

假如在转经路上看见别人请一幅漂亮的嘛呢石，为此感到高兴，内心祈祷这一善举会有益于有情众生，那么祈祷的人获得的功德也会跟那位“请”嘛呢石的施主一样。即使自己没有花上一分钱，只因持有那样一颗向善的心，并为此祈祷。

“心”才是最重要的，财富仅次于此，谁都没有认真地想过每个人手里的财富源于哪里，其实都是一种循环的过程。只要大家不持为己之心，而是为众生所思所想，就是件有功德的事情，就会获得佛祖的保佑。其实“人”主要是有了“我”（利己之心），所以才会犯下各种恶业。如果没有“我”，那么万物都不会受地狱之苦。

“请”嘛呢如果持有这种想法：我今天之所请，是为有情众生而请，不管是生者还是亡者，并希望获得佛祖的加持和护佑，啊啦啦，这就是一件无比幸福的事情。

在讲述这些的时候，老人言辞和表情都透露出满满的幸福感。把手里的拐杖放在一边，朝嘉那嘛呢石经堆双手合十顶头示意了一下。此后，笔者在法会上听年轻的DB哲古讲经，说假如没有一颗虔诚的心向佛祖祈祷，即使是花费上千万元去修行佛法，想必也是一种表象，即使有时这种表象工作很重要，但终究还是领悟不到佛陀智慧的

图5－7 嘛呢石经堆前祈祷的老人

真谛。

此外，不管是否“请”嘛呢石，在新寨经常可见老人站在嘛呢石经堆前双手合十进行祈祷，与神灵沟通（图5－7），待内心的话传达给神灵以后，并用自己的额头去触碰它。笔者欲了解这些老人祈祷的内容，但是又不忍心打断他们，就像笔者在上文嘛呢石交换缘由中说过的那样，听到更多的是“森尽堂吉”（སེམས་ཅན་ཐམས་ཅད། 有情众生）……

可见，不论认识与否、不论在世界的哪个角落，每一位虔诚的藏传佛教信徒，都在默默地为有情众生进行祈祷，并把思念捎给远在极乐世界的亲人。

总之，纵观一个完整的嘛呢石交换，我们可以发现是由人与人、人与神构成一个完整的交换链条。从新寨村落的发展历程来看，嘛呢石交换建构的关系网络随着现代化进程的加速而不断地扩散和发展。从藏族文化圈逐渐发展延伸到其他（汉）文化圈领域中。从嘛呢石生产、交换到最后的祈祷，其背后蕴含的深层逻辑关系就是藏族社会的整合方式，即藏族社会以一种“寺院—农民—牧民”三者共生、互惠的关系网络，并通过嘛呢石这一媒介使整个社会得以整合。我们会发现嘛呢石交换不同于以往人类学“礼物”交换的范式，也不同于经济学中的“商品”交换。它结合了这两种交换范式，且呈现出一种“利人利己”的理想状态。

结语：命以镌石

凡是有藏族人居住的地方就会有规模不等的嘛呢石经堆或者石经墙，它们像天上的星星一样散布在藏地，数不胜数。藏族人深信每一块嘛呢石都被佛祖赋予了“灵性”和“力量”，进而护佑着生活在其周围的人们。

新寨村作为三江源地区的一个微小村落，我们看到了它是在几代村民通过“命以镌石”的方式形成的一个“村落共同体”。

第一节　一个“命以镌石”的村落共同体

“有朝一日，新寨嘉那嘛呢也会变成圣地拉萨一样……”这是结古寺第一世嘉那活佛道丹·松曲帕旺丹周尼夏（即“多瑞”）在新寨创建嘉那嘛呢时留下的预言。如今，这则预言在新寨村已经得到了证实。虽然新寨村史中的“七户人家”现已无法考证，但可以确知新寨村的历史由一批依靠生境资源耕种兼营牧业的先民们所开创。嘛呢石刻进入新寨村民的生活，其起始应该从藏族早期的“苯教”信仰时代算起，现存为数不少的“苯教”教言石刻，佐证了在吐蕃全面禁“苯教”之前，玉树地区就有刻石的习俗。随着佛教的传播和兴盛，新寨村先民刻石的内容也发生了变化，佛教的“六字真言”等成为石刻的标志性内容。但是真正使新寨村成为石刻村和石经城的原因，与历史上的石刻奠基人“多瑞”有很大的关联。“多瑞”云游四方，辗转来到新寨并结下善缘，发现新寨村有极好的白石资源可以开采，为利乐有情，发愿在此开采石料刻制嘛呢石普度众生，并亲自选址规划石经城的建设。由于“多瑞”是位得道高僧，极受村民尊奉，由他规划创建的石经城在玉树地区被视为非同一般的胜迹，前来朝圣转经的人很多，刻石供养嘛呢也成为新寨村民们独有的传承。

有了石经城，新寨村民们对外交流和交往也发生了巨大的变化。一是慕名前来的朝圣转经者越来越多，在金融和货币流通不健全和不发达的条件下，这些朝圣转经者和商人用带来的物资同村民交换嘛呢石，极大地丰富了村民们的生活。二是村民们结交这些来自他乡的朝圣转经者和商人，通过熟人社会关系的传达方式，在农闲时走出去寻求嘛呢石供养者，结交“肖布”，建立信用关系，换取生活物资。随着这种进与出的互相交流和交往，新寨村民们逐步拓展了人际交流的界限，使他们的日常生活变得更有生机，构建起与外界联系的通道，这在部落制时代是一种超越。正是在这种扩大的交流和交往中，石经城的规模不断扩大，石刻数量与日俱增，其声名和影响在不断地增强，给新寨村民们带来了更多的机遇。

由于影响力的扩大和交流范围的拓展，形成规范的管理体系，成为新寨村民及管理者的共识。扎武百户作为领地的首领，对新寨村的管理组织进行了必要的改变，加强对石经城行政管辖，确立了“吉哇”组织制度。一是扎武百户在新寨兴修了第二府邸，突出新寨村的地位，使新寨村成为扎武百户的行政附属中心。二是从村民中选举和确立人选，专职管理石经城的修缮、维护、刻石、校勘、厘定、财物等事务，形成了较为完善的管理制度和组织机构，并根据时间和物资交流的特点，依循当地习俗，在藏历新年年前、年初组织举办地方性节庆活动“嘉那邦琼”和“嘉那邦庆”，强化了石经城的宗教文化和经济贸易功能，培育村落共同体的文化。

随着时代的变化和发展，昔日的“吉哇”组织因缺乏自我完善机制导致最终的分裂，新的管理组织延续以往新寨“吉哇”的管理模式，并制定相应的管理制度来应对新形势下的嘛呢石刻发展。尤其在寺院接管后，开展的各类宗教活动极大地满足了当地信众的精神需求。近年来冬季在新寨举办的“世界和平萨迦祈愿大法会”、秋季“五加行”等大型的宗教活动，其声势已经对玉树当地及周边地区产生了深远的影响，承接了昔日新寨村落文化的培育方式，并进一步得到完善和发展。

玉树建政后，特别是改革开放以来，在党的民族宗教政策的指引下，新寨嘉那嘛呢石经城成为国家级文物保护单位，迎来了新的生机。随着时代的发展，新寨村的面貌发生了巨大的变化。村内人口和户数大幅增长，但是并没有因为人口剧增而导致社会复杂化，而是以一种互惠共生的方式和谐共处。

玉树灾后重建中，把嘉那嘛呢石经城列为十大标志性工程之一，对全村进行了高起点的规划，高标准的建设。以村落文化传承为核心，完善基础设施建设，保护传统民居，极大地改善了新寨石经城的条件，推动了新寨村的和谐发展。

新寨村的案例说明，嘛呢石刻不仅是新寨村形成一个村落共同体的主要原因，而且也是村民赖以生存的基本方式，深深地影响了新寨村民们的生活。通过新寨村这一典型案例，我们发现，在300多年的历史长河中，世世代代的新寨村民倾注一生的心血筑造嘉那嘛呢石经城。雕刻嘛呢石不仅是村民们（石刻艺人）生活的一部分，而且每添置一块嘛呢石在嘉那嘛呢石经堆上，就是在牢固他们的精神家园，把对美好生活的向往寄托在每一块嘛呢石上，赋予村落共同体旺盛的生命力，这就是“命以镌石”。

第二节　交换背后的藏族社会流动

新寨村的嘛呢石呈现出“商品”和“礼物”两种交换形式。以往人类学、民族学对“商品”和“礼物”都是以各自单一的形式进行研究，或者对这二者进行比较研究。但笔者通过对新寨村嘛呢石交换调查发现，一个完整的嘛呢石交换链条是由人与人、人与神这两组交换综合体现出来的，这两组交换综合了“商品”和“礼物”两种模式，嘛呢石作为一种神圣物品，其交换不同于经济学中的“商品”交换那样不近人情或者以功利为最终目的。

这两组交换模式的背后，呈现出来的是一个藏族社会的流动形式。作为特殊“商品”，人与人之间通过嘛呢石交换建立起“肖布”“元道”关系。作为“礼物”，通过众高僧大德举行“开光”等宗教仪式，对嘛呢石注入“灵力”，满足了信徒对精神世界的需求，并形成了寺院与俗众之间的关系网络。通过一个完整的嘛呢石交换链条，寺院与村落、村民与牧民之间形成了共生互惠的关系网络，进而形成一个有机整体。只有通盘考虑整体，我们才有可能体会其本质、其总体的运动、其活生生的面相，才有可能把握住社会与人对其自身、对其面对的他者情境生成感性意识的那一生动瞬间。[①]

此外，传统社会中村民把金钱或食物等投入到寺院而获取功德，如今，给予世俗的石刻艺人同样可获取功德，这就使寺院经济的收入部分转移到村民手中，进而实现社会财富在三者之间进行有效的流通。虽然从短期来看这将会使经济处于“内卷”的形式当中，但从长远的发展来看，这符合人类社会发展趋势，蕴含着巨大的发展潜能。

第三节　对藏族居住区宗教市场的启示

根据杨凤岗教授对宗教市场的划分，新寨村嘛呢石经生产、交换形成的宗教市场可归类到“三色”市场中的“红市”。因为，20 世纪 80 年代中期嘉那嘛呢石经城是在获得政府批准以后才恢复的宗教活动。村民们一直是在相对宽松的政策下进行自行管理和组织。自嘉那嘛呢石经城获得批准开放以来到 2010 年玉树地震，其得到的发展有目共睹。原本以嘛呢石经为主的宗教市场，在嘉那嘛呢的光环辐射

---

① ［法］马塞尔·莫斯著，汲喆译，陈瑞桦校：《礼物——古式社会中交换的形式与理由》，商务印书馆，2016 年，第 129 页。

下促发了其他的商贸活动，吸引了众多外来人口迁入新寨，并从事各自擅长的职业，解决了生计问题，使嘉那嘛呢石经城从单一的石刻宗教市场变得更加多元化。在确保社会稳定的前提下，政府允许村民进行自我完善和管理，使该市场充满生机和活力。这不仅改善了村民们的生活，尤其是对那些来自牧区没有受过正规学校教育的牧民创造了就业平台，同时也促进了当地的经济发展。生活在这里的村民们物质生活需求得到了满足，与此同时还极大地满足了当地信教群众的精神需求。嘉那嘛呢石经城的宗教市场呈现出欣欣向荣的良好发展态势。

除嘛呢石经外，当前唐卡、佛像等佛教用品市场也非常活跃，如何引导这些宗教市场走向健康、有序的发展轨道，促进藏族社会经济的发展，这是一个崭新的课题。通过对新寨村的研究我们发现，一个宗教市场的形成有其必要的物质条件，要在此基础上获得可持续性的有效发展，取决于“内力”和“外力”双重因素的共同作用。

一、内力：有效的管理组织

在藏族居住区，“围寺而城”的现象很普遍，但新寨村作为一个典型个案，它是“围石而城”的一个村落共同体。嘉那嘛呢石作为当今世界上最大的嘛呢石经堆，其形成的规模以及石刻行业的组织都是前所未有的，这里以嘛呢石经生产、交换形成的宗教市场更是少见。这样的宗教市场得以立足，其内部的有效管理组织起着决定性的作用。

以当地村民为主体形成的“吉哇”组织，在新寨村的发展历史上留下了“光辉”的一页。1985 年，新寨嘉那嘛呢被批准开放以后，村民延续了传统的“吉哇”组织，并在第七世嘉那活佛的引导下，把历史上遭到破坏的嘉那嘛呢，从一个只有残留的地基废墟修复成一个堪称“世界之最”的嘛呢石经城。村民们依照传统的“吉哇”组织管理制度行事，并身体力行参与到该组织行列中，为嘉那嘛呢石事业的发展做出贡献，与此同时，村民们的生活也得到了改善。虽然“吉哇”组织最后走向了分裂，但是其组织的方式、管理制度产生了深远的影响，并不断地被后继管理组织者加以改善和利用。使嘛呢石生产、交换形成的宗教市场在一个有效的管理组织下得以维持和发展。可见，一个有效的管理组织和制度体系对宗教市场发展起着决定性的作用。

二、外力：市场需求、技术与政府决策

一个宗教市场的发展，除了内力的作用以外，还需要外力的推进。从新寨村嘛呢石经生产、交换来看，外部力量也发挥着重要的作用。首先，市场需求决定了宗教市场的供给。通过对新寨村嘛呢石经生产、交换的调查发现，随着玉树市民生活水平的提高、虫草市场的兴起以及 2010 年突发的玉树地震等众多外部因素，都对嘛呢石经的需求产生了巨大影响；其次，现代技术决定了宗教物品的产量，以新寨村为例，现代器材出现后，嘛呢石经的刻制数量达到了以前的几十倍，但这对当地生态环境也造成了一定的影响，为得到可持续发展，当地政府采取了相应的管理措施；最后也是最重要的，政府决策决定了宗教市场的发展走势。宗教政策得以恢复以后，当地政府不但开放了嘉那嘛呢，同时还对其形成的宗教市场给予了适当的发展空间，使信教群众在一个相对自由的宗教市场中进行自主管理，同时可以实践信仰。在政府开放的决策引导下，嘉那嘛呢从修复至今 30 多年时间里，新寨村形成了影响较大的宗教市场，不仅改善了村民的经济生活，还促进了当地的旅游业发展。

总之，因嘉那嘛呢之故，新寨村从一个小小的自然村落逐渐发展壮大成世人瞩目的石经城。它给生活在村子里的人创造了一个平等、包容和幸福的人文环境。通过新寨村这一典型案例，我们发现，在 300 多年的历史发展进程中，世世代代的新寨村民以“命以镌石”的方式，把对美好生活的向往寄托在每一块嘛呢石上。

参考文献

一、汉文文献

1. 专著类

［1］班觉著，班觉、王旭辉译：《太阳下的日子——西藏农区典型婚姻的人类学研究》，中国藏学出版社，2012 年。

［2］陈波：《生活在香巴拉——对西藏五十年一个文明村落的实地研究》，社会科学文献出版社，2009 年。

［3］陈默：《空间与西藏社会变迁——一个藏族村落的人类学考察》，中国藏学出版社，2013 年。

［4］陈庆英主编：《中国藏族部落》，中国藏学出版社，2004 年。

［5］陈长平主编：《村寨人口与文化——中国人类人口学的田野实践与探索》，中央民族大学出版社，2013 年。

［6］次仁央宗：《西藏贵族世家 1900—1951》，中国藏学出版社，2012 年。

［7］费孝通：《乡土中国》，上海人民出版社，2008 年。

［8］费孝通、张之毅：《云南三村》，社会科学文献出版社，2006 年。

［9］付平摄，杨敬华文：《嘛呢石》，青海人民出版社，2012 年。

［10］尕藏加：《藏传佛教神秘文化——密宗》，西藏人民出版社，1996 年。

［11］尕藏加：《藏族宗教文化生态》，社会科学文献出版社，

2010 年。

［12］格勒：《藏北牧民：西藏那曲地区社会历史调查》，中国藏学出版社，2004 年。

［13］格勒：《藏族早期的历史与文化》，商务印书馆，2006 年。

［14］黄树民著，素兰、纳日碧力戈译：《林村的故事》，生活·读书·新知三联书店，2003 年。

［15］景军著，吴飞译：《神堂记忆：一个中国乡村的历史、权力与道德》，福建教育出版社，2013 年。

［16］李安宅：《藏族宗教史之实地研究》,商务印书馆,2015 年。

［17］李锦：《家屋与嘉绒藏族社会结构》，社会科学文献出版社，2017 年。

［18］林耀华：《金翼》，生活·读书·新知三联书店，2009 年。

［19］刘志群：《雪域人之灵与神之魅》，西藏人民出版社，2006 年。

［20］刘志扬：《乡土社会与西藏社会历史的选择与重建》，民族出版社，2006 年。

［21］罗布江村编：《康藏研究新思路——文化、历史与经济发展》，民族出版社，2008 年。

［22］罗桑开珠、昂文格来主编：《玉树文化研究》，中国藏学出版社，2014 年。

［23］李元元：《经堂与市场之间：青海黄南藏族自治州唐卡文化产业与民族社区发展研究》，民族出版社，2018 年。

［24］马戎：《西藏的人口与社会》，同心出版社，1996 年。

［25］蒲文成：《青海佛教史》，青海人民出版社，2001 年。

［26］蒲文成主编：《甘青藏传佛教寺院》，青海人民出版社，1990 年。

［27］恰白·次旦平措、诺章·吴坚、平措次仁编，陈庆英、格桑益西、何宗英等译：《西藏通史：松石宝串》，西藏藏文古籍出版社，1996 年。

［28］乔建、刘贯文、李天生：《乐户：田野调查与历史追踪》，

江西人民出版社，2002 年。

［29］任乃强：《任乃强藏学文集（上）》，中国藏学出版社，2009 年。

［30］萨迦班智达著，王尧译：《萨迦格言》，西藏人民出版社，1980 年。

［31］苏发祥：《藏族历史》，巴蜀书社，2003 年。

［32］桑丁才仁：《嘉那·道丹松曲帕旺及嘉那嘛呢文化概论》，民族出版社，2012 年。

［33］桑丁才仁主编：《多彩玉树：新寨嘉那嘛呢与勒巴沟文化》，中国藏学出版社，2015 年。

［34］宋光宇：《宗教与社会》，台北市东大发行，1994 年。

［35］索甲仁波切著，郑振煌译：《西藏生死书》，中国社会科学出版社，1999 年。

［36］田汝康：《芒市边民的摆》，云南人民出版社，2008 年。

［37］王森：《西藏佛教发展史略》，中国藏学出版社，2010 年。

［38］王铭铭：《人生史与人类学》，生活·读书·新知三联书店，2010 年。

［39］王越平：《乡民闲暇与日常生活——一个白马藏族村落的民族志研究》，民族出版社出版，2011 年。

［40］星全成、马连龙：《藏族社会制度研究》，青海民族出版社，2000 年。

［41］徐平、郑堆：《西藏农民的生活——帕拉村半个世纪的变迁》，中国藏学出版社，2000 年。

［42］［美］黄宗智：《华北的小农经济与社会变迁》，中华书局出版社，1986 年。

［43］杨新编：《青海玉树新寨嘉那嘛呢震后抢险修缮工程报告》，文物出版社，2015 年。

［44］周希武编著，吴均校释：《玉树调查记》，青海人民出版社，1986 年。

［45］庄孔韶：《银翅——中国地方社会与文化变迁》，生活·读

书·新知三联书店，2016 年。

［46］朱文惠：《佛教寺院与农牧村落共生关系——中国西南藏族社区研究》，唐山出版社，2002 年。

［47］张怡荪主编：《藏汉大辞典》，民族出版社，1993 年。

2. 译著类

［1］［德］马克斯·韦伯著，闫克文译：《经济与社会》（第一卷），上海人民出版社，2010 年。

［2］［德］艾约博著，韩巍译、吴秀杰校：《以竹为生：一个四川手工造纸村的 20 世纪社会史》，江苏人民出版社，2016 年。

［3］［法］爱弥尔·涂尔干著，渠东、汲喆译：《宗教生活的基本形式》，商务印书馆，2015 年。

［4］［法］保罗·里克尔著，公车译：《恶的象征》，上海人民出版社，2014 年。

［5］［法］马塞尔·莫斯著，汲喆译、陈瑞桦校：《礼物——古式社会中交换的形式与理由》，商务印书馆，2016 年。

［6］［法］马塞尔·莫斯著，蒙养山人译、夏希原校：《论祈祷》，北京大学出版社，2013 年。

［7］［法］莫里斯·古德里尔著，王毅译：《礼物之谜》，上海人民出版社，2007 年。

［8］［法］石泰安著，耿昇译、王尧校：《西藏的文明》，中国藏学出版社，2012 年。

［9］［罗马尼亚］米尔恰·伊利亚德著，王建光译：《神圣与世俗》，华夏出版社，2003 年。

［10］［美］保罗·拉比诺著，高丙中、康敏译，王晓燕校：《摩洛哥田野作业的反思》，商务印书馆，2008 年。

［11］阎云翔著，李放春、刘瑜译：《礼物的流动——一个中国村庄的互惠原则与社会网络》，上海人民出版社，2000 年。

［12］［美］克利福德·格尔茨著，韩莉译：《文化的解释》，译林出版社，2014 年。

［13］［美］罗德尼·斯达克、［美］罗杰尔·芬克著，杨凤岗译：《信仰的法则——解释宗教之人的方面》，中国人民大学出版社，2004 年。

［14］［美］马歇尔·萨林斯著，张经纬、郑少雄、张帆译：《石器时代的经济学》，生活·读书·新知三联书店，2009 年。

［15］［美］麦尔福·史拜罗著，香光书香编译组译：《佛教与社会：一个大传统并其在缅甸的变迁》，香光书香出版社，2006 年。

［16］［美］许烺光著，王芃、许隆德译：《祖荫下：中国乡村的亲属，人格与社会流动》，南天书局，2001 年。

［17］［美］詹姆斯·C. 斯科特著，程立显、刘建等译：《农民道义的经济学——东南亚的反叛与生存》，译林出版社，2013 年。

［18］［美］詹姆斯·C. 斯科特著，郑广怀、张敏、何江穗译：《弱者的武器》，译林出版社，2011 年。

［19］［美］克利福德、乔治·E. 马库斯著，高丙中、吴晓黎、李霞等译：《写文化——民族志的诗学与政治学》，商务印书馆，2006 年。

［20］［美］白馥兰著，江湄、邓京力译：《技术与性别——晚期帝国制中国的权力经纬》，江苏人民出版社，2010 年。

［21］［美］程为坤著，杨可译：《劳作的女人——20 世纪初北京的城市空间和底层女性的日常生活》，三联书店，2015 年。

［22］［美］巴伯若·尼姆里·阿吉兹著，翟胜德译：《藏边人家：关于三代定日人的真实记述》，西藏人民出版社，1987 年。

［23］［英］C. A. 格雷戈里著，姚继德、杜杉杉、郭锐译：《礼物与商品》，云南大学出版社，2001 年。

［24］［英］埃文斯－普里查德著，褚建芳译：《努尔人——对尼罗河畔一个人群的生活方式和政治制度的描述》，商务印书馆，2014 年。

［25］［英］布罗尼斯拉夫·马林诺夫斯基著，张云江译：《西太平洋上的航海者》，中国社会科学出版社，2009 年。

［26］［英］玛丽·道格拉斯著，黄剑波、卢忱、柳博赟译，张

海洋校：《洁净与危险》，民族出版社，2008 年。

［27］［英］维克多·特纳著，赵玉燕、欧阳敏、徐洪峰译：《象征之林：恩登布人仪式散论》，商务印书馆出版，2014 年。

［28］［英］莫里斯·弗里德曼著，刘晓春译、王铭铭校：《中国东南的宗族组织》，上海人民出版社，2000 年。

［29］［英］亚当·斯密著，唐日松等译：《国富论》，华夏出版社，2005 年。

［30］杨懋春著，张雄等译：《一个中国村庄——山东台头》，中央民族大学出版社，2013 年。

［31］费孝通著，戴可景译：《江村经济》，北京大学出版社，2012 年。

3. **地方史志类**

［1］甘肃省图书馆书目参考部编：《西北民族宗教史料文摘》（青海分册，上、下），甘肃省图书馆，1986 年。

［2］玉树藏族自治州概况编写组编：《玉树藏族自治州概况》，民族出版社，2008 年。

［3］玉树藏族自治州统计局编：《玉树藏族自治州统计年鉴（1950—1999）》，新青年艺术策划有限公司，2000 年。

［4］玉树藏族自治州地方志编纂委员会编：《玉树州志》（上、下），三秦出版社，2005 年。

［5］玉树县地方志编纂委员会编：《玉树县志》，青海民族出版社，2012 年。

4. **论文类**

［1］［德］安德烈（Andreas Gruschke）：《从游牧民到商人：青海玉树州藏族游牧民在虫草和市场作用下的生计转变》，《中国藏学》2013 年第 3 期。

［2］白玛措：《牧民的礼物世界——以西藏那曲嘉黎县为例》，《中国藏学》2015 年第 4 期。

［3］白玛措：《人类学视域中的西藏牧区亲系组织及互惠关系——以西藏那曲为例》，《中国藏学》2012 年第 1 期。

［4］陈长平：《民族学中的人口研究》，《中央民族大学学报（社会科学版）》1991 年第 1 期。

［5］冯雪红、王玉强：《畜牧业的式微与石刻业的兴盛——青海和日藏族生态移民后续产业民族志》，《西北民族研究》2017 年第 2 期。

［6］冯雪红：《传统的发明：和日村藏族石刻流程、工具与技艺》，《兰州大学学报》（社会科学版）2018 年第 2 期。

［7］更求多杰：《玉树嘉那嘛呢石研究》，中央民族大学硕士学位论文，2008 年。

［8］更求多杰：《玉树嘉那嘛呢石研究》,《西藏艺术研究》2008 年第 2 期。

［9］嘎·达哇才仁：《藏族人名文化》，《西藏大学学报》1996 年 6 月第 2 期。

［10］韩敏：《一个家乡人类学者的实践与思考》，《广西民族大学学报》（哲学社会科学版）2011 年第 2 期。

［11］汲喆：《礼物交换作为宗教生活的基本形式》，《社会学研究》2009 年第 3 期。

［12］李隆虎：《“功德”：不求回报的礼物?》，《西北民族研究》2017 年第 2 期。

［13］李元元、陈亦晨：《礼物交换的结构性嵌入——青海黄南热贡唐卡交换模式的个案研究》，《青海民族研究》2015 年第 1 期。

［14］李元元、李军：《市场的诞生——青海吾屯“唐卡”文化市场的个案研究》，《北方民族大学学报》（哲学社会科学版）2015 年第 1 期。

［15］刘志杨：《海外藏人的人类学研究：围绕北美藏学博士学位论文的评析》，《思想统战》2012 年第 6 期。

［16］罗桑开珠：《论玉树嘉那嘛呢文化价值》，《青海民族大学学报》（社会科学版）2010 年第 2 期。

[17] 罗桑开珠：《玉树——古代的汉藏通道》，《中国藏学》1990 年第 1 期。

[18] 马占彪：《浅谈玉树地区的嘉纳文化》，《青海民族研究》2000 年第 1 期。

[19] 南希·列维妮，格勒、赵湘宁、胡鸿宝译：《“骨系”与亲属、继嗣身份和地位——尼泊尔藏族的“骨系”理论》，《中国藏学》1991 年第 1 期。

[20] 桑丁才仁：《玉树藏文名称辨析——兼论玉树名称之由来》，《中国藏学》2005 年第 1 期。

[21] 桑丁才仁：《玉树结古寺概述》，《中国藏学》2001 年第 4 期。

[22] 苏发祥、琼英：《命以镌石——拉萨嘛呢石刻艺人的日常生活史调查》，《西北民族研究》（人文社会科学版）2017 年第 6 期。

[23] 苏发祥、王玥玮：《论藏传佛教寺院与村落共生互惠关系——以西藏南木林艾玛乡牛寺与牛村为例》，《社会学评论》2014 年第 5 期。

[24] 苏发祥：《英国藏学研究概述》，《中国藏学》2008 年第 3 期。

[25] 王铭铭：《由彼及此，由此及彼——家乡人类学的自白》（上），《西北民族研究》2008 年第 1 期。

[26] 王媛：《国家视域中的藏区宗教权威变迁研究——以一座大型嘛呢石经堆的监管权属变迁为个案》，北京师范大学博士学位论文，2014 年。

[27] 邢海宁、安才旦：《藏族牧区部落组织结构分析》，《中国藏学》1992 年第 S1 期。

[28] 杨丹丹：《新寨嘉那嘛呢石经城规划中的自组织与他组织模式研究》，清华大学硕士学位论文，2014 年。

[29] 杨凤岗、杨江华：《中国宗教的三色市场》，《中国农业大学学报》（社会科学版）2008 年。

[30] 杨凤岗：《中国宗教的三色市场》，《中国人民大学学报》

2006 年第 6 期。

［31］杨桂香、岳跳跳：《青海囊谦嘛呢石刻女性艺人调查》,《内蒙古大学艺术学院学报》2016 年第 2 期。

［32］扎洛：《卓仓藏人的骨系等级婚制及其渊源初探》，《民族研究》2002 年第 4 期。

［33］张秋梅、陈睿：《藏传佛教法器市场化现状及其影响分析——基于成都市武侯祠市场的调查》，《中国藏学》2017 年第 3 期。

［34］藏拉：《现代化建设中的玉树藏区社会文化变迁研究——以结古镇为个案》，中央民族大学硕士学位论文，2009 年。

二、藏文文献

［1］ངག་དབང་བློ་གྲོས་རྒྱ་མཚོས་བརྩམས། 《རྒྱ་ནག་རྟོགས་ལྡན་བྱང་ཆུབ་འཕགས་དབང་གི་རྣམ་ཐར་དད་གསུམ་ཆུ་གཏེར་འཕེལ་བའི་ཟླ་གཞོན་ཞེས་བྱ་བ་བཞུགས་སོ།》 བྲིས་མ།

［2］མཁྱེན་རབ་བློ་ལྡན་གྱིས་བརྩམས།《གནས་མཆོག་རྒྱ་ནག་མ་ཧེའི་དཀར་ཆག་རིན་ཆེན་སྒྲོན་མེ་ཞེས་བྱ་བ་བཞུགས་སོ།》 བྲིས་མ།

［3］ཨ་གྲོ་ཟླ་བ་ཕུན་ཚོགས་ཀྱིས་བརྩམས། 《གནས་མཆོག་རྒྱ་ནག་མ་ཧེ་བཞེངས་ནས་ལོ་འཁོར་སུམ་བརྒྱ་ལོན་པའི་དྲན་རྟེན་དུ་འཕགས་པ་སྤྱན་རས་གཟིགས་དང་ཡི་གེ་དྲུག་མ་སྐོར་གྱི་ཟིན་བྲིས་ཕྱུང་བསྡུས།》 《སེང་ཟེ་གནས་མཆོག་རྒྱ་ནག་མ་ཧེའི་རིག་གནས།》ཞེས་པའི་དཔྱད་རྩོམ་ཕྱོགས་བསྒྲིགས་ནང་བསྡུས་ཡོད། ཀྲུང་གོའི་བོད་རིག་པ་དཔེ་སྐྲུན་ཁང་། 2015ལོ། ཤོག་ངོས་143ནས་157བར་གསལ།

［4］གསལ་གཏན་གྱིས་བརྩམས། 《ཁམས་སྟོད་མ་ཧེ་རྡོ་བརྐོས་རིག་གནས་སྐོར་རགས་ཙམ་གླེང་བ།》 《སེང་ཟེ་གནས་མཆོག་རྒྱ་ནག་མ་ཧེའི་རིག་གནས།》ཞེས་པའི་དཔྱད་རྩོམ་ཕྱོགས་བསྒྲིགས་ནང་བསྡུས་ཡོད། ཀྲུང་གོའི་བོད་རིག་པ་དཔེ་སྐྲུན་ཁང་། 2015ལོ། ཤོག་ངོས་158ནས་172བར་གསལ།

［5］ངག་དབང་སྒྲོལ་མས་བརྩམས། 《རྒྱ་ནག་མ་ཧེ་རྡོ་མཁར་གྱི་བྱུང་འཕེལ་སྐོར་རགས་ཙམ་གླེང་བ།》 《ཀྲུང་གོའི་བོད་རིག་པ།》2015ལོའི་དེབ་བཞི་པ། ཤོག་ངོས་96ནས་110བར་གསལ།

［6］དག་ཡིག་འདིའི་རྩོམ་སྒྲིག་ཚན་ཆུང་གིས་སྒྲིག་རྩོམ་བྱས། 《དག་ཡིག་གསར་བསྒྲིགས།》 མཚོ་སྔོན་མི་རིགས་དཔེ་སྐྲུན་ཁང་། 1989ལོ།

三、英文文献

[1] Appadurai Arjun. *Introduction of The Social Life of Things: Commodities in Cultural Perspective*. Cambridge University Press. 1986.

[2] Aziz Nimiri Barbara. *Tibetan Frontier Families: Reflection of Three Generations from D'ing-ri*. New Delhi Bombay Bangalore Calcutta Kanpur Press. 1978.

[3] Ekvall, B. Robert. *Fields on The Hoof Nexus of Tibetans Pastoralism*. Waveland Press. 1983.

[4] Samuel, Geoffrey. *Civilized Shamans: Buddhism in Tibetan Societies*. London: Smithsonian Institution Press. 1995.

[5] Schumacher, E. F. *Small is Beautiful: Economics as if People Mattered*. New York: Harper Perennial Carrithers, Michael. 1983. *The Buddha*. New York: Oxford University. 1973.

[6] Marcel Mauss. Translandted by Ian Cunnison. *The Gift: Forms and Functions of Exchange in Archaic Societies*. London: Carter Lane. 2011.

[7] Tambiah, S. J. *Buddhism and the Spirit Cults in North-east Thailand*. Cambridge University Press, 1970.

附 录

一、新寨一年的宗教活动[①]

时 间	内 容	举办地点	备 注
2016年9月16—20日 9月21—22日 （七月十五—二十一日）	འབུམ་ལྷ། མ་ཎི་དུང་།	新寨美郎拉康	2014年开始举办
2016年10月14—16日 （八月十三—十五日）	མ་ཎི་དུང་། 颂嘛呢经一亿遍	新寨拉康	
2016年11月7—9日 11月10—12日 11月13—15日 （九月八—十六日）	ཚེ་དབང་ཚེ་སྙིང་དུང་། སྒྲོལ་མའི་བསྙེན་པ་དུང་། སྒྲོལ་མའི་གཡུལ་ཟློག	新寨拉康	
2016年12月10—14日 （十月十一—十六日）	ས་སྐྱ་སྨོན་ལམ་ཆེན་མོ། 萨迦祈愿大法会	新寨美郎拉康	1999年开始举办
2017年1月25日 1月26日 （十一月二十八—二十九日）	དགུ་སྟོ་ནང་ཁྲམ། དགུ་སྟོ་ཕྱི་ཁྲམ། “格朵”羌姆	结古寺	地震后六年未能举办

① 此表是根据笔者在2016年9月—2017年9月期间的田野调查记录整理而成，时间列中括号内对应的是藏历时间。藏历每月有时缺或重一日，像2016年藏历十月份缺十四号，故为期5天的法会时间为十一日至十六日。

续表

时　间	内　容	举办地点	备　注
2017 年 1 月 28 日 （十二月一日）	ལོ་གསར་དགོན་ནང་ཆོས་འཛལ། 大年初一逛庙会	结古寺	与藏历新年相差一个月
2017 年 2 月 6—22 日 （十二月十一二十六日）	རྒྱ་ནག་འབུམ་ཆུང་སྨྱུང་གནས་ཆ་བརྒྱད། 嘉那邦琼“八关斋戒”	新寨拉康	嘉那邦琼
2017 年 3 月 7 日 3 月 8 日 3 月 9 日 3 月 10 日 3 月 11—12 日 （一月十一十五日）	ཀུ་རུའུ་དུས་ཆེན་བཟོ་དུང་། སྒྲོལ་མ། བར་བསམ་སྒྲོལ་གསུམ། བཟང་སྤྱོད། རྒྱ་ནག་འབུམ་ཆེན་མ་ཎི་དུང་།	新寨拉康	嘉那邦庆
2017 年 4 月 7 日 （二月十一日）	བཀའ་འགྱུར་དབང་། 《大藏经》灌顶	结古寺	每年举行
2017 年 4 月 12 日 4 月 13 日 4 月 14 日 （二月十六—十八日）	ལྟུང་བཤགས། བཟང་སྤྱོད་སྨོན་ལམ། ཀུན་རིག་ཆོ་ག	新寨拉康	玉树地震七周年纪念日
2017 年 5 月 24 日 （三月二十八日）	སྐྱེ་དགུ་དྲུག་བཅུ། “结古周吉”法会	结古寺	地震后六年未能举办
2017 年 5 月 30 日—6 月 1 日 （四月五—七日）	རབ་གནས་དཔལ་འབྱོར་རྒྱ་མཚོ། 开光仪式	新寨拉康	萨嘎达瓦
2017 年 6 月 4—10 日 （四月十一十六日）	སྨྱུང་གནས་ཆ་གསུམ། 尼僧“三关斋戒”	新寨拉康	萨嘎达瓦
2017 年 7 月 2—3 日 （五月八—九日）	སྒྲུབ་མཆོད་ཆེན་མོ། “周曲钦姆”参拜七大坛城	结古寺	每年举行

二、主要石刻种类汉藏名称及拉丁转写对照表

汉语名称	藏文名称	拉丁转写
观音心咒	མ་ཎི།	ma Ni
莲花生大师心咒	བཛྲ་གུ་རུ།	bzar gu ru
阿弥陀佛心咒	ཨ་མི་དེ་བ།	a’loch mi de wa
文殊心咒	ཨ་ར་པ་ཙ།	A ra pa tsa
金刚萨埵心咒	བཛྲ་ས་ཏྭ།	bzar sa to
解脱经	ཐར་མདོ།	thar mdo
祈愿经	བདེ་སྨོན།	bde smon
忏悔文	ལྟུང་བཤགས།	ltung bshgas
普贤行品愿	བཟང་སྤྱོད།	bzang spyod
皈依心经	སྐྱབས་འགྲོ།	skyabs ’gro
长寿经	ཚེ་མདོ།	tshe mdo
百字经	ཡིག་བརྒྱ།	yig brgay
显教佛经	མདོ་གཅོད།	mdo gcod
消誓经	མནའ་བཤགས།	mna’loch bsgas
消罪经	སྡུག་བཤགས།	sdug bsgsa
二十一度母赞	སྒྲོལ་མ།	sgrol ma
卡加	ཁ་བརྒྱ།	kha brgay
十相自在图	རྣམ་བཅུ་དབང་ལྡན།	rnam bcu dbang ldan

三、历届新寨“吉哇”任职名单

任期	时间(年)	吉哇	拉聂
第一届	1985—1986	白代、新寨·拉巴、昂多	才仁多江
第二届	1986—1987	桑阳、洞那·才哇、索南生格	尕哇
第三届	1987—1988	普措江才、耿布、欧周	尕哇、安切·达格
第四届	1988—1989	巴尕、久西然、昂阳	当秋
第五届	1989—1990	拉秀·昂多杰、乐多*、巴阳	宗曲松保、尼玛才仁
第六届	1990—1991	才尼玛、赛格、美朗	当秋
第七届	1991—1992	更尕求、久才、扎西文德	桑丁
第八届	1992—1993	达才、昂松周、更尕成林	扎西、扎西桑周
第九届	1993—1994	尕松江措、昂江措、索南文江	索南用措、金巴
第十届	1994—1995	扎哇、昂阳	索南文江、才巴
第十一届	1995—1996	索南文次、旦哇(黑)、旦桑达哇	
第十二届	1996—1997	拉秀·昂多杰、旦哇(白)、才江	
第十三届	1997—1998	布布周、普布、久才*	
第十四届	1998—1999	旦哇(白)、才江、更尕成林	
第十五届	1999—2000	桑阳、扎哇、吾久*	更尕永措

续表

任期	时间(年)	吉哇	拉聂
第十六届	2000—2001	桑阳、扎哇	更阳
第十七届	2001—2002	桑阳、扎哇	
第十八届	2002—2003	桑阳、扎哇	
第十九届	2003—2004	桑阳、扎哇	
第二十届	2004—2005	扎哇、巴丁才仁	
第二十一届	2005—2006	尕江措、旦哇(黑)、赛格*	
第二十二届	2006—2007	尕江措、旦哇(黑)	才巴、巴拉毛
第二十三届	2007—2008	玛代、严尕、久才*	巴拉毛、尼阳
第二十四届	2008—2009	玛代、达哇江才、普布	更阳、扎西才仁
第二十五届	2009—2010	巴尕、耿布、昂洛周*	
第二十六届	2010—	布日落、旦周、更求秋	旦哇(黑)

(此表为笔者访谈整理)

注:方框内都是已故“吉哇”的名字,带*号名字未担任或未干满1年。

四、主要访谈对象

1. GY,76岁,一社成员,曾经担任大队队长二十七八年,八个孩子,一子出家为僧

2. OZ,67岁,一社成员,冷库员工,五个孩子

3. XZ·GY,67岁,一社成员,担任过大队队长,三个孩子

4. SY,70岁,一社成员,担任过三届吉哇,四个孩子

5. GR·DQ,71岁,一社成员,担任过拉聂,未婚

6. DB,75岁,三社成员,九个孩子,其中三个不幸去世

7. LB，70 岁，一社成员，担任过大队队长，六个孩子

8. DN · SNWC，71 岁，三社成员，担任过一届吉哇，七个孩子，两子出家为僧

9. WJCJ，65 岁，一社成员，冷库员工，四个孩子，一女出家为尼

10. DN · GSJC，69 岁，三社成员，担任过两届吉哇，八个孩子，一子出家为僧

11. DN · ALZ，67 岁，二社成员，三个孩子

12. BD（BMDZ），72 岁，一社成员，当过冷库职工，担任过吉哇，八个孩子

13. LD，73 岁，二社成员，担任过吉哇，两个孩子

14. LGB，66 岁，二社成员，六个孩子，妻子担任过拉聂

15. TH · CZM，94 岁，二社成员，一个孩子

16. DG · GGQ，79 岁，三社成员，担任过一届吉哇，原十个孩子幸存六个

17. DH · QB，67 岁，二社成员，担任卓编，原九个孩子中幸存七个

18. DWJC，65 岁，二社成员，担任过一届吉哇，四个孩子

19. YLM，87 岁，二社成员，三个孩子，一女为尼（在家）

20. SNBD，67 岁，三社成员，担任过拉聂，五个孩子，一子出家为僧

21. CWZQ，41 岁，三社成员，两个孩子

22. BRL，46 岁，妻子扎阳担任一组、七组组长，三个孩子

23. ANYY，43 岁，四社成员，在家为尼

24. CZM，71 岁，三社成员，一个儿子已婚两个女儿

25. DN · CW，一社成员，担任过吉哇，四个孩子

26. LSL，75 岁，六社成员，六个孩子中幸存四个

27. CLWS，46 岁，一社成员，两个孩子

28. DW（H），56 岁，三社成员，担任过两届吉哇，三个孩子

29. SNNZ，37 岁，一社成员，现任村长，七个兄妹

30. DH · WNYJ，80 岁，一社成员，与儿子一家人同住

31. DW（B），65 岁，担任过吉哇，现任村委书记，四个孩子

32. DH · GW，68 岁，二社成员，担任过拉聂，五个孩子

33. LX · ADJ，67 岁，二社成员，担任过吉哇，九个孩子

34. PX · PCJC，71 岁，二社成员，担任过吉哇，九个孩子

35. BG，68 岁，二社成员，担任过吉哇，七个孩子

36. DG · CNM，二社成员，担任过吉哇，四个孩子

37. ZXWD，61 岁，编号 15 之子，担任过吉哇，两个孩子，与母亲同住

38. SNWJ，80 岁，一社成员，担任过一届吉哇、一届拉聂，丧偶，无子

39. BBZ，52 岁，二社成员，担任过一届吉哇，五个孩子

40. AJC，78 岁，二社成员担任过吉哇，

41. SBRQ，71 岁，二社成员担任吉哇、拉聂、会计，四个孩子

42. CB，83 岁，东风村人，担任过拉聂，六个孩子

43. LYB，61 岁，青海湟中人，六社成员，三个孩子

44. WSJ，56 岁，青海乐都人，二社成员，一个孩子

45. LC，51 岁，河南人，六社成员，三个孩子

46. XZ，57 岁，河南人，六社成员，两个孩子

47. XL，45 岁，青海乐都人，三社成员，两个孩子

48. ZCL，84 岁，青海互助人，一社成员，六个孩子

49. YYQ，48 岁，青海乐都人，四社成员，三个孩子

50. MSM，49 岁，青海民和人，二社成员，一个孩子

51. CRYZ，45 岁，二社成员，一个孩子

五、汉藏译名对照表

阿尼	ཨ་ནེ།
互助	རྫོགས་བདག་ས།

结古周吉	སྐྱེ་དགུ་དྲུག་བཅུ།
锤子	ཐོ་བ།
聚神沟	ལྷ་འཛོམ་ལུང་པ།
村落	རུ་བ།
行会组织	སྐྱི་པ།
村子	གྲོང་པ།
嘉那嘛呢	རྒྱ་ནག་མ་ཎི།
雕刻刀	གཟོང་།
松柏树	ཤུག་པ།
多索拉	རྡོ་གསོ་ལ།
聚落	རུ་ཁག
发誓	མནའ་སྐྱེལ།
家户	དུད་ཁག
法舞	ཆོས་བྲོ།
拉秀本	རག་ཤུལ་དཔོན།
佛殿	ལྷ་ཁང་།
校对	ཞུ་དག
佛塔	མཆོད་རྟེན།
脚印	ཞབས་རྗེས།
佛堂看护人	ལྷ་མཉན།
富户	ཕྱུག་པོ།
福力、神力、威力	བྱིན་རླབས།
功德	ཕན་ཡོན།
供奉	འབུལ།
领舞	བྲོ་དཔོན།
骨、骨系	རུས་པ།
开光	རབ་གནས།
黑石	རྡོ་ནག
目录	དཀར་ཆག
后山	རྒྱབ་རི།

乃果滩	གནས་མགོ་ཐང་།
黄牛	བ་གླང་།
类别、姓氏	རིགས།
活佛	སྤྲུལ་སྐུ།
六字	འབྲི་དྲུག
嘉那邦琼	རྒྱ་ནག་འབུམ་ཆུང་།
嘉那邦庆	རྒྱ་ནག་འབུམ་ཆེན།
节庆	དུས་ཆེན།
供养	འབུལ་བ།
结古	སྐྱེ་དགུ།
家名	དུད་མིང་།
六月初四	དྲུག་པའི་ཚེས་བཞི།
念东才吉	ཉ་སྟོང་ཚེས་བརྒྱད།
诺布择吉	ནོར་བུ་རྗེ་བརྒྱད།
朋友	ཤག་པོ།
僧侣	གྲྭ་པ།
拼读	འབྲི་ཀློགས།
狮子	སེང་གེ
贫户	འབྱོར་མེད།
生门	སྐྱེ་སྒོ།
平民	མི་སེར།
出纳	དངུལ་མཉན།
七户	དུད་བདུན།
外圈	ཕྱི་སྐོར།
祈福禳灾法事	རིམ་གྲོ།
施主	ཡོན་བདག
前山	སྔོན་རི།
坛城	དཀྱིལ་འཁོར།
琼龙巷	ཚེས་ལུང་ཁུག
秋季帮佣	སྟོན་གཡོག

武士舞	གོ་བ།
然吾村	རའུ་རུ་བ།
五加行	འབུམ་ལྔ།
人品	མི་གཤིས།
巷道	བཤོ་བ།
萨嘎达瓦	ས་ག་ཟླ་བ།
新寨	སེང་ཟེ།
萨迦祈愿大法会	ས་སྐྱ་སྨོན་ལམ་ཆེན་མོ།
三怙主	རིགས་གསུམ་མགོན་པོ།
野炊	སྲོ་སྲོ།
色须本	སེར་ཤུལ་དཔོན།
新寨仓	སེང་ཟེ་ཚང་།
什长	བཅུ་དཔོན།
转山	རི་སྐོར།
什长助理	བཅུ་གཡོག
转大圈	སྐོར་ཆེན།
石灰	པད་ཚེ།
运势	ལམ་འགྲོ།
石刻收入	རྡོ་ཡོན།
转经道	སྐོར་ལམ།
石刻艺人	རྡོ་བཀོ།
传记	རྣམ་ཐར།
拾穗人	རྗེས་ཐུལ།
转经	སྐོར་བ།
世俗生活	འཚོར་བ།
阴刻	ཐོབས་མ།
叔叔	ཨ་ཁུ།
教派	གྲུབ་མཐའ།
赎买	བླུ།
依	གཞས།

诵读	ཆོག་ཟློས།
阳刻	འབུར་མ།
扎武仓	གྲྭ་ཚང་།
打工	ཟླ་ཟ།
珍宝	ནོར་བུ།
小炉	མེ་ཐབ།
中间圈	བར་སྐོར།
修行	ཆོས་སྒྲུབ།
装藏	གཟུངས་གཞུག་གསོལ།
野炊	སྤྲོ་སྤྲོ།
鬃毛	ཟེ་བ།
藏刀	བོད་གྲི།
祖屋	མ་ཁང་།
坐在最后（乞丐）	མཐའ་འདུག
基座（法）	ཁྲི་རིམ།

后 记

本书是在我博士学位论文基础上修改而成的，倾注了很多人的心血，为此，我心怀感恩。

首先，感谢我的恩师苏发祥教授，老师和蔼可亲，对跨专业读博的我是关心备至，时常给予鼓励，让我增强信心。老师治学态度严谨，总是告诫我们：“求学之路宁可走得慢，也要稳扎稳打。”论文从选题到开题，从田野调查到最终的定稿，老师花费了很多时间和心血。论文初稿上每页都有老师认真修改的红色字迹，使我深感惭愧。生活上，老师如慈父一般关心我的身心健康，直到现在我参加工作后也是如此。

其次，感谢参加我博士论文开题、答辩的杨圣敏老师、贾仲益老师、喜饶尼玛老师、罗桑开珠老师、黄维忠老师、张亚辉老师和祁进玉老师，他们提出了很多宝贵的修改意见。感谢桑丁才仁老师在我写作初始提供了很多宝贵资料和意见，还要感谢我的硕士导师李双元教授在我攻读博士期间所给予的关心和鼓励。另外，还要特别感谢本书的责任编辑周加克，感谢他认真仔细地校对书稿，使本书能够顺利出版。

最后，感谢我的爸爸、妈妈、哥哥、姐姐和妹妹，你们是我最坚强的后盾。

能完成这本书，主要得益于新寨村的村民们，如果没有你们，就不会有这本书。虽不能在这一一写下你们每一个人的名字，但是我永远都不会忘记你们所给予的帮助。因自己才疏学浅，这本书还有很多不足之处，但我想这也是见证我学术成长的一个小小印记，待日后继续精进努力！

琼　英
2022 年 1 月 23 日
于青海西宁

图书在版编目（CIP）数据

命以镌石：一个三江源石刻村落的民族志/琼英著．—北京：中国藏学出版社，2022. 5

ISBN 978 - 7 - 5211 - 0211 - 6

Ⅰ．①命…　Ⅱ．①琼…　Ⅲ．①藏族 - 村落 - 民族志 - 玉树藏族自治州
Ⅳ．①K281. 4

中国版本图书馆 CIP 数据核字（2022）第 057544 号

命以镌石：一个三江源石刻村落的民族志

琼英 著

责任编辑　永红　周加克
封面设计　李建雄
出版发行　中国藏学出版社
印　　刷　中国电影出版社印刷厂
版　　次　2022 年 5 月第 1 版第 1 次印刷
开　　本　787 毫米 × 1092 毫米　1/16
字　　数　294 千字
印　　张　19. 75
印　　数　800 册
书　　号　ISBN 978 - 7 - 5211 - 0211 - 6
定　　价　52. 00 元

图书若有印装质量问题，请与本社发行部联系
E-mail：dfhw64892902@126. com　　电话：010 - 64892902
版权所有　侵权必究